LA ARQUITECTURA DE LA
HUMANA CONDICIÓN SITUADA

Casanova Berna, Néstor

La arquitectura de la humana condición situada / Néstor Casanova Berna. - 1a ed. - Ciudad Autónoma de Buenos Aires : Diseño, 2024.

322 p. ; 21 x 15 cm.

ISBN 978-1-64360-827-3

1. Arquitectura. 2. Teoría. 3. Teoría del habitar. I. Título.

DISEÑO GRÁFICO: Karina Di Pace

ILUSTRACIÓN DE PORTADA: *Navegar es necesario* (2017), María de los Ángeles Martínez (San José, Uruguay), obra cedida gentilmente para su reproducción por su autora. https://angelesmartinez.com.uy/

El presente libro obtuvo una Mención en el Premio Ensayo sobre Investigación y Difusión Científica 2022 del Ministerio de Educación y Cultura de Uruguay.

Hecho el depósito que marca la ley 11.723

La reproducción total o parcial de este libro, en cualquier forma que sea, idéntica o modificada, no autorizada por los editores, viola derechos reservados; cualquier utilización debe ser previamente solicitada.

© 2024 Diseño Editorial
ISBN 978-1-64360-827-3

Febrero de 2024

LA ARQUITECTURA DE LA HUMANA CONDICIÓN SITUADA

Néstor Casanova Berna

diseño

Eu me maravilho com o que consegui não ver
FERNANDO PESSOA

ÍNDICE

La condición habitable — 11
Habitar — 11
La habitabilidad — 15
La condición habitable — 20

El lugar — 23
El papel del concepto del lugar en la Teoría del Habitar — 23
Operaciones existenciales en el lugar — 32
El lugar y tres de sus voces — 38

El cuerpo habitante — 45
Asunciones del cuerpo — 45
El lugar y el cuerpo — 50
Actividades elementales en la habitación del lugar — 55
El cuerpo como estructura autoconstruida — 62

La estructura fundamental del lugar — 67
La estructura fundamental del lugar: sus dimensiones elementales — 67
La estructura fundamental del lugar: los aportes de Peter Sloterdijk — 73
La estructura elemental de la morada — 79

Arquitectura del lugar — 91
Del lugar a la emergencia de la arquitectura — 91
El paradigma del corsé — 95
El paradigma del guante — 99
La habitación conforme — 100

Examen de las prácticas sociales del habitar — 107
Pasiones — 107
Marchas — 110
Estancias — 115
Umbrales — 120

Ética del habitar — 127
Henos aquí — 127
Adecuación: alternativa a la desigualdad — 128
Dignidad: alternativa a la segregación socioespacial — 136
Decoro: alternativa a la deprivación estética — 142
Examen ético de la conducta habitable — 148

Dimensiones políticas del habitar — **151**
   La cuestión social y el habitar — 151
   Alcances y limitaciones de las políticas sociales del habitar — 158
   Hacia una política pública integral del hábitat — 165
   La habitación y la reproducción social — 172
   De la política social de vivienda a la política de habitar — 179

El derecho a habitar — **181**
   De tripulaciones y náufragos — 181
   Del derecho a la vivienda al derecho a la morada — 184
   El derecho a la ciudad — 193
   El derecho a habitar — 200

La experiencia estética de la habitación — **201**
   La estética arquitectónica como estética de la función en Jan Mukařovský — 201
   La configuración teórica de la experiencia estética — 207
   Una caracterización de la experiencia estética en el habitar — 217
   Experiencia y *aisthesis* del habitar — 226

Poética del habitar — **229**
   De la danza de los cuerpos — 229
   Poética de gestos leves — 233
   Apropiaciones del lugar — 237
   La arquitectura entendida como poética del habitar — 244

Producción del habitar — **253**
   Hacia la producción del habitar — 253
   Lo que la vida pueda informar a la arquitectura construida — 264
   El arte de habitar — 268

La arquitectura humanista — **273**
   Amparo a la fragilidad — 273
   El sentido del cultivo moroso — 280
   Una arquitectura que crece — 283
   La habitación del tiempo — 285

Sueños de buena vida — **289**
   Horizontes y disciplinas del confort — 289
   La prospección del lenguaje del deseo — 296
   Habitar la buena vida — 302

Bibliografía — **311**

La condición habitable

Escribir es mi modo de investigar, y esto hace que el texto sufra las mismas sorpresas, atascos, derrapes, cambios de vías o descarrilamientos que padece la investigación con la que se identifica.
José Antonio Marina

HABITAR

En lo que sigue, se indagará en la condición humana situada, esto es, en esa peculiar manera que tienen los mortales de ocupar y poblar la tierra. Los seres humanos somos seres en situación, nos arrojamos en la existencia asediados por las circunstancias, conferimos forma y sentido a un mundo como imperativo de supervivencia, toda vez que nuestra frágil constitución no puede sino apelar al recurso desesperado de la cultura para defenderse de una naturaleza de suyo inhóspita. Indagar en nuestra condición situada, entonces, es preguntarnos sobre la más recóndita de las fortalezas de nuestra endeblez biológica.

Indagar en nuestra condición humana es formular una precisa y honda interrogante en torno a cómo es que habitamos el lugar que nos toca en la tierra. Esta cuestión debe, en todo caso, dirigirse tanto a la especificación del espacio, así como del tiempo, a título de circunstancia especifica. El modo en que existimos de modo concreto es el de un estar constituyendo un aquí-y-ahora que podemos indicar con el único recurso de un acto de habla fundamental y ordenador. La condición habitable del ser humano se practica a la vez que se profiere

El habitar es un conjunto de prácticas y representaciones que permiten al sujeto colocarse dentro de un orden espacio-temporal, al mismo tiempo reconociéndolo y estableciéndolo. Se trata de reconocer un orden, situarse adentro de él, y establecer un orden propio. Es el proceso mediante el cual el sujeto se sitia en el centro de unas coordenadas espacio-temporales, mediante su percepción y su relación con el entorno que lo rodea. Habitar alude por lo tanto a las actividades propiamente humanas (prácticas y representaciones) que hacen posible la presencia —más o menos estable, efímera, o móvil— de un sujeto en un determinado lugar y de allí su relación con otros sujetos. (Giglia, 2012)

La antropóloga Angela Giglia consigue caracterizar el habitar con singular concisión. El cuerpo del sujeto, presente y poblador del lugar proyecta sobre su alrededor una estructura multidimensional que confiere orden y sentido que resultan propiedades practicables del lugar y, a la vez, signos reveladores de la perturbación subjetiva del sitio. Por proyección, el lugar es dominado por la presencia, mientras que, como signo, es apropiado por el habitante como constituyente indisoluble de su estar en el mundo. así tienen efectivo lugar los seres humanos, así ocurren en precisas circunstancias de espacio y tiempo, así se alcanza la habitación del mundo propio, ordenado según su ley concreta y reconocido en su efectiva constitución.

Estas disquisiciones, de naturaleza antropológica y filosófica, recién cobran, en la modernidad crepuscular en que vivimos, un cierto incipiente interés para la teoría de la arquitectura. Es que el ejercicio profesional corriente tiene a la labor constructiva de edificios como fin en sí misma y a la consecuente implementación habitable como una obligada exterioridad más allá del alcance de la acción del arquitecto. En todo caso, parecería que la concepción, el diseño y la edificación de artefactos apenas si se contentara con la provisión eficaz y contundente de máquinas de habitar listas para brindar sus servicios a los operarios usuarios

> *Dans un ouvrage intitulé Architecture et Modernité, Daniel Pinson fait une brève revue historique des nombreux courants de pensée et des modèles qui ont traversé la tradition intellectuelle de l'architecture depuis la Renaissance. De l'oscillation originelle entre art et technique à la tentation moderne du modèle de la machine et au retour des artistes dans la mouvance post-moderne des dernières décennies, l'auteur dévoile les tourments d'une architecture dans tous ses états. Mais, signe des temps peut-être, l'ouvrage se termine par un chapitre qui annonce clairement et modestement le tournant de l'habiter, évoquant et plaidant pour des architectures à vivre et à l'écoute de l'habitant.* (Bousbaci, 2009)

Puede resultar curioso que la apelación a unas arquitecturas para vivir resulte recién hoy una novedad teórica apenas esbozada. Para el sentido común arquitectónico, la implementación en el uso es tan obvia y transparente que no constituiría ni siquiera un problema sensato para debatir: apenas si se trata de operar unos mecanismos perfectamente legibles por el usuario y perfectamente definidos por una convincente teoría arquitectónica de las funciones que deben desempeñar los artefactos construidos. Solo las sordas contradicciones entre aquello que los arquitectos consideran que debe funcionar y lo que las personas esperan para habitar pueden alentar, en algunos espíritus, a considerar la posibilidad *de escuchar las voces de los habitantes*.

La arquitectura ha sido considerada un arte o técnica para realizar cosas construidas, en donde el habitarlas aparece, falazmente, como la consecuencia obligada de ese precedente suministro de artefactos para usar. Pero, como ha observado con ejemplar agudeza Martin Heidegger, no es que habitamos porque construimos, sino que construimos, precisamente, porque habitamos (Heidegger, 1954/1994). Es a causa de nuestra relación habitante del mundo es que nos vemos impelidos a realizar transformaciones en el medio ambiente en que nos localizamos. Es a causa de que habitamos el mundo que construimos edificios y componemos ciudades. Para poner las cosas en su lugar, entonces, debemos entender a la arquitectura como actividad social de producción de los acondicionamientos necesarios para transformar el ambiente en un mundo habitable.

Del poner las cosas en su lugar emerge la opción humanista de una arquitectura que tenga a la habitación como causa final:

> A trop entendre parler de retour au principe de l'architecture et de voir dans l'habiter un tel principe et la source d'une philosophie de l'architecture, le propos ne semble pas être très éloigné d'une certaine conception de la nature même de la philosophie chez Aristote: «[...]ce doit être, en effet, la science théorétique des premiers principes et des premières causes, car le bien, c'est-à-dire la fin, est l'une de ces causes.» L'habiter se présente-t-il ainsi comme cette fin (la cause finale), c'est-à-dire ce Bien vers lequel tend l'acte de bâtir? (Bousbaci, 2009)

Desde esta perspectiva, edificios y ciudades son medios materiales y formales que amparan y promueven la vida humana situada. Para asumir de modo consecuente esta postura, el construir arquitectónico debe observar las manifestaciones del habitar con rigor científico, debe seguir de un modo ético los gestos de los habitantes en su desempeño y actuación y debe, en definitiva, desarrollar una buena forma conforme con la poética de la vida humana. Ya no será suficiente conformarse con *"el juego sabio, correcto y magnífico de los volúmenes bajo la luz"* (Le Corbusier, 1923), sino apenas asomarse a las maravillas de la vida situada allí donde se la sorprenda en su ocurrir.

LA HABITABILIDAD

Donde quiera que un ser humano tenga efectivo lugar, haga concreta presencia y población, allí habitará. La habitación humana tiene por extensión los confines de la nuda vida. Los seres humanos consiguen habitar en los ambientes más extremos, en las situaciones más infamantes y ocupando aun las locaciones más inmundas o carentes. Siempre que se las arreglen para sobrevivir, las personas habitan. Sin embargo, nuestro lenguaje cuida de reservar una idea problemática de habitabilidad para designar un territorio semántico de impreciso deslinde entre las formas admisibles de habitar, y las formas inadecuadas, indignas o indecorosas de hacerlo. El matiz entre el concepto concreto de habitar y el vagaroso de la habitabilidad se corresponde con una antigua distinción griega clásica entre la nuda vida (*zoé*) y la vida social y política (*bios*).

> [...] será necesario considerar con atención renovada el sentido de la definición aristotélica de la polis como oposición entre el vivir (zen) y el vivir bien (eu zen). Tal oposición es en efecto, en la misma medida, una implicación de lo primero en lo segundo, de la nuda vida en la vida políticamente cualificada. (Agamben, 1998/2006)

Según el Diccionario de la Real Academia, habitabilidad es la *Cualidad de habitable [esto es, que puede habitarse], en particular la que, con arreglo a determinadas normas legales, tiene un local o una vivienda*. Lo que tiene en mente el lexicógrafo es un aspecto restringido de la habitación —las formas socialmente aceptables de hacerlo— y un territorio asimismo restringido de lugares —ciertos edificios, que se tienen como artefactos especial y taxativamente destinados a la habitación—. Pero lo cierto que son habitables los parques, al menos si uno los implementa con el paseo, aunque no resulte, por lo general, tolerable que se pernocte en ellos. También son habitables las calles y plazas y también son habitables, en un sentido bien concreto, las ciudades. Lo que si es cierto que sucede es que la autoridad está facultada para negarle la posibilidad de habitar a ciertos sujetos en parques, calles, plazas y ciudades, cuando éstos no cuenten con medios para sentar sus reales en locales o viviendas en un modo socialmente aprobado o al menos tolerado.

Ángela Giglia plantea que el concepto de habitabilidad es ambiguo y formula la incisiva triple pregunta: "*¿Quién define si un espacio es habitable, para quién y en cuáles condiciones?*" (Giglia, 2021). La primera de las cuestiones, que apela a identificar quién define la habitabilidad se responde, de modo casi inmediato, con la mención a la autoridad, al poder y a sus representantes tecnócratas. Aunque, si se lo piensa más de un modo más prudente, también es dable observar que la propia vida social, de modo sordo y discreto, también consigue decir lo suyo al respecto. Mientras que el poder opera con racionalizaciones de diverso trasfondo conceptual, la vida social tiende a oponer la tozudez de los hechos consumados de modo efectivo. La segunda pregunta alude a la población objetivo de las prescripciones de habitabilidad, las que pueden ser las masas sojuzgadas por la autoridad, convenientemente modelizadas según ciertos paradigmas más o menos tenidos por regulares o corrientes. La tercera y última cuestión es la más compleja de caracterizar, aunque se sigue en esto un abordaje del tipo pragmático: por ejemplo, ante los eventuales abusos de los propietarios arrendadores, se amparan los derechos de los inquilinos con unas prescripciones mínimas de seguridad y salubridad. Cuando se diseña una política pública de promoción de vivienda de interés social, suele autoimponerse ésta un conjunto de condiciones de habitabilidad que definan, de un modo explícito, el producto satisfactor de una determinada demanda social.

Al respecto, la doctrina arquitectónica moderna del siglo XX dirigida a la consecución de las soluciones habitacionales para los sectores populares se manifiesta, según nuestra antropóloga, en los siguientes puntos:

- Racionalización de la ocupación del suelo urbano para la producción de un hábitat ordenado,
- Basada en los principios del funcionalismo arquitectónico (la forma es determinada por la función; a cada espacio, una función específica)
- Implica agua entubada y corriente eléctrica en cada vivienda, un cierto grado de ventilación y luz natural en toda la vivienda.
- Organización funcional de los espacios mediante la separación entre espacios diurnos y nocturnos, etc. (Giglia, 2021)

Si bien aquí no se mencionan las obvias condiciones de seguridad física y ambiental, estas prescripciones apenas si pueden señalarse como condiciones de adecuación funcional, según el pensamiento arquitectónico dominante en el siglo pasado. En efecto, son la traducción explicita de lo que la teoría de la arquitectura del momento había llegado a elaborar en torno a la ciudad y la arquitectura, entendiendo a la primera como un organismo articulado en funciones claramente diferenciadas y a la segunda como célula básica o máquina de habitar por excelencia.

El urbanismo moderno se preocupa por una racionalización en el uso del suelo urbano, siguiendo los dictados y requerimientos del modo capitalista de producción hegemónico. El orden es, en todo caso, una respuesta planificadora autoritaria de la ley económica del valor del suelo, en donde cada porción de espacio debe explotar, ordenada y sistemáticamente, la rentabilidad del valor de cada locación. La habitación, conviene recordarlo, es considerada en los CIAM[1] como una de

---

[1] *Congrès International d'Architecture Moderne.*

las cuatro funciones básicas a articular en la ciudad moderna: trabajar, cultivar, circular y habitar —entendiendo esta última "función" a título de residencia—.

El "principio" que sostiene que *la forma sigue a la función*, en su aplicación teórica y práctica propia de la arquitectura moderna, llegó a significar una correlación mecánica de una forma invariable con una implementación en el uso y la operación también fija, universal y determinable a priori. En la composición de las máquinas de habitar, cada componente consigue, gracias al diseño, adquirir forma y eficacia óptimas en la medida en que resulte ad hoc de un modo especifico. De un modo recíproco, hay un modo universal, extendido y hegemónico de servirse de cada componente funcional y a este servirse se reduce el habitar propio de los usuarios

Finalmente, la prescripción de ciertos servicios de agua potable, electricidad y otros, alude a la provisión pública de tales recursos en el marco urbano desarrollado. Nuevamente aquí hay mención a los aspectos mecánicos de la adecuación funcional, cuyo señalamiento preceptivo deslinda regiones de aceptabilidad normativa. En este último punto, sin embargo, existe un terreno lábil, en donde se llevan a cabo deslindes particularizados según las condiciones previstas de habitación para distintos colectivos. Las especificaciones pueden ser más o menos exigentes según las poblaciones y los modos de poblar, de una manera similar a la que se califica a los hoteles por categorías, lo que aparece en correlación con la condición social y económica de sus pasajeros.

Pero es preciso señalar que en estas disquisiciones se echa en falta al menos dos aspectos humanamente relevantes en el contenido de la habitabilidad, aún en el territorio ajustado por la aceptabilidad corriente. El primero de estos aspectos es el de la dignidad: no puede concebirse en términos sensatos la habitabilidad de un lugar si no se considera, además de su adecuación funcional, el carácter de digno de la condición humana del habitante. Es significativo que, mientras que parece relativamente más claro qué condiciones debe cumplir un lugar para ser considerado adecuado, a la vez resulte muy impreciso determinar las condiciones de una eventual dignidad. A pesar de ello, cualquier sujeto es capaz de percibir, enfrentado a un caso concreto, cuándo su permanencia en un lugar puede resultar infamante o aflictiva. En este extremo es preciso considerar la propuesta: *"Repensar la habitabilidad desde las ciencias sociales, es decir, desde la relación del habitante con el espacio habitado"* (Giglia, 2021).

El segundo aspecto omitido es el del decoro. Tampoco puede concebirse que un lugar resulte aceptablemente habitable si no ampara de modo decoroso la presencia del sujeto allí. Mientras que la dignidad supone una consideración de naturaleza ética, el decoro alude a lo estético de las condiciones del lugar, esto es, como son percibidos y valorados sus diversos aspectos que afectan a los sentidos. Es cierto que es difícil especificar qué condiciones son necesarias para constituir una situación decorosa, pero, a la recíproca, es casi inmediato percibir el efecto negativo de lo indecoroso cuando se hace presente. A su vez, si se piensa que las afrentas sociales de la indignidad de los lugares habitados son una emergencia de una extendida insolidaridad social, las ofensas al decoro son expresión de una actitud del poder que constriñe la libertad de los sujetos afectados. Aquí también se hace necesario prestar oídos a que habría que considerar la *"Habitabilidad como resultado del proceso cultural del habitar"* (Giglia, 2021).

De estas últimas consideraciones se concluye que las prescripciones de la habitabilidad, además de tener en cuenta condiciones de adecuación —las que no se desprenden ni se agotan en especificaciones de tipo funcional arquitectónico—, deben considerar, además, y en atención a la condición humana de los habitantes, la dignidad y el decoro. En virtud de ello, no puede confundirse la determinación de la habitabilidad en un puro acto de poder tecnocrático que consolide criterios de una vez y para siempre, sin tener en cuenta los factores humanos del habitar. Es preciso oír las voces de los habitantes y ser capaces de entender el discurso ético del habitar. Y también es preciso indagar en las formas en que se desarrollan, en los paisajes habitados y en la historia, unos modos legítimos y decorosos de habitar, propio de personas dueñas de su propio destino. Ya no basta con vagas teorías operativas de la función; ahora se impone la tarea de alentar las energías de la vida social para desarrollar una renovada autoconciencia al respecto y servir con amparos tanto técnicos como políticos.

LA CONDICIÓN HABITABLE

El deslinde sustantivo de la condición habitable no es un asunto tanto arquitectónico como político. En efecto, el deslinde entre lo habitable y lo inhabitable no lo vuelve efectivo ni un trazado de diseño ni un gesto constructivo, sino que lo realiza el mecanismo que nos somete como sujetos, esto es, el poder. Es que la idea, que domina nuestro sentido común, que tiene al habitar doméstico como la expresión propia y excelente del residir amparado y a salvo, a la vez que extiende por el resto del mundo una sombra a título de inhabitabilidad poblada por el riesgo, la ambigüedad y el miedo, es una representación ideológica de un habitar insuficiente.

Manuel Delgado medita acerca de este confinamiento del habitar en la casa, efecto que la pandemia de COVID-19 no ha hecho más que ahondar:

> Tenemos pues que cada cual vive en su casa, un lugar construido, con paredes, techo, ventanas y puerta, al que no en vano llamamos vivienda o espacio para vivir. No se olvide que el concepto moderno de hogar, ahora desenterrado para convertirlo en

la base del único tratamiento preventivo contra la enfermedad, derivó en su momento de la nueva división entre espacio público y espacio privado (Arendt, 1998 [1958]). Esta hizo aparecer al primero como una comarca en la que las certezas se disolvían y uno se veía obligado a proteger su seguridad personal de una intemperie desapacible, fría, inhumana y, por supuesto, llena de riesgos, en que podía campar a veces, como ha ocurrido durante la pandemia, la contaminación y la muerte. Frente ese terreno de las exposiciones —en el doble sentido de las exhibiciones y los riesgos, el espacio interior o privado se convertía, en teoría, en aquel refugio en que se podía verdaderamente vivir. Fue así como el lenguaje acabó convenciéndonos de ese principio de que cada cual, en efecto, vive en su casa, dando a entender que lo que hace fuera de ella no es vida. Más ahora, en que, además de lugar de los afectos y la reproducción, el estado de excepción ha convertido la esfera doméstica en lugar de ocio y de trabajo. (Delgado, 2022)

Hemos configurado, de modo simbólico y existencial, nuestras viviendas como búnkeres (Lindón, 2006). Fuera de ellos, la vida se escabulle trémula, un perpetuo desplazarse raudo entre la producción y el consumo, para agotar la jornada padecida de nuda vida, propia de sujetos económicos desprovistos de espesor simbólico. Pero, transpuesto el umbral de lo doméstico, se cree vivir a salvo, frente a la pantalla que utilizamos para atisbar, con distraída perplejidad, el relato ilusorio y mendaz de lo que ha sucedido fuera. En lo que nos queda de ciudad, impera la dura lucha por la supervivencia; apenas si, confinados por los muros de nuestro cobijo doméstico, nos queda al menos la ilusión de vivir a resguardo de tanta hostilidad. Esta situación humana ya no cuenta con la envoltura arquitectónica como salvaguarda, sino como deslinde político.

Es que la habitabilidad simbólica de la casa se ha construido, falazmente, a costa de la inhabitabilidad generalizada de la ciudad:

[...] nuestra hipótesis rectora es que en las metrópolis dispersas y fragmentadas se asiste —sobre replantea lo que es la ciudad. En otras palabras, las grandes ciudades actuales han llevado a redefinir el sentido de la casa, pero esa nueva concepción tiene implicaciones considerables en la ciudad misma. (Lindón, 2006)

Al asimilar y reducir políticamente el habitar al residir, los sujetos de la modernidad tardía nos hemos dejado hurtar la plena presencia y población en la ciudad como tal. Los parques, calles y plazas han perdido gran parte de su contenido social habitable por obra del enclaustramiento de los acomodados, de la precariedad de las formas no hegemónicas de vivir —piénsese en los vendedores callejeros, en los sintecho, en las meretrices—, del imperio de la confrontación entre gente que delinque y represores con y sin uniforme. A una sociedad y una economía que le sobra la gente, le corresponde una ciudad de la que todos se fugan, dispersándose en los territorios.

Hoy más que nunca es imperioso recuperar —si es que estamos aún a tiempo para ello— un cabal e integral sentido del habitar el mundo que se despliegue, armónico e intenso, por todas sus escalas: la de la casa, por cierto, pero también de la morada, que se difunde en el vecindario, la del barrio, la de la ciudad. Habitar es mucho más que residir, es mucho más que enclaustrarse en una casa-bunker, es mucho más que recluirse en un vecindario defensivo, es mucho más que guarecerse en los barrios confinados por la segregación socio residencial. Habitar es hacer plena presencia adecuada, digna y decorosa en todo lugar del mundo que efectivamente consigamos poblar. Habitar es encontrase, a la vez como extraños y como semejantes, allí donde ocurre la vida social.

El lugar

EL PAPEL DEL CONCEPTO DEL LUGAR EN LA TEORÍA DEL HABITAR

El concepto de lugar resulta fundamental para la Teoría del Habitar. Se pueden esgrimir al menos tres buenas razones al respecto. En primer término, hay una razón que deriva de poner a la existencia humana como origen y causa del habitar: lo primero es la vida humana en su concreta ocurrencia y, en lo que toca al habitar, todo viene por añadidura. Por otra parte, hay también una razón procedimental, primero es preciso tratar cognoscitivamente la estructura nuclear del habitar, allí desde donde sucede de modo efectivo y sólo luego es factible considerar el modo en que se configura, su constitución íntima y su manifestación fenoménica emergente. Esta estructura nuclear es, según se argumentara, la constitución efectiva de un lugar, esto es, un sitio habitado. Por último, el lugar, como concepto, debe ser esgrimido como alternativa al concepto corriente de espacio, tal como es tratado, por lo general, por la teoría y práctica arquitectónica y urbanística.

Con respecto a este último punto, ha de discutirse, en primer lugar, acerca de la confusión corriente entre los conceptos de lugar y espacio. Los términos se suelen tratar como sinónimos sin reparar en la profunda diferencia que puede establecerse, de modo riguroso, entre sus contenidos. Para el pensamiento arquitectónico dominante aún en la actualidad, la arquitectura es un 'arte del espacio'. Así fue considerado por la tratadística decimonónica tardía, por obra de Alöis Riegl, August Schmarsow y Heinrich Wöfflin (De Stefani, 2009). En el siglo XX, por su parte, los avances conceptuales en el terreno científico apenas si pormenorizaron unas nuevas representaciones subjetivas del espacio, a tono con un vago y conflictivo 'espíritu de los tiempos'. Las vanguardias arquitectónicas y sus personeros teóricos no hicieron más que insistir sobre la vinculación operativa entre la arquitectura y el espacio. *"El espacio continuo, fluido y transparente de la Bauhaus y el movimiento moderno, alentado por teóricos como Siegfried Giedion o Bruno Zevi, era finalmente la reducción de la realidad social de arquitectura a términos puramente formales, visuales y físicos, como estrategias de control"* (De Stefani, 2009). Estas observaciones conducen a considerar con cierta sospecha la naturalización en el sentido común profesional del verdadero sentido del ejercicio de la arquitectura como un arte del espacio.

> Lo cierto es que el espacio abstracto no tiene nada de etéreo, de homogéneo o incluso de inmaterial. Su grandiosa y a la vez violenta capacidad de abstracción es solo un medio, un instrumento, pero ¿un instrumento para qué? Para llevar a cabo su no menos heroico plan "maestro": el de hacer coincidir completamente la realidad socialmente vivida con un simplista y excluyente modelo de esa realidad, un modelo concebido para reducir todas las contradicciones y conflictos que ponen en tela de juicio su validez, un modelo al servicio del poder —del estado, económico, religioso, moral, etc. (De Stefani, 2009)

En este punto de las consideraciones, resulta oportuno prestar atención a la concepción científica rigurosa del espacio. Es en la segunda posguerra en donde Albert Einstein ilustra su propia concepción física del espacio, rescatando la idea de lugar (el *topos* de los griegos):

> Por lo que se refiere al concepto de espacio, parece que este fue precedido por el concepto psicológicamente más simple de lugar. Lugar es, en primer lugar, una porción (pequeña) de la superficie terrestre, identificada con un nombre. La cosa cuyo "lugar" se especifica, es un "objeto material" o un cuerpo. Un análisis simple muestra que "lugar" es también un grupo de objetos materiales. ¿Tiene la palabra "lugar" un significado independiente de éste, o es posible asignarle tal significado? Si se tiene que responder negativamente a esta cuestión, se llega a la idea de que el espacio (o el lugar) es una especie de orden de los objetos materiales y nada más. Si se tiene el concepto de espacio se forma y se limita de esta manera, no tiene ningún sentido hablar de espacio vacío. (Einstein, 1953)

Es necesario realizar ciertos señalamientos a este riguroso planteo. El primero es que la idea, la representación y la experiencia del lugar precede a la noción de espacio. El segundo punto importante es que es una propiedad de las cosas o hechos en su mutua relación. El tercero y quizá el más importante de todos es que el lugar, en tanto es una propiedad de las cosas o los hechos es inalienable de éstos. Por el contrario, la idea de alternativa del espacio (que se corresponde con el término griego *chora*) es una representación ulterior, autónoma e indiferente a cosas y hechos (un receptáculo neutro y homogéneo) y —lo que es particularmente importante— enajenable e intercambiable.

El concepto físico de campo supone una superación conceptual del espacio absoluto newtoniano, a la vez que supone una recuperación calificada de la noción de lugar:

> Nuestro espacio físico, tal como lo concebimos para el trámite de los objetos y de sus movimientos, posee tres dimensiones

y las posiciones están caracterizadas por tres números. El instante en el que se verifica el hecho es el cuarto número. A todo hecho corresponden cuatro números determinados y un grupo de cuatro números corresponde a un hecho determinado. Por lo tanto, el mundo de los hechos constituye un continuo cuatridimensional. (Einstein-Inferid, citado en Abbagnano,1961)

De esta caracterización del concepto de campo, en este contexto, rescataremos que, a los efectos de tratar el habitar humano, se define un campo expresado por el conjunto estructurado y concreto de dimensiones que la práctica corporal de tener lugar entabla. Esto significa que ya no consideraremos que el habitante se aloja en un "espacio" abstracto, sino que constituye un campo con su constitucional disposición a habitar el lugar. A los efectos de precisar nuestra conclusión deberemos examinar también cómo la geografía ha discutido el par —ciertamente antinómico— entre el espacio y el lugar.

Para la ciencia geográfica, la idea de espacio se expresa como la de un continente o plataforma en donde es posible ubicar distintos fenómenos de interés:

Tradicionalmente se parte de la idea básica de que el espacio es equivalente a un área o porción de la superficie perspectiva implica considerar al espacio como una especie de plataforma donde se ubican objetos, sujetos y fenómenos; una especie de contenedor de la materia presente sobre la Tierra. Desde el punto de vista geográfico, implica en un primer nivel definir la localización, que por los consensos científicos estaría dado por un lugar con coordenadas especificas (latitud, longitud y altitud), y en donde la ubicación y la posición relativa son importantes, es decir, su relación con los elementos que lo rodean. Sin embargo, su existencia no depende de los objetos ni de los acontecimientos que alberga. (Ramírez Velázquez y López Levi, 2015)

Esta consideración tradicional del espacio geográfico hace de la descripción locativa de fenómenos un procedimiento de suponer una entidad por completo independiente e indiferente a los fenómenos referentes, de los cuales se abstrae, de modo sistemático, la característica de su extensión. *"El punto de observación por excelencia, y por lo mismo idóneo, para estudiar el mundo/territorio /espacio como un ente cosificado, ha sido aquel que se posiciona por encima del territorio-cosa que se busca conocer. Al definir el punto de observación encima del territorio (en una posición aérea) ello también significó observarlo desde fuera"* (Lindón, 2012). Esta perspectiva epistémica, entonces, se ha construido como una positiva cosificación de su objeto, desde un punto de vista alejado y desde arriba, lo que ha resultado funcional al ejercicio ya no del puro conocimiento, sino del poder económico y político: un punto de vista icariano, como en otra instancia se le ha caracterizado con agudeza. (Lindón, 2014).

Es significativo examinar las buenas razones de tal proceder, en lo que respecta a la función social concreta que desempeña:

> La aproximación científica de la realidad durante la modernidad implicaba la catalogación y clasificación de los descubrimientos de la época. En particular, los hallazgos en América, África y Asia, tanto en el conocimiento de los continentes que requirieron ser representados en mapas, así como de los recursos con los que contaban. Se adopta entonces una visión de espacio contenedor y recipiente de objetos materiales que además necesitan ser representados con el fin de sistematizar los descubrimientos. El espacio empezó a ser el elemento de donde se obtenían los recursos necesarios para que el desarrollo capitalista se pudiera implementar, pero también el objeto mismo de la transformación capitalista. Como el objetivo fundamental era esa transformación, se asumió una concepción en donde el espacio era fijo, parecía no cambiar más que por los contenidos que tenía. Con ello vino la necesidad de rotar en

el tiempo. Espacio y tiempo se analizaban como elementos separados, y este último estaba supeditado al primero: el tiempo de la transformación, el movimiento y la velocidad eran lo importante. Supeditar el espacio al tiempo implicó una visión en la cual la geografía se supeditó a la naciente historia. (Ramírez Velázquez y López Levi, 2015)

No se trata de una abstracción operativa meramente cognoscitiva. Resulta una visión instrumental al servicio del poder económico y político. Hace de la realidad geográfica una cosa contenedora, capaz de ser comprendida en su extensión y en el valor del dominio efectivo de tal magnitud. El espacio geográfico, desde tal perspectiva, se vuelve inteligible y operable, medible y transable, evaluable e intercambiable. Pero como abstracción operativa de contenido social y político entraña una negación de la experiencia "pie con tierra" en beneficio de una mirada planeadora y rapaz que percibe las oportunidades de tratar política y económicamente con un puro espacio allí donde los mortales ordinarios tienen efectivo lugar.

Es desde una perspectiva a la vez humanista y crítica con las prácticas de las relaciones capitalistas de producción en donde se opone al "espacio" geográfico, la realidad encarnada del lugar habitado. En efecto, el matiz conceptual opone lo concreto vivido por las personas a lo abstraído por una práctica explotadora, una compleja, estrecha y compleja relación existencial enfrentada a una asunción cosificadora, un despliegue de la condición humana en su propio campo contrapuesta a una enajenación económica y simbólica.

Para autores como Smith, la diferencia entre espacio y lugar tiene que ver con el desarrollo del capitalismo, es decir, cuando se separa el espacio de la experiencia en las comunidades primitivas y de la naturaleza. Antes de esta separación, nos dice, no había una distinción entre la especificidad del lugar con la abstracción que representa el concepto de espacio en general. Al respecto dice; antes del desarrollo capitalista... "la abstracción de lugares específicos a espacio en general no era un hecho todavía" (Smith,1984:69). (Ramírez Velázquez y López Levi, 2015)

La distinción, entonces, entre el espacio y el lugar, en lo que toca a la geografía, tiene un sólido fundamento social, económico y político. El lugar, el sitio vivido, no es una simple cosa, sino el campo físico-existencial de la vida humana, que se despliega como propiedad inalienable de su condición, en donde toda operación de espacialización supone, de suyo, una alienación, un relativo extrañamiento. En contraposición, el espacio es un constructo abstracto, producto de una asunción reductiva de la realidad (que divorcia la extensión espacial con respecto al tiempo y que escinde al sujeto con respecto a su campo habitado), y un instrumento operativo para desplegar determinadas relaciones sociales de producción y reproducción.

De acuerdo con el *Dictionnary of human geography* el lugar es una forma de denominar el ámbito local, sin embargo, bajo el marco de la teoría humanista se refiere a la transformación humana de una porción de la superficie terrestre. Generalmente se distingue a través de los significados culturales y subjetivos, a través de los cuales se construye y diferencia' (Gregory *et al.*, 2009:539). Entrikin (1991:14) por su parte, señala que el lugar es el ámbito de la especificidad. Está relacionado con conceptos como lo único, lo concreto, lo ideográfico. Es la forma particular que adquieren las relaciones sociales que configuran el espacio social, en la cual la identidad y lo simbólico son importantes. El lugar remite a la habitabilidad, a la apropiación y a la articulación del espacio. El lugar, dice Eloy Méndez (2012: 44), es el sitio de encuentro, es el espacio público y en este sentido se encuentra su importancia desde la arquitectura y el urbanismo. (Ramírez Velázquez y López Levi, 2015)

Toda una deriva de la geografía —que de humana se decanta en humanista— viene a dar, de modo ineluctable, con una arquitectura y un urbanismo que dejen de considerar sus respectivos objetos como cosas, que abandonen las falacias del espacio abstracto y neutro en beneficio de los lugares que ocupa y puebla el ser humano. Ante la indiferencia e intercambiabilidad de los eventos y meras cosas en el espacio, ahora es oportunidad para considerar cómo las personas vuelven propios y diferentes cada uno de los lugares que habitan. Así como emerge una geografía humanista que reconsidera la constitución efectiva de lugares, una Teoría del Habitar hace lo propio con cada fenómeno arquitectónico y urbanístico.

Esta concurrencia de la geografía humanista con la Teoría del Habitar se explica por su común abrevar en las mismas fuentes: el aporte de la filosofía del habitar de Martin Heidegger:

> La influencia de la fenomenología en la geografía humanista queda más evidenciada con Relph, al tomar de la filosofía de Martin Heidegger el concepto de habitación (dwelling) como la esencia misma de la existencia de los humanos en el mundo (Heiddeger,1971) otorgándole también la adscripción de lugar como parte de la auténtica existencia, saliéndose así de la connotación tradicional de lugar como localización y abriendo el significado de la categoría al "sentido de comunidad que supuestamente genera el lugar", el "sentido del tiempo envuelto en la liga con el lugar", "el valor de las raíces y su visibilidad, con o que se integra también el sentido de paisaje (Cresswell, 2008: 21-22). La transformación del mundo en habitación genera lugares en diferentes niveles, por lo que el concepto de lugar, aun en la concepción humanista, puede tener diferentes

escalas que es preciso reconocer y analizar. (Ramírez Velázquez y López Levi, 2015)

Así, lugares son tanto el rincón en donde se repliegan los ensueños del niño, la habitación de la adolescente, la sala familiar, la casa y la morada, el vecindario y el barrio, la ciudad y su extendida urbanización, la comarca y el paisaje, la oportunidad de contemplación anhelante del extranjero y el distraído hábito del urbanita asentado. El lugar es el campo determinado por una situación existencial, con confines tan relativamente claros para el locatario como imposibles de señalar con alguna precisión. Es que, existentes situados, habitamos un abismo de lugares que se suceden, concéntricos, hasta los lindes del mundo de la vida, de la vida que conseguimos saber vivir.

La adopción sistemática y rigurosa del concepto de lugar, en la Teoría del Habitar, supone, en primer lugar, dar plena cabida a la existencia humana como la causa fundamental de todo propósito en arquitectura y urbanismo. A la arquitectura y el urbanismo de cosas construidas, arregladas según reglas geométricas de composición abstracta, depuradamente visibles y contemplables, se le opondrá, con firmeza conceptual, una arquitectura y un urbanismo de relaciones humanas en los lugares, compuestas sobre las propias líneas orgánicas de la vida social, brindadas a todos los sentidos y consumadas con las más hondas vivencias. Al ejercicio profesional de la gestión del espacio indiferente e intercambiable, se le opondrá el cuidado solícito de los lugares constituidos de modo específico y propio. A la arquitectura construida le ha de preceder, por fuerza, una arquitectura humana del lugar como constituyente.

A partir de aquí se genera una importante crítica al espacio abstracto, alegando que el espacio del habitar no es geométrico ni puramente visual, sino existencial y ligado a una experiencia concreta en un lugar y tiempo específicos. Las experiencias espaciales promovidas por el movimiento moderno son denunciadas como inventos de laboratorio que respondían solo a condiciones utópicas generales, basándose es un sujeto universal, estándar y unitario (el hombre moderno), un lugar abstracto (el nuevo espacio, la nueva sociedad) y un tiempo ideal (el futuro, la utopía). (De Stefani, 2009)

Las personas concretas han de ocupar el lugar de los sujetos universales. Cada evento humano único deberá desempeñar su papel en el drama del lugar habitado, con plena presencia y conciencia, mediante una reapropiación cabal de su propia existencia. Los lugares concretos deben ser reconocidos en su constitución de sitios habitados y así contenidos por una labor profesional de atento amparo. La mención a los lugares trasciende, por otra parte, las constricciones conceptuales de la pura extensión, a efectos de recobrar, para las personas habitantes su plena gestión soberana del tiempo, tanto la memoria y el presente vivido, así como los proyectos de lo que vendrá.

OPERACIONES EXISTENCIALES EN EL LUGAR

Es oportuno analizar el modo en que nuestro lenguaje da cuenta de nuestro pensamiento a través de ciertas locuciones que expresan unas respectivas operaciones existenciales en el lugar. En primer lugar, cabe examinar la expresión tener lugar. En castellano significa ocurrir, suceder: *La ceremonia protocolar tuvo lugar en la Casa de Gobierno, en su salón principal, hoy a las cinco de la tarde.* La enunciación de la noticia especifica el suceso como ocurrencia verificada en precisas circunstancias de espacio y tiempo. Tener lugar, para un sujeto, constituye una condición inalienable de su existir situado. Aquello que existe, tiene lugar y esta condición es inescindible de su propia existencia.

Pero conviene cotejar los matices de significado entre las locuciones tener lugar y tener espacio. Mientras que algo (o alguien), si no tiene lugar, entonces no existe, no es ni apropiado ni oportuno, se puede tener más o menos espacio, esto es, una extensión o disponibilidad exterior que es facultativa, ya ajena, ya privatizada. Mientras tener lugar es una propiedad inherente a lo que existe, tener espacio es el apropiarse eventual de una extensión privativa, una holgura del ser en la extensión, un desbrozarse del contorno de la existencia.

> El espacio es además lo que se encuentra entre las cosas, aunque con ello se desvanezca la imagen del espacio hueco. Los objetos dejan más o menos espacio. Así, por ejemplo, se habla de dos "montañas rocosas que apenas dejan abrirse paso a un riachuelo". Así, pues, *Raum* es el espacio, frecuentemente reducido, necesario para el movimiento. (Bollnow, 1969)

La lectura de la obra de Otto Friedrich Bollnow, *Hombre y espacio* (1969), muestra cómo en el idioma alemán los conceptos se segmentan de manera algo diferentes a lo que lo realiza la lengua castellana. Mientras que con *Ort*, que se traduce por "lugar", se designa un punto o posición relativa de algo, la voz *Raum*, que se corresponde con el "espacio" designa un intervalo en el cual las cosas pueden tener su movimiento (Bollnow, 1969). Pero, en castellano, esta extensión espaciotemporal en donde se verifica el movimiento constante de la existencia, del ser del hombre, es, sin duda, su lugar. Esto es especialmente decisivo para distinguir entre la apropiación genuina del lugar y la privatización relativa del espacio.

Porque el lugar es una propiedad del existente, es pasible de apropiación genuina allí donde el sujeto logra consumar su habitación. Sin embargo, porque el espacio es ajeno a las personas, es que puede ser privatizado, esto es, hurtado, expropiado o adquirido de forma excluyente a otros congéneres. Ningún sujeto puede intercambiar su propio lugar —carga con el mismo siempre a cuestas— mientras que si puede comprar y vender ciertas porciones de espacio a título de bienes inmuebles.

> Importante esta apreciación [...]: la que permite distinguir entre *apropiación* y *privatización*. Está claro que privatizar quiere decir convertir algo en posesión particular e incompartible, al margen o incluso en contra de su uso real. Apropiar es otra cosa: es poner algo al servicio de las necesidades humanas; remite a lo que es propio, adecuado. La génesis del concepto de apropiación lo tienes a lo largo y ancho de la obra de Marx y remite al dominio y la transformación de la naturaleza, la virtud específicamente humana no de vivir en el mundo, sino de crear el mundo en que vive. Apropiación es sencillamente apropiación de la vida por la vida. (Delgado, 2021)

El lugar, como manifestación de lo propio del sujeto, solo puede ser apropiado en el sentido de un perfeccionamiento, de un ahondamiento existencial, un autocultivo del ser en su circunstancia. Por el contrario, toda privatización del espacio es resultado de una posesión de cosa ajena, de disposición falaz de extensión alienada de la existencia, una presa rapaz de contornos que, por ajenos, nunca serán, desde un punto de vista constitucional, propios, sino expropiados. Es en este sentido que se opone el tener lugar de los existentes al contar con espacio de los sujetos económicos.

Corresponde ahora considerar el sentido de la locución hacer lugar. Esta expresión da cuenta de un ethos, de una práctica existencial y social. Es que la existencia humana implica una realización activa y un cultivo pormenorizado. De la condición humana emerge un tener lugar como efusión que sólo se cumplimenta con el gesto de la acción habitante. Hacer lugar se propone como desenvolvimiento de la existencia, como desempeño práctico, como gesto de abrazar y dar forma a nuestro lugar en el mundo.

El interrogante acerca del espacio es, por lo tanto, el de la condición trascendente del hombre. Esto significa al mismo tiempo que el espacio no está simplemente ahí, independiente del hombre. Solo hay espacio en la medida en que hombre es un ser espacial, es decir, que crea espacio, que lo "despliega" a su alrededor. (Bollnow, 1969)

Hay que detenerse aquí a considerar cómo resulta nuestro discurrir cuando confrontamos las locuciones hacer lugar y hacer espacio. Cuando se hace lugar se colmata un campo de oportunidad y pertinencia con la presencia activa de un fenómeno. Mientras tanto, cuando se hace espacio se desbroza una extensión, esto es, se le niega lugar a algo a efectos de dejar la extensión continente vacante y disponible para otra cosa o evento. Hacer lugar, entonces, es un reconocimiento a la existencia de alguien, alguna cosa o algún fenómeno, y, por lo contrario, hacer espacio es la efectivización de una vacancia, de un continente disponible.

En lo que toca al ser humano, es preciso reparar en que hacerse un lugar es, en todo caso, una consumación práctica de la propia existencia. Implica referir una posición tanto en el orden espaciotemporal como en la vida social; tal posición es efectiva como presencia y población y realizada con no poco esfuerzo vital aplicado a un moroso cultivo de saberes, prácticas y producciones. Hacerse un lugar es forjar desde dentro —y como protagónico implicado— una situación, un detenido ser-en-el-mundo.

¿Como calificar esta forja del lugar? Karl Marx ha distinguido entre los conceptos de *work* (trabajo genérico que produce valores de uso) y *labour* (trabajo alienado, que produce valores de cambio) (Heller, 1970). Por razones etimológicas,[2] aquí

---

2   *Labor*, en el sentido de tarea o fatiga, asociado a labrar, laboreo; *Trabajo*, en el sentido de sufrimiento, procedente del latín *tripaliare*, torturar, que a su vez deriva de *tripalium*, cepo, instrumento de tortura. (Corominas, 1987)

optaremos por distinguir entre labor —aquí en el sentido de un hacer genérico e inalienable de la condición humana, *homo faber*— y trabajo —aquí en la acepción de actividad enajenable socialmente como fuerza de trabajo, objetivada como producción de valores de cambio—. Entenderemos, en consecuencia, el hacer lugar como una labor o tarea genérica, inescindible de la personalidad, mientras que consideraremos, distinguiéndolo, del trabajo de hacer espacio, esto es, la operación de construir y acondicionar espacios a título de bienes de cambio. Es peculiarmente importante distinguir entre el laboreo implicado por el hacer lugar, tarea ineludible del sujeto habitante, a la cual una arquitectura humanista deberá responder con operaciones de reconocimiento, cuidado y amparo, confrontada con la operación de gestión y proliferación privativa del puro espacio, tarea en que las relaciones capitalistas de producción enmarcan la actividad constructiva corriente.

Finalmente, es imperioso considerar una última locución: la que afirma o niega que haya lugar. El gesto existencial de acomodar las cosas para ofrecer a un tercero un lugar constituye una producción hospitalaria, que hace honor a la especie humana de disponer, para todos los congéneres, un lugar para acomodarse. Haber lugar, entonces, significa abrir de par en par el acceso al camino pacifico del Otro, aviarle una porción de mundo para compartirlo y disponer un umbral de cordial recepción. Haber lugar significa que el hacer lugar se califica como una producción, como el obrar de un arte de vivir, como una ratificación siempre necesaria del hábito gregario de la condición humana.

En el banco de una plaza pública puede solazarse una pareja de enamorados, tan apasionados que dejen mucho del asiento libre. Bien pudiera que pasase por ahí un anciano fatigado, con signos evidentes de su necesidad de descanso. Los jóvenes tendrían entonces la oportunidad de honrar a la especie, invitando al viandante a acomodarse en un costado: hay lugar, entonces, no ya sólo porque haya sitio disponible, sino porque esta ordinaria escena de la vida cotidiana revelaría que los seres humanos siempre podemos encontrar acomodo para Otro. Sin exagerar en la moralización, puede entenderse, en esta situación, una apropiación productiva del lugar, en todo diferente de la expropiación explotadora del espacio.

> Los lugares se deben a la construcción de la habitabilidad del espacio, apropiado mediante el cultivo de su presentación indistinta. A esto se dedicaban la arquitectura y el urbanismo en la ciudad tradicional, a crear lugares, que aún en la metrópolis moderna descansaban en la articulación del espacio. O sea, el lugar sería la forma temperada de una porción de espacio reconocible por participar en el reencuentro de sensaciones y datos almacenados en la memoria del participante. (Méndez Sainz, 2012)

Cabe pensar que una arquitectura y un urbanismo de cuño humanista podrían, de muy buen grado, adoptar el talante productivo de lo hospitalario, al abandonar la expropiación privativa del espacio en beneficio de la producción social de lugares. Tal producción social de lugares, en todo caso, es una obra productiva de la misma vida social y la arquitectura y el urbanismo humanistas apenas si hiciesen bien en conocer su profunda contextura, sus peculiares manifestaciones y las formas significantes de su emergencia, para luego actuar en consecuencia. La habitabilidad del lugar se constituiría entonces en una piedra de toque antropológica a efectos de sustentar un ejercicio científico de la arquitectura y el urbanismo.

EL LUGAR Y TRES DE SUS VOCES

Si en las líneas que antecedieron hemos dado cuenta del sentido general del concepto de lugar, esto es, el sitio habitado, la situación concretamente ocupada y poblada, ahora quizá sea oportuno examinar algunas de sus especificaciones particulares. Al efecto, deberemos considerar tres voces que mencionan sendas relaciones específicas que se entablan entre las personas y el lugar que habitan. *Territorio, ámbito* y *campo* son tres especificaciones del lugar que proponemos al examen reflexivo.

La habitación del lugar a título de ocupación territorial tiene siempre el signo del dominio. Hay un sojuzgamiento del lugar toda vez que el titular irrumpe y sienta, desafiante, sus reales en el sitio. Hay, por consiguiente, una exclusión de toda otredad, un conflicto genérico y difuso: apropiarse de un territorio es privárselo a otros; la acción ocupadora de los unos supone un hurto a los otros. La violencia es consustancial al imperio de un poblador sobre su territorio; la paz es insegura; todo confín es entonces objeto de asedio. El habitar del territorio es precario, provisional, inestable. La habitación del territorio se manifiesta en un equilibrio inestable de amenazas propias y ajenas. En la habitación de un territorio siempre se duerme intranquilo. De la habitación de nuestro territorio siempre podremos ser desalojados.

> Desde su etimología Delaney (2005:13-14) y Painter (2010:1101) señalan que la palabra proviene del latín *territorium*, que significa la tierra en torno al pueblo y *terra*, tierra. Sin embargo, también deriva de *terrere*, es decir, asustar, atemorizar; que en su acepción actual, el territorio puede contener ambos significados, uno asociado a la pertenencia y el otro a la violencia. (Ramírez Velázquez y López Levi, 2015)

La operación de poblar un lugar a título de territorio tiene un cariz primitivo y precario. Supone una relación de dominio sobre el lugar, esto es, un ejercicio de un poder privativo y de suyo amenazado por formas de poder relativamente más eminentes. El habitar precario de un territorio es el precio que impone, precisamente, el recurso del poder. Es que, porque el ocupar un territorio supone el ejercicio de una fuerza, esta violencia originaria se desdobla en simétricos y reciprocas caracterizaciones; ofensivas y defensivas. Así, la pertenencia, el sentido de la identificación originaria, la propia memoria histórica, el arraigo son todas notas de un ejercicio apenas político de dominio: la población de un territorio, como tal, siempre es precaria y carente.

Y, con todo, es forzoso rendirse a la evidencia que, a través de la habitación del territorio proliferan múltiples contenidos, hondamente naturalizados por el sentido común:

> Los sentimientos de pertenencia se construyen a partir del habitar, de tener propiedades, haber nacido en un país, haber enterrado a los seres queridos o el tener certificado de nacionalidad. Al reconocimiento de pertenencia y al arraigo territorial se asocian derechos y obligaciones, que pueden ser reconocidos por acuerdo común, por leyes nacionales o acuerdos internacionales. El territorio es, entonces, también una perspectiva política del espacio, que más allá de los estudios sobre la conducta, se ha manejado asociado al Estado y la nación desde hace varios siglos. A partir de lo anterior, se puede considerar que el concepto de territorio alude a una parte de la superficie terrestre sujeta a procesos de posesión, soberanía, gestión, dominio, administración, control, resistencia, utilización, explotación, aprovechamiento, apropiación, apego y arraigo (López, 2008). (Ramírez Velázquez y López Levi, 2015)

El lugar, poblado como territorio, supone, en definitiva, una forma de precaria posesión, de cuestionable domino, de siempre discutible apropiación. El mero ejercicio del poder, entonces, no asegura la habitación, sino que la impone de una manera que la historia siempre puede contestarla: la disposición de centralidades y confines, de normas y privilegios, de explotaciones y reservas, siempre pueden ser, mediante una adecuada correlación de fuerzas económicas y políticas, puesta en cuestión. La configuración estable, durable y consolidada de los lugares es una de las formas políticas más ilusorias, pero no por ello menos socorridas por la acción social, siempre y cuando, claro está, que responda a los dictados del Poder real y efectivo de las circunstancias histórico-geográficas.

El concepto de ámbito —palabra que significa, en primera acepción, espacio o lugar delimitado— procede de la idea del lugar apto para deambular, particularmente en forma circular o envolvente. Son voces afines el vocablo ambiente y ambulatorio. Esta idea combina la actividad que supone un movimiento, una vocación o un interés, en su relación con un lugar propicio para su situación. En todo caso, hay en todo ámbito un confín envolvente de un movimiento de las personas o del espíritu, al que es posible ingresar y del que también se puede salir.

La habitación del ámbito es fruto de un esforzado y logrado hacerse un lugar. Al efecto, uno debe acceder ceremoniosamente al lugar trasponiendo un tenue pero decisivo umbral: debe demostrar una patente vocación poblacional del ámbito. Asimismo, debe aprender a moverse según una etiqueta y una competencia condignas de la esfera de acción. También es preciso salir, en ocasiones, dejando a buen resguardo las reservas íntimas de las practicas ejecutadas. En un ámbito se participa, no se irrumpe. En un ámbito no se domina ni se es sojuzgado; las personas ocurren en sus prácticas, suceden en sus reciprocas coreografías, confabulan y compiten entre sí por colorear de vida humana el lugar habitado. En el ámbito resulta una habitación holgada, pacífica y trabajada. Resulta holgada porque sus confines son lábiles y practicables. Resulta pacifica porque existe una serena confianza en las fortalezas propias y legitimas de las prácticas que allí tienen lugar. Resulta trabajada, porque la estructura sustentante del ámbito sólo se asegura mediante el esfuerzo de quienes allí habitan.

> A través de la acción sobre el entorno, las personas, los grupos y las colectividades transforman el espacio, dejando en él su "huella", es decir, señales y marcas cargadas simbólicamente. Mediante la acción, la persona incorpora el entorno en sus procesos cognitivos y afectivos de manera activa y actualizada. Las acciones dotan al espacio de significado individual y social, a través de los procesos de interacción (Pol, 1996, 2002a). Mientras que por medio de la identificación simbólica, la persona y el grupo se reconocen en el entorno, y mediante procesos de categorización del yo —en el sentido de Turner (1990), las personas y los grupos se autoatribuyen las cualidades del entorno como definitorias de su identidad (Valera, 1997; Valera y Pol, 1994). (Vidal Moranta y Pol Urrútia, 2005)

Con su deambular, con sus estancias recurrentes, con sus ritos de paso, las personas consiguen habitar, de modo necesario, y a la vez, contingente, ámbitos diversos a los que confieren forma con sus acciones, con las improntas que dejan aquí y allá y con los símbolos que logran investir, a título de pertenencia. Con su acción, las personas configuran desde dentro la contextura de los ámbitos, le confieren particular identidad y contenido. Con el hábito de la presencia y población, señalan los confines que siempre están, para los otros, abiertos de par en par a costa de efectuar los ritos de paso que la etiqueta prescribe. Habitar un ámbito nunca es privativo, pero no supone necesariamente estar librado a cualquiera: preciso es saber y practicar los umbrales sociales de admisión.

Habitar un ámbito hogareño es, por cierto, muy diferente a habitar una casa como territorio. Mientras que, en este último caso, los confines del lugar-territorio se precisan en los límites de la propiedad, la esfera del ámbito hogareño se extiende, lábil y sin embargo clara, mucho más allá de los muros de la vivienda y de los deslindes del solar. Es que los confines del ámbito hogareño son los de la morada, ese lugar al que siempre se vuelve y desde el que siempre se parte, que no tiene una arquitectura material que la constriña, sino umbrales de reserva íntima. El corazón de una casa-territorio es el lugar de quien detenta el poder privativo de señalar *Mi casa, mis reglas*. Mientras tanto, el centro palpitante del ámbito hogareño es el lugar del fuego que asegura la reproducción ordinaria de la vida social, es el foco nuclear de la economía fundamental de los aquerenciados. Acceder a una casa-territorio supone un control de admisión en el cual la burbuja del ámbito hogareño puede replegarse con más contundencia que la fachada material: recibido cortésmente el extraño, puede tomar asiento en la sala a condición de no perturbar los umbrales domésticos de lo íntimo, que sólo se le franquearán con muy tardos ritos de paso.

Habitar un ámbito implica hacerse un lugar como operación de apropiación existencial. Resulta de un obrar tenaz, de un aprendizaje más o menos prolongado, y de la producción de las condiciones de vida que otorgan sustento y contenido a este ámbito. En virtud de ello, cada lugar poblado a título de ámbito es un constructo a la vez que una construcción que se desarrolla de manera concurrente con la propia vida. En efecto, es la propia existencia la que horada, día tras día y a su manera, la contextura habitada del lugar para liberar el paso, la estancia y el atravesamiento de umbrales que vertebra la vida humana.

Cuando reconocemos en un fenómeno la circunstancia física de tener lugar, decimos que sus magnitudes se distribuyen en un campo espaciotemporal. Así, el abrazo apasionado de los amantes tiene efectivo lugar, a partir de esa casi nada que separa sus pieles hasta difundirse por el espacio-tiempo hasta una esfera de intimidad en la que no osaremos irrumpir, so pena de ser considerados, con toda razón, inoportunos, inciviles y entrometidos. Hay en la composición efectiva de un campo, como habitación concreta y viva de un lugar, una contextura fácil de confundir con la del ámbito. En efecto, en ambos casos los lugares de realizan desde las prácticas de sus locatarios, desde la plenitud de su condición existencial, desde dentro. Sin embargo, hay una diferencia y ella estriba en diferencia entre hacer y haber. En efecto, el ámbito de los enamorados es una esfera de constitución lábil y practicable. Ingresamos en esta esfera con memorables ritos de paso y abandonamos no sin aflicción su amparo circunstancial. Pero, vivido de otra manera, hay un campo amoroso habitado toda vez que, de modo efectivo, el abrazo clausura sobre si, de forma nítida, que la pasión tiene efectivo lugar, precisamente porque en forma coextendida, ha ocupado el lugar que había para ésta. El término *campo*, entonces, es la tercera voz con la que hacemos mención del lugar.

Bajo la invocación del campo habitado se dirige la atención tanto hacia un hecho genérico como a un derecho humano. Habitar el lugar como campo es ineludible, inexcusable, inalienable: simplemente, estamos ahí, vivos y así es que tenemos lugar desde un punto de vista constitucional. Pero es necesario reparar en que, en la vida social, son cruciales las condiciones materiales, prácticas y simbólicas en que este hecho consigue desplegarse en el destino de cada persona. Por ello, habitar es un derecho humano, porque es forzoso urdir un orden social que le asegure a cada una de las personas que conviven en una comunidad dada, las condiciones humanas de libertad, igualdad y solidaridad en las precisas circunstancias en que éstas tienen positivo lugar allí.

Habitar el lugar apropiado como campo es un arte de cultivarlo en condiciones de adecuación, dignidad y decoro. Habitar el lugar apropiado como campo constituye la estructura sustentante del arte del buen vivir. Este buen vivir tiene, con la adecuación, una forma, función y magnitud conforme al contenido humano del fenómeno habitante. Con la dignidad, este ajuste adecuado honra la figura social de cada habitante: el campo se desarrolla así en forma condigna con la constitución ética de su morador. Finalmente, el decoro asegura las condiciones simbólicas que disponen, para cada persona y para cada lugar que puebla, el semblante digno de la pertenencia plena del sujeto a su comunidad de semejantes.

La razón por la cual el habitar el campo propio constituya, a la vez, un hecho y un derecho radica en que la habitación así considerada constituye una producción sostenida en el tiempo. El lugar, a título de campo es una entidad en construcción permanente, en proceso de consumación a lo largo de la línea del tiempo. Nada hay de ineluctable en la constitución del campo, a excepción de su emergencia existencial: todo está por hacerse, día a día, sigue el itinerario de una historia peculiar. Cabe creer que una arquitectura y un urbanismo atentos a esta realidad, conformen hechos construidos que también constituyan producciones desarrolladas en el tiempo de la vida, y no ya cristalizaciones constrictoras de fugaces estatus quo.

Mucho resta aún por indagar en la constitución profunda de los lugares en la Teoría del Habitar. Puede sospecharse que ulteriores indagaciones consigan desvelar importantes y significativos rasgos que informen a una ciencia básica de la Arquitectura y del Urbanismo, toda vez que con estos se pretenda hacer amparo, honor y gracia a la vida humana situada.

El cuerpo habitante

L'Umana Fragilitá
Mortal cosa son io, fattura umana:
senza periglio invan ricerco loco,
che frale vita è di fortuna un gioco.
GIACOMO BADOARO-CLAUDIO MONTEVERDI, *Il ritorno di Ulisse in patria*

ASUNCIONES DEL CUERPO

A efectos de examinar el papel que juega el cuerpo en la operación humana de habitar un lugar, deberemos antes repasar, por una parte, la construcción histórica de su concepto, haciendo acopio de los aportes esclarecedores de David Le Breton en su *Antropología del cuerpo y modernidad* (1990) y, por otra, cómo es asumida, en la contemporaneidad cotidiana, una noción vivida del propio cuerpo habitante. Esto se justifica, ya que la concepción corriente y dominante del cuerpo, fruto de un prolongado periodo histórico de elaboración, se divorcia —y no de manera azarosa— de una asunción operativa adecuada a nuestra materia. En efecto, la construcción conceptual del saber biomédico acerca del cuerpo nos ha conducido a ciertas concepciones que se revelarán por completo inadecuadas a los efectos de interpretar cómo y mediante qué operaciones es que el cuerpo humano vivo consigue poblar los lugares que habita.

El Renacimiento europeo, con la labor de los primeros anatomistas, de entre los cuales se destaca Vesalio, es el que produce una cesura de tipo epistémico entre la idea de persona y la de su cuerpo. De esto se origina la idea de poseer un cuerpo, en sustitución de una concepción monista que considera el cuerpo componente inescindible de la persona, pero también del mundo existente. De los reos ajusticiados con la muerte, lo que resta —y es aquello que sólo con grandes dificultades se consigue estudiar— es lo que emerge como cuerpo: resto inanimado, desalmado por la punitividad del orden jurídico, y atentamente observable ante una mirada tan curiosa como implacable.

> Antes, el cuerpo no era la singularización del sujeto al que le prestaba un rostro. El hombre, inseparable del cuerpo, no está sometido a la singular paradoja de poseer un cuerpo. Durante toda la Edad Media se prohíben las disecciones, se las considera, incluso impensables. La incisión del utensilio en el cuerpo consistiría en una violación del ser humano, fruto de la creación divina. También significaría atentar contra la piel y la carne del mundo. En el universo de los valores medievales, y renacentistas, el hombre se une al universo, condensa el cosmos. El cuerpo no es aislable del hombre o del mundo: es el hombre y, a su escala, es el cosmos. Con los anatomistas, y especialmente a partir de *De corporis humani fabrica* (1543) de Vesalio, nace una diferenciación implícita dentro de la episteme occidental entre el hombre y su cuerpo. Allí se encuentra el origen del dualismo contemporáneo que comprende, también de manera implícita, al cuerpo aisladamente, en una especie de indiferencia respecto del hombre al que le presta el rostro. El cuerpo se asocia al poseer y no al ser. (Le Breton, 1990)

El despojo cadavérico es observado a título de cuerpo y, recíprocamente, el cuerpo de los vivientes se vuelve un resto separable tanto de la vida del mundo como la del sujeto. Esta doble escisión resulta funcional, desde el punto de vista científico, para cosificar el objeto de un saber positivo, mientras que, desde una perspectiva filosófica abre un campo para una ulterior instrumentación conceptual que desembocará en el individualismo moderno como nueva representación del ser humano. En la época moderna, el hombre de la nueva época emerge constreñido cósmicamente por los confines de su piel, convenientemente diferenciado del tejido social, y titular de una vital articulación entre el pensar, con sus razones, y el funcionar, con sus eficiencias mecánicas. Hay en el saber dominante sobre el cuerpo un empeño por deslizar la concepción de éste a una instrumental asunción mecanicista.

> De Vesalio a Descartes, de la *Fabrica* al *Discurso del método*, se produjo el duelo en el pensamiento occidental: en un determinado nivel, el cuerpo se purifica de toda referencia a la naturaleza y al hombre al que encarnaba. En Descartes al cuerpo se le aplica una metáfora mecánica, hecho que demuestra un deslizamiento. A la inversa, la metáfora orgánica se vuelve más rara y designa el campo social. El individualismo ganó un importante terreno. El cuerpo, «modelo por excelencia de todo sistema finito», según señala Mary Douglas, [...] deja de ser apropiado para representar una colectividad humana cuya dimensión holista comienza a distenderse. Entre los siglos XVI y XVIII nace el hombre de la modernidad: un hombre separado de sí mismo (en este caso bajo los auspicios de la división ontológica entre el cuerpo y el hombre), de los otros (el *cogito* no es el *cogitamus*) y del cosmos (de ahora en más el cuerpo no se queja más que por sí mismo, desarraigado del resto del universo, encuentra el fin en él mismo, deja de ser el eco de un cosmos humanizado). (Le Breton, 1990)

Para nada es azaroso que la concepción moderna del cuerpo desembocara en la metáfora mecanicista. Pero tampoco es ineluctable: son unas precisas condiciones en las relaciones sociales de producción las que enmarcan el sentido de tal operación. No por casualidad, al mismo tiempo en que el concepto de lugar concreto deja su posición en beneficio del espacio abstracto, al mismo tiempo se escinda la idea de cuerpo como res extensa, con respecto al pensar, y no por casualidad es que, al mismo tiempo y de forma concurrente, también se separa conceptual y económicamente la labor genérica del trabajo alienado. Son operaciones todas que se confieren sentido mutuamente y en su conjunto.

> Este modelo supone, también, nuevas prácticas sociales que la burguesía, el capitalismo naciente y su sed de conquista, inauguran. Una voluntad de dominio del mundo que sólo puede ser pensada a condición de generalizar el modelo mecanicista. Si el mundo es una máquina, está hecho a la medida del ingeniero y del hombre emprendedor. En cuanto al cuerpo, razonable, euclidiano, está en las antípodas de la *hybris*, cuerpo secuencial, manipulable, de las nuevas disciplinas, despreciado en tanto tal, lo que justifica el trabajo segmentario y repetitivo de las fábricas en las que el hombre se incorpora a la máquina sin poder, realmente, distinguirse de ella. Cuerpo despojado del hombre, que puede ser pensado, sin reticencias, a partir del modelo de la máquina. (Le Breton, 1990)

Tampoco es azaroso que, en estos tiempos de modernidad crepuscular, en la fase del capitalismo tardío, lo que asome sea, precisamente, una forma de perplejidad epistémica acerca del cuerpo. En perspectiva histórica, ahora reparamos que algo importante del concepto se nos ha ido erosionando en la modernidad. Por cierto, ya no recuperaremos esta continuidad inextricable entre el sujeto, su comunidad y su cosmos, pero si podemos avizorar una necesaria revisión de las ideas que al respecto se han sedimentado en el sentido común. Son tiempos de sospecha crítica y conjetura.

Es a la vivencia del propio cuerpo en las circunstancias cotidianas que deberemos apelar para recobrar una idea operativa para entender cómo es que se consigue, a pesar de todo, habitar cada lugar día a día. Apelaremos entonces al testimonio fatigado de las propias entrañas cuando practican la vida corriente, cuando excavan el lugar vivido. Se trata de voces sordas, de evidencias oscuras, de gestos aún torpes que tienen recién ahora oportunidad de revelarnos su íntima contextura y, al así hacerlo, desafiarnos a pensarnos los asuntos del cuerpo de mejor manera, a la altura de la historia vivida como tardío y soslayado presente.

En el sentimiento de seguridad que nace del carácter inteligible y familiar de lo cotidiano, el uso ordenado del cuerpo tiene un papel esencial. El hojear rituales a lo largo del día, debe su eficiencia a una arquitectura de gestos, sensaciones, percepciones que están incorporadas al sujeto y que lo alivian de un gran esfuerzo de vigilancia en el desarrollo de las diferentes secuencias de la vida. En la base de todos estos rituales hay un orden preciso del cuerpo. Un orden al mismo tiempo siempre idéntico y siempre, insensiblemente, diferentes. El hombre está afectivamente en el mundo, sus conductas no son solamente un reflejo de su posición simbólica en la trama de las clases o grupos sociales. El humor colorea los gestos y la sensorialidad, modifica la atención que se presta a las cosas, molesta o vuelve disponible, filtra los acontecimientos. El día de hoy no es la reproducción del de ayer. Las sensaciones, las palabras, las emociones, los gestos de la víspera no se calcan para el día de hoy. Ínfimas diferencias se amontonan; son esenciales para la existencia del sujeto y no menos fecundas para el investigador que la trama remanente que traza un hilo rojo a través del tiempo. El estudio de lo cotidiano centrado en los usos del cuerpo recuerda que, en el paso de los días, el hombre teje su aventura personal, envejece, ama, siente placer o dolor, indiferencia o rabia. Las pulsaciones del cuerpo permiten oír cómo repercuten las relaciones con el mundo del sujeto, a través del filtro de la vida cotidiana. (Le Breton, 1990)

Hay en la coreografía prosaica de los desplazamientos, las estancias y las evoluciones del cuerpo cuando tiene lugar la vida ordinaria. El cuerpo viviente puede ser ahora restituido a un lugar del que ya no tiene sentido privarlo, el lugar que no ha dejado de poblar con su perturbadora y estructurante presencia, el ámbito del hoy por hoy. La Teoría del Habitar trata entonces con sujetos muy concreta y ordinariamente encarnados, que ya no se contentan con poseer ilusoriamente un cuerpo, sino que son cuerpos animados por el soplo que los orienta en su presencia y población. Por ello, dicha teoría queda en deuda impagable con una antropología del cuerpo que, de momento, aporta una fértil perplejidad, pero que devendrá, en el futuro próximo, una columna vertebral de una necesaria ciencia antropológica del habitar.

EL LUGAR Y EL CUERPO

La incertidumbre de los tiempos que corren vuelve a la conceptualización del cuerpo especialmente huidiza y heteróclita. *"El cuerpo es a un mismo tiempo la cosa más sólida, más elusiva, ilusoria, concreta, metafórica, siempre presente y siempre distante: un sitio, un instrumento, un entorno, una singularidad y una multiplicidad"* (Turner, 1984) Forzoso parece rendirse a la evidencia que su naturaleza es ahora especialmente compleja y su conceptualización, problemática. Pero nuestro autor citado aporta unas pistas que nos permitirán adentrarnos conjeturalmente en la idea que, como realidad corporal, es que conseguimos tener lugar y, a la vez, diseminar nuestra existencia precisamente allí.

En efecto, el cuerpo ocupa un lugar, a la vez que le confiere forma significativa. A esta doble operación se debe la condición concreta y humana de habitar. Las personas constituimos con nuestros cuerpos autoadiestrados y autodomesticados los lugares que poblamos según una estructura que opera confiriendo forma y orden al lugar habitado. "La tensión entre cuerpo individuo, subjetivo y social es una de las claves que permitirán entender las conexiones entre geometrías de los cuerpos y gramáticas de la acción ..." (Scribano, 2009). Es que el cuerpo, ante todo es un lugar concreto y pletórico de vida, que se disemina por el lugar que percibe y estructura.

> En el cuerpo se hallan unidas, reunidas y fundidas naturaleza y cultura, condición biológica y aprendizajes sociales, aspectos fisiológicos y sociabilidades incorporadas. A lo largo de la historia, pero sobre todo en el contexto del capitalismo, el cuerpo ha sido y es el nudo gordiano de las relaciones sociales, no solo en cuanto fuerza de trabajo, sino también en tanto ámbito de las capacidades de apropiación/expropiación sensoriales del mundo. Es decir, el sujeto definido corporalmente no solo hace, sino también siente, y en se sentir-haciendo se vuelve más o menos capaz de apropiarse del mundo. Por los dos aspectos anteriores, en el cuerpo aparecen las inscripciones de lo social, las marcas y huellas de las trayectorias, las que alcahuetean acerca de las posiciones- condiciones sociales de los sujetos. (Vergara, 2009)

En las destrezas, en los rituales, en las ceremonias y etiquetas autoimpuestas al cuerpo se dejan leer las inscripciones que éste realiza, en la vida cotidiana, sobre los lugares que habita. En estas operaciones se observan tanto habilidades orgánicas como adiestramientos culturales, tantas idiosincrasias como modales convencionales. Es en la condición de cuerpos vivos, capaces de operar y aprender, de padecer y de imponer su imperio sobre las circunstancias, que las personas tienen su peculiar e intransferible lugar, que protagonizan su suceder en precisas circunstancias de espacio y tiempo.

Las personas, en compromiso de habitar, integran coherentemente sus sensaciones. Esto les permite, literalmente, tener lugar. Puede pensarse que tal integración se deba a la operación de una suerte de protosentido fundamental —que según algunos bien podría ser el tacto— que aunaría los influjos sensibles especializados, tales como la visión, la audición, el olfato, el gusto y el mismo tacto. También pudiera pensarse en una suerte de virtud sistémica que tuviesen las sensaciones particulares, las que se integrarían por sí mismas según el producto interno de sus mutuas interacciones, más que por su pura agregación. Pero también puede pensarse en una función sensible superior, no asignable a algún sentido conocido en particular, que sea responsable que nuestro mundo nos sea inteligible por más caótico que se presentasen las sensaciones específicas.

Lo cierto es que todas las sensaciones y todas las percepciones resultan del movimiento del cuerpo. Uno tiene lugar cuando lo *practica*, lo que quiere decir que lo excava, lo explora, lo revela con el movimiento. La evidencia estéticamente superior de este hecho lo muestra la danza. Las danzantes consiguen un acabado dominio del lugar que pueblan a costa de una práctica especifica que ocupa las distintas regiones del tiempo y el espacio, realizando efectivamente el lugar. Las danzantes consiguen la excelencia allí donde el resto torpe de las personas hacemos en nuestra vida cotidiana: aplicarse a las coreografías de la vida. Es muy posible que el sentido superior que unifica todas nuestras sensaciones particulares sea nuestro ejercicio de semovientes, cuando este ejercicio cobra un especial sentido para nosotros y lo proyecta sobre el lugar que ocupamos en y con propiedad.

¿Por qué no pensar en que es la acción del cuerpo aquel mecanismo superior unificador de las sensaciones? Es mediante el juego, la danza y el trabajo que aprendemos a habérnoslas con el mundo. Puede sospecharse que estos instrumentos operan no sólo en la función de aprendizajes puntuales o específicos, sino también como recursos para aprender a aprender. Después de todo, nuestra vivencia de la profundidad perspectiva se funda en la marcha, actividad que aprendemos a realizar en una etapa crítica de la vida. En el decurso posterior, no sólo habitamos esta profundidad en forma de senderos, sino que hemos aprendido a aprender de otras actividades corporales. De esta forma, el cuerpo sintetiza las sensaciones en acciones con sentido, esto es, actividades a las que asigna un significado que proyecta sobre los lugares que ocupa. Puede que cada gesto del cuerpo sea portador de un aprendizaje capital para la habitación de los lugares.

Puede conjeturarse con cierto fundamento que la acción del cuerpo es el dispositivo que articula la percepción subjetiva integrada del lugar con la facultad de intervenir creadoramente en éste. En otros términos, la acción corporal transforma a los influjos, las improntas y las vivencias del lugar en actividades, rituales y ceremonias que le otorgan tanto forma como sentido. Es la acción humana la que articula la pasión del tener lugar con la facultad de hacer lugar. Se puede afirmar, entonces, que sólo por obra de la acción a las personas les es dado, en el mismo acto, tanto padecer como protagonizar el mundo que pueblan.

A partir de la hipótesis que sostiene que es por obra de la acción que a las personas les es dado, en el mismo acto, tanto padecer como protagonizar el mundo que pueblan, puede sostenerse que el cuerpo humano es el arquitecto fundamental del lugar. Esto tiene importantes consecuencias. La primera es que, por obra y gracia de la sustancia humana en las arquitecturas del lugar, éste tiene estructura, forma y figuras propias. No se trata ya del mero espacio sin forma, homogéneo e isótropo al que estamos acostumbrados a considerar como materia prima arquitectónica. La segunda es que, puede constatarse, preexiste en la arquitectura del lugar la función humana (operación, uso o implementación) a la constitución de cualquier elemento constructivo. En otros términos, a una ventana le precede un complejo y rico conjunto de buenas razones para asomarse por allí. En tercer lugar, puede entenderse el ejercicio arquitectónico humanista como una operación de desvelamiento y amparo de una condición humana concreta, antes que el puro imperio de la geometría sobre la materia construida.

El lugar se ve mecido constantemente por los ademanes del cuerpo que lo puebla. Este trabajo de los gestos es leve, constante y esforzado. Pese a su tenuidad, las cosas de vivir consiguen ocupar el lugar que les dictan todos y cada uno de los gestos del cuerpo. Y son los más leves y los más tenidos por nimios los más importantes, porque las cosas terminan, tarde o temprano, por ubicarse según su imperio pertinaz. La virtud de la constancia, la recurrencia de los ademanes puede ser la portadora de su más secreta virtud. Las cosas terminan colocadas allí donde el hábito las deja. Esta labor gestual es un trabajo arquitectónico, el más humilde, quizá, pero de ninguna manera el menos aplicado.

El cuerpo se prodiga tanto en gestos como en marcas sobre el lugar. El uso desluce las cosas de vivir, el hábito las coloca siempre en un orden particular, las implementaciones diversas y sucesivas vuelven a los objetos cotidianos en memorias y símbolos de lo vivido, así como estilizaciones propias de su peculiar régimen de historia. De nuestra vida les quedan a los lugares las huellas de nuestros tactos, de nuestra particular fragancia, ciertas peculiares tibiezas de nuestra presencia. Y todas aquellas vejaciones que le infligimos con el afecto destinado a la cosa propia y amada.

Los ademanes y marcas del cuerpo en el lugar resultan en una escritura de la vida en su folio más propio. Porque el lugar es una geografía es que el cuerpo traza allí mismo los sucesivos mapas cognitivos que lo orientan, ubican y sitúan. El conocimiento de primera mano del lugar por el cuerpo es obra de este trazado en que se aúnan la representación y lo representado. Porque el lugar es una historia es que el cuerpo escribe tanto su sucesión de hechos como su crónica. La historia del cuerpo es la memoria viva del lugar tanto como el escenario donde cada gesto atesora su cuota de significado. Allí donde el cuerpo escribe su peripecia cuando tiene lugar, allí se desarrolla la más intrigante de las geografías, que es la cotidiana y la más interesante de las historias, que es la de la vida corriente. Tal escritura es esto que aquí denominamos arquitectura del lugar.

Al cuerpo siempre le acompaña una sombra como una emergencia otra de su propia constitución de entidad. El habitar del cuerpo es un proyecto en un doble sentido. Hacia adelante en el tiempo proyectamos lo que no es, pero podrá llegar a ser, si nos aplicamos prácticamente para ello. Todo aquello que nos rodea resulta de una operación de anticipación conceptual, formal y figurativa. Habitamos hoy lo que ha sido un proyecto ayer. Por otra parte, hacia atrás en el tiempo, habitamos no solo lo que es, sino también la memoria de lo que ha sido. Nuestra historia no sólo nos precede, sino que nos puebla. Habitamos para siempre los lugares originarios, los paraísos perdidos de la infancia y aquellos lugares que nos reclaman a veces desde los sueños. En virtud de ello, habitar no constituye una forma prístina y simple, sino un acontecer tardo y constante.

ACTIVIDADES ELEMENTALES EN LA HABITACIÓN DEL LUGAR

El acontecer del cuerpo habitante aparece ritmado por la alternancia recurrente de actividades elementales. Es oportuno ahora examinar de cerca estas instancias en donde el cuerpo practica el lugar, confiriéndole sentido, identidad y referencia. Hay que rebuscar en los ademanes más recurrentes, en las actitudes corporales más corrientes y en los desempeños más elementales a efectos de comprender cómo es que el cuerpo habitante da forma a su lugar, conformando un campo existencial de múltiples dimensiones.

Acaso pudiera empezarse con la consideración acerca como cada persona, apenas supera su desvalimiento del recién nacido, comienza por desplazarse hacia adelante, hacia los confines, hacia lo por conocer. Peculiarmente cuando el infante ha conseguido aprender por su propia cuenta una primera e inaugural lección de vida al erguirse sobre sus pies y afrontar sus primeros pasos, cada ser humano no ceja en la empresa vital de lanzarse a deambular, y con ello, practicar su peculiar e intransferible laberinto de la vida mundana. El mundo se desarrolla como un largo, muy largo camino y su artífice lo ejecuta con sus esforzadas y temerarias marchas.

> La facultad propiamente humana de dar sentido al mundo, de moverse con él comprendiéndolo y compartiéndolo con los otros, nació cuando el animal humano, hace millones de años, se puso en pie. La verticalización y la integración del andar bípedo favorecieron la liberación de las manos y de la cara. La disponibilidad de miles de movimientos nuevos amplió hasta el infinito la capacidad de comunicación y el margen de maniobra del hombre con su entorno, y contribuyó al desarrollo de su cerebro. La especie humana comienza por los pies, nos dice Leroi-Gourhan (1982: 168), aunque la mayoría de nuestros contemporáneos lo olvide y piense que el hombre desciende simplemente del automóvil. (Le Breton, 2000)

Es preciso recorrer los caminos. Es preciso hacer de un lugar una senda a través de su práctica con la marcha. Es preciso actualizar de modo efectivo el sendero a golpes de pasos y huellas. En cada tramo recorrido aparecen conjeturas, sospechas, intuiciones. En cada cruce pueden cotejarse las diversas aproximaciones a lo que, en cada momento, se revela esclarecedor, fundamental, acaso definible. Una conjetura armoniza o refuerza otra sospecha, un acaso ocurre de modo recurrente hasta que se transforma, si no en una plena certeza, si una convicción fuerte y a veces, la formulación virtuosa de una interrogante nos hace dar con una respuesta asaz convincente. El habitar se nos va revelando, de modo moroso, como una efusión peculiar de la condición humana situada. Empezamos a entender algo de su peculiar constitución cuando conseguimos habitar andando los caminos de una reflexión peculiarmente obstinada.

> Caminar reduce la inmensidad del mundo a las proporciones del cuerpo. El hombre se entrega a su propia resistencia física y a su sagacidad para tomar el camino más adecuado a su planteamiento, el que le lleve más directamente a perderse si ha hecho del vagar su filosofía primera, o el que le lleve al final del viaje con la mayor celeridad si se contenta simplemente con desplazarse de un lugar a otro. Como todas las empresas humanas, incluso la de pensar, caminar es una actividad corporal, pero implica más que ninguna otra la respiración, el cansancio, la voluntad, el coraje ante la dureza de la ruta o la incertidumbre de la llegada, los momentos de hambre o de sed cuando no se encuentra ninguna fuente al alcance de los labios, ningún albergue, ninguna granja para aliviarle al viajero la fatiga de la jornada. (Le Breton, 2000)

Hay, en efecto, una virtud elemental en el deambular. Descubrir con los pasos la magnitud conforme del mundo efectivamente habitado, desvelar aquellas certezas que el poeta italoargentino Antonio Porchia afirmaba que *"sólo se alcanzaban con los pies"* y pensar en todo ello, es tarea de todo el cuerpo transeúnte. Ya deambulando por los contornos de un patio, como los discípulos de Aristóteles, o ya errantes por los senderos del bosque de Martin Heidegger, lo que cuenta, en el fondo, es caminar, medir las fatigas de la extensión del mundo con las marchas. También supone la forma de habitar los lugares en su carácter de sendas para vivirlas con una muy especial circunspección.

Cada transeúnte orienta su andar según una precisa estructuración de su itinerario distinguiendo el sentido de la ida o la partida, del opuesto sentido del regreso (Bollnow, 1969). El lugar que es el camino adquiere su contextura no sólo en la peculiar conformación de su dirección, sino también con el sentido conferido por la habitación del sujeto andante. De esta suerte, el lugar habitado por la marcha adopta su pleno carácter de lugar. En efecto, el camino, practicado por la marcha es, a la vez, una oportunidad abierta a la acción vital y el campo existencial en donde ocurre de modo concreto. *"El viandante no sería sino una variante de pasajero ritual, alguien que ha salido, pero todavía no ha llegado y que es contemplado en su actuación en un espacio por definición intersticial."* (Delgado, 2020)

A los prolongados periodos de marcha, le siguen momentos de estancia, de permanencia y descanso relativos. En tales circunstancias se piensa de otro modo. El modo concreto de reflexionar paso a paso da lugar a una relajada actividad de guardar cada experiencia en la gaveta correspondiente del armario de la memoria. La imaginación se aligera y asciende a las regiones de la especulación y del ensueño. Las ocasiones de reposo relativo son propicias para apreciar el paisaje circundante, para el acopio de energías, para la forja de conjeturas. Es buena la ocasión entonces para la discusión, para la reelaboración, para la deliberación. La habitación de las pausas en el camino tiene también lo suyo: se prosigue la tarea, con otros medios, con otras disposiciones, con otros ánimos.

Mientras que con la marcha el sujeto practica laberintos, en la detención de las estancias constituye esferas, lugares reposados en donde es propicio sosegar el espíritu, recobrar energías y urdir proyectos. Las estancias suponen centros relativos, emplazamientos tácticos, posicionamientos más o menos consolidados por el hábito. La experiencia de la detención permite una contemplación más detenida, a partir de un emplazamiento que se adopta con vistas a una perspectiva, a la vez que los sujetos se permiten girar sobre su posición para adoptar una aprehensión de un conjunto, de una estructura firme, de un punto quieto en el frenesí del universo.

La bipedestación, ya lo hemos visto, es un hábito que se aprende no sin esfuerzo y con importantes consecuencias. Constituye un primer aprendizaje que se reduplica virtuosamente: aprendemos a aprender y ya no nos detenemos. Pararse no es contentarse con adquirir un trabajoso equilibrio apenas estable, sino hincar una presencia en la tierra, abrir un horizonte y cubrirse con todo el cielo. Pararse, quizá, es una operación necesaria para comenzar a situarse, tarea compleja que sólo culminará cuando, con el auxilio de un espejo, comprendamos íntimamente que tenemos lugar en un orden de cosas que aprenderemos a llamar mundo. Pararse es adquirir un primer bien constitucional. Parándose, las personas se encaraman en su condición de tales.

Mediante la recurrencia en la detención, los viandantes —tanto si parten, llegan a destino o vuelven a su morada— pueden ir estableciendo hábitos de querencia. Sencillamente, aparecen en la vida ordinaria, en el discurrir cíclico de los días, en los pliegues de lo cotidiano, unos lugares en que es bueno quedarse, permanecer, obstinarse. Jornada tras jornada, y de demora en demora, conseguimos descubrir esos rincones que nos amparan las estancias. Así nos vamos quedando, sedimentando horas, abstraídos en nuestros asuntos: habitando esa trama secreta de lugares que tenemos como propios, ya sea la morada, ya el banco preferido del parque, ya la mesa de aquel café donde se está tan a gusto...

Por otra parte, en estos lugares de especial detención se vuelven especialmente propicios para el intercambio interpersonal, ya que suponen, por lo general, puntos de cruces de itinerarios, plazas de pausa y descanso, regiones especialmente proclives a la confidencia. Estos lugares de estancia se vuelven ámbitos, esto es, escenarios a los que acceder con unos precisos ritos de paso y admisión, poblar según unas etiquetas y comedimientos precisos, y ocupar con no poco esfuerzo existencial, ya que colmar una esfera, desde el punto de vista habitable, no es asunto de mero irrumpir y tomar plaza, sino una delicada tarea de urdimbre y trama de ceremonias. Gran parte de nuestro habitar es un habitar de estancias, tanto, que en el sentido común aparece, en principio, como la única y excluyente forma de habitar.

> Para comprender la significación del término *habitar* (*whonen*) no ayudaría primero una alusión a su historia etimológica. Pues la palabra ha evolucionado del significado fundamental de "encontrarse a gusto, estar satisfecho" para convertirse luego en el concepto espacial de "permanecer, quedar, encontrarse"; pero con todo, el significado actual de un lugar de residencia fijo era entonces poco frecuente, pues el término designaba en principio la estancia en un lugar determinado en sentido general. (Bollnow, 1969)

Pero existe una tercera forma de actividad corporal habitable que consiste en el trasponer umbrales. Todo atravesamiento de limites o fronteras, todo franquear el estado de marcha al de estancia y viceversa, toda rasgadura inaugural de confines constituye una instancia especialmente señalada en el habitar cotidiano. El espacio pareciera reducirse a un casi nada, a una ligera membrana, a una sutil cortina que atravesamos en un tiempo denso y hondamente vivido del instante que separa no sólo dos regiones articuladas, sino la vida pasada con respecto al futuro que irrumpe y nos interpela, en la precisa oportunidad de nuestra caída allí.

Toda la actividad arquitectónica es, en el fondo, una disposición metódica y constante de umbrales: la arquitectura reside en la articulación de los ámbitos, allí donde se separan y unen a la vez. Esto porque habitar es proliferar cesuras e instancias de atravesamiento. multiplicar las ocasiones en donde, no sin un cierto estremecimiento del cuerpo, afirmamos y negamos, en un mismo acto, que haya en el mundo un límite que oponga lo público a lo privado, lo abierto a lo confinado, lo sagrado a lo profano.

> Allí donde hay una puerta, (o un escalón o una ventana), ha pasado un ser humano. Basta encontrar en un territorio lejano las jambas de una entrada para reconocer allí una civilización completa. No son necesarios análisis arqueológicos o biológicos para asegurar entonces que otros antes habitaron esos espacios y que tomaron posesión de esa tierra y su horizonte. En esos gestos, misteriosamente, nos reconocemos. Como en un espejo. (de Molina, 2021)

La habitación de los umbrales es, quizá, la más insondable de las maneras en que los mortales somos en la tierra. Parece que, precisamente allí, y en las precisas circunstancias en que los atravesamos, revelamos una naturaleza de suyo liminar: sin dejar de pertenecer al lugar que hemos abandonado, no hacemos sino apenas llegar al contiguo. Puede que nuestra existencia social se inaugure en el preciso momento en que nos escabullimos de nuestra morada para asomarnos a la ciudad. En esa rasgadura crucial, al atravesar temerarios los confines de las jambas, pletóricos de estupor y por completo ignorantes del mundo y la vida que nos aguarda acechante, puede que dejemos alojados, en los sedimentos profundos de la memoria, de todos los instantes, el instante en que una vacilación nos conmovió el ánimo para siempre.

Siguiendo en esto a Otto Bollnow, admitiremos de buen grado que habitar es, en principio *"encontrarse a gusto, estar satisfecho"* (Bollnow, 1969), y nos preguntaremos acerca de las diversas maneras de encontrarse a gusto con las distintas actividades elementales de cuerpo habitante. Mientras que la satisfacción de la marcha estriba en el gozo de la aventura vital por antonomasia, el encontrarse a gusto tiene, en el caso de la práctica de la estancia reposada un tranquilo sentar sus reales como descanso de todas las fatigas. Pero también hay una confortación singular en la habitación de los umbrales, mediante situación del sujeto con el desasosiego existencial de su condición liminar. Estar vivo y siempre situado, entonces, conoce de cadencias que alternan desplazamientos, emplazamientos y transposiciones.

EL CUERPO COMO ESTRUCTURA AUTOCONSTRUIDA

De todas estas consideraciones emerge la necesidad de considerar el cuerpo habitante según una perspectiva antropológica adecuada a sus fines. Ya no puede ser considerado una cosa con la que cargamos culposamente, una añadidura que poseemos, un resto maquinal de nuestra existencia. Como naturaleza viva, somos un cuerpo. Como conformación de humana factura, resultamos constituidos como una estructura autoconstruida:

> La primera tarea del sociólogo o del antropólogo consiste en distanciarse de la idea discutible de que el cuerpo es un atributo de la persona, un "tener" y no el lugar y el tiempo indiscernibles de la identidad. También hay que tener presente el carácter construido de la denominada "realidad objetiva" del cuerpo, y de las múltiples significaciones que se le adicionan, El significante "cuerpo" es una ficción. Pero una ficción culturalmente operante, viva (si no está disociada del actor y si, por consiguiente, éste es visto como corporeidad), con el mismo

rango que la comunidad de sentidos y de valor que dibuja su lugar, sus constituyentes, sus conductas, sus imaginarios, de manera cambiante y contradictoria de un lugar y de un tiempo a otros en las sociedades humanas. (Le Breton, 1992)

Con el auxilio de los aportes de las ciencias sociales es factible afrontar la empresa del examen riguroso del cuerpo habitante, como tematización específica de la conducta habitante concreta de las personas allí donde consiguen tener efectivo lugar. Se trata aquí de recobrar el cuerpo, la comunidad y el mundo para unos sujetos de la modernidad que necesitan, de manera acuciante, reconocer sus mutuas y estrechas conexiones. *"Sin olvidar nunca, para no correr el riesgo de caer en un dualismo que descalifique el análisis, que en este caso el cuerpo es el lugar y el tiempo en el que el mundo se hace hombre inmerso en la singularidad de su historia personal, en un terreno social y cultural que abreva la simbólica de su relación con los demás y con el mundo"* (Le Breton, 1992). Ahora es el tiempo de la oportunidad histórica de la corporalidad, esto es, del rescate del cuerpo y de sus conexiones estructuradas con la vida social y la contextura vivida del mundo.

A este respecto, Thomas Csordas propone considerar su concepto de *embodiment*, entendido como encarnación o corporalidad:

Desde hace años he comenzado mi seminario sobre embodiment/corporalidad yuxtaponiendo el trabajo de Merleau-Ponty, Bourdieu y Foucault, basado en la intuición de que tomar a la vez el trabajo de estos tres pensadores establece la topología intelectual del embodiment/corporalidad como un "campo metodológico indeterminado". Para explicitar esta intuición, quiero mostrar que sus trabajos delinean la estructura de este campo metodológico, definiendo aspectos complementarios de la relación de nuestros cuerpos con el mundo, específicamente en lo que respecta a la manera en que ellos tratan la cuestión de la agencia. En síntesis, mi argumento es que para Merleau-Ponty el locus operativo de la agencia está en el nivel de la existencia, para Bourdieu en el nivel del habitus y para Foucault en el nivel de las relaciones de poder. La modalidad en la cual es ejercida la agencia es, para Merleau-Ponty, la intención, para Bourdieu la práctica y para Foucault el discurso. El vector de la agencia (dado que tiene una dirección) va, para Merleau-Ponty, de nuestros cuerpos hacia el mundo, en el sentido de proyectarse y orientarse hacia el mundo. Para Bourdieu el vector es doble, apuntando en direcciones opuestas y reciprocas a nuestros cuerpos y al mundo que habitamos y que nos habita. Para Foucault el vector va desde el mundo hacia nuestros cuerpos, en el sentido de inscribirse en, o de ser incorporado en, nosotros. (Csordas, 2015)

En nuestra concepción del cuerpo habitante reconocemos nuestra deuda con el aporte de Maurice Merleau-Ponty, al concebir a las personas como cuerpos animados residentes en el mundo, sobre el cual proyectan una estructura de dimensiones propias de la existencia. Al obrar de este modo, las practicas corporales de habitación resultan de aprendizajes prolongados sobre la textura del mundo efectivamente habitado: nuestra propia experiencia vital del mundo se nos vuelve carne a la vez que una forma de conciencia. Habitar el lugar propio es una tarea de todo el cuerpo vivo, a lo largo de un prolongado proceso existencial de aprendizaje y ajuste adaptativo. Mediante la habitación de los lugares, las personas diseminan metódica y tenazmente una estructura con la cual conferir forma y sentido al mundo, a la vez que reciben, de éste, ecos confirmatorios de un acuerdo transaccional.

Nuestros cuerpos-en-el-mundo no son pasivos ni son inertes —no están "simplemente ahí". Es más preciso decir que somos cuerpos hacia el mundo, atados a él por la telaraña de hilos intencionales emitidos por nosotros. Hay un "impulso de la existencia hacia los otros, hacia el futuro, hacia el mundo..." (Merleau-Ponty, 1962: 165). Merleau-Ponty sugiere que "mi cuerpo se me aparece como una actitud dirigida hacia una tarea existente o posible", tal que, a diferencia de un objeto, su espacialidad no es de posición sino de situación. Es por esto que es un avance decir que nosotros habitamos el mundo, en el sentido de que nosotros activamente levantamos residencia y la hacemos nuestra. Al respecto existe inevitablemente algún grado de elección y de libertad en la existencia. (Csordas, 2015)

El cuerpo habitante funge, ya hemos visto, como arquitecto existencial del lugar: de allí la contextura de este último como proyecto, construcción e implementación. El cuerpo opera diseminándose como estructura que inscribe forma al mundo y a la vida social, se aplica a consolidar estas formas con contenidos vitales significativos y se aloja en los recintos así conformados como entidad apropiada. "*El cuerpo es un portador primigenio de signos, un sustrato básico de orientación social y simbólica, una cartografía natural que permite ubicarnos como actores activos en la vida social*" (Ayús Reyes y Eroza Solana, 2007). La tarea de una Teoria del Habitar, a este respecto, se aplica a leer con empeño los signos habitantes del cuerpo, examinar con detenimiento las cartografías de la vida cotidiana y comprender cómo nos las arreglamos, con todo, para hacernos carne apasionada con la vida social y con la contextura de mundo.

La estructura fundamental del lugar

Je suis l'espace où je suis.
Noel Arnaud, *L'état d'ébauche*[3]

LA ESTRUCTURA FUNDAMENTAL DEL LUGAR: SUS DIMENSIONES ELEMENTALES

La estructura fundamental del lugar es una emergencia resultante de la presencia y población del habitante en el campo espaciotemporal en donde tiene lugar. Es una estructura estructurante en el sentido que confiere forma a su lugar proyectada de modo preciso por obra de la presencia y población del cuerpo del habitante. Es una estructura fundamental en el sentido en que se entiende que la figuración efectiva del lugar es resultado de una vocación de forma propia de este sustento primero y último. Es una estructura, en el sentido en que confiere coherencia a la red de vínculos entre sus componentes, coherencia que no puede faltar en cualquier combinación compleja de elementos con vocación de forma. Toda vez que el habitar supone un complejo ordenado de prácticas, estas se desarrollan en ciertas dimensiones promovidas por la facultad del cuerpo de actuar situado; la mutua imbricación entre las prácticas del cuerpo habitante y sus dimensiones propias constituye aquello

---

[3] Citado en *La poética del espacio* de Gaston Bachelard.

que hemos dado en llamar, a título de hipótesis teórica, la estructura fundamental del lugar.

Antes de comenzar a describir los pormenores de esta estructura, deberemos precisar el sentido que tienen aquí los términos *presencia* y *población*. Si le creemos al Diccionario, *presencia* es la circunstancia de existir alguien o algo en determinado lugar. También puede decirse que, mientras que, en ausencia, el ser de alguien es siempre una conjetura que debe probarse, en presencia es que se verifica cabalmente ese su ser. Con la presencia, el ser se muestra y se demuestra, esto es, uno puede, a la vez, presentarse y representarse probadamente. Es por imperio de la presencia habitante de un sujeto que un sitio adquiere, en parte y de modo necesario, su estatuto de lugar. La presencia de un habitante entonces es, a la vez y recíprocamente, perfeccionamiento y manifestación perceptible de su existencia y prueba contundente y necesaria que tiene lugar allí y entonces.

La presencia humana hinca en el lugar una marca de existencia. De un modo tan frágil como poderoso, tan sutil como contundente, tan leve como radical, el cuerpo vivo constituye un aquí. Hacemos sombra y reflejo. Perturbamos la atmósfera tranquila del sitio. Estremecemos el lugar. inquietamos las circunstancias. Por interposición del cuerpo, tenemos lugar del que un aquí es el origen en el espacio y el tiempo. Tal la marca indeleble de existencia en el lugar.

Mientras que la presencia es asunto existencial, la población es tema específico de la habitación del lugar. Por población entenderemos aquí el conjunto estructurado de proyecciones del cuerpo del habitante que marcan el lugar con signos de vida situada. Así, la presencia se corresponde con el hecho de tener efectivo lugar, mientras que la población tiene relación con la conducta que se aplica a hacer lugar. Con ello se establece una diferencia y complementariedad peculiarmente importante. La presencia puede ser fugaz, episódica, circunstancial, pero la población tiende a perdurar, a subsistir e incluso a sobrevivir.

Puede entonces haber población en ausencia, así como formas vagarosas, menguadas y evanescentes de la presencia. Pero lo importante aquí es tratar de lo que sucede cuando a una presencia en acto le corresponde una población honda y aplicada.

Así que las marcas de existencia se profieren, las marcas de población se asientan. Las cosas cobran un sentido en su presencia, orden y disposición. Se abren sendas, estancias y umbrales que colectan, dirigen y acomodan las cosas de vivir como tales. Estas cosas se asocian y se confabulan según un designio extraño a ellas mismas, que las sustrae del indiferente caos de lo natural y las resignifica como cuños de vida humana. El lugar prolifera en improntas y significados que sólo existen por imperio de la habitación del poblador. Así se asocian la butaca con la lámpara, las sillas con su mesa y con ésta, la sopera que reina en su centro. Todo esto alumbrado por la ventana próxima que permite, por lo demás, no sólo advertir el jardín, sino que incluso lo incorpora a la escena.

La primera de las operaciones a través de la cual el cuerpo habitante imprime una impronta significativa en una dimensión específica del lugar es la *marcha*. Al lanzarse hacia adelante, hacia el futuro, hacia el destino, el cuerpo hiende el lugar según una dimensión de profundidad perspectiva: el lugar se extiende paso a paso, en forma de proyecto, de lanzamiento general del cuerpo a la vida.

La índole de la marcha impone desbrozos, trazas, pendientes e improntas superficiales sobre los senderos. Mientras que, en la senda vagarosa del bosque, los pasos erran por la espesura descubriendo los *holzwege* heideggarianos, el hábito y la persistencia constituyen factores que hacen de las huellas un desbroce. Pero el dominio estratégico del territorio, que implica el enlace de hitos, imprime en la faz de la tierra una traza cada vez más clara, expeditiva y contundente, que se marca como vereda, como calle, como avenida, más rectilíneas, más exclusivas en su tránsito, más categóricas así sea de clara la voluntad de poder sobre el lugar. El sendero se configura de modo cada vez más inequívoco, más impasible y más enfático en su simplicidad cuanto la marcha se depura —y también se empobrece— en circulación. Mientras tanto, el paisaje se repliega sobre los bordes, los hitos apenas si se anuncian en el foco de la perspectiva y todo adquiere un carácter fatídico de orden. Un sendero claro se abre al paso majestuoso del hombre, poderoso sujeto que puede, en su condición de tal, tener lugar allí, marchando recto con la mirada en el horizonte que ya cuando avizora y apenas comienza por dominar.

Al caracterizar la actitud existencial del *homo viator*, Otto Bollnow señala que es la acción práctica concreta que opone, en la dirección perspectiva, las direcciones de adelante y atrás:

> En general, se puede decir: delante es para el hombre la dirección a la que se dirige con su actividad. Así, pues, no nos apercibimos de lo que es "adelante" y "detrás" cuando estamos inactivos, sino tan solo cuando estamos ocupados en algún trabajo. Esta actividad es la que confiere al espacio circundante su orientación determinada, y en ésta están fundadas las direcciones de delante, al lado y hacia detrás. Esto se da del modo más natural y expresivo cuando el hombre se encamina hacia una meta espacial determinada, pues aquí no sólo proyecta su atención hacia una tarea desde un emplazamiento fijo, sino que intenta alcanzar su objetivo por un movimiento propio a través del espacio. (Bollnow, 1969)

Por medio de la marcha, entonces, el cuerpo habitante ordena, a la vez, una dimensión extensional, la profundidad perspectiva, y la coordina con el tiempo, a través del movimiento. El mundo habitado comienza, entonces, bajo la especie de un prolongado sendero practicado hacia adelante.

El aprendizaje de la bipedestación supone la conquista ardua e inaugural de la dimensión vertical. Es a través del erguimiento sobre nuestros pies que, señalados, con la actitud corporal recién estrenada y fruto de no poco esfuerzo, nuestro aquí, nuestra recién conquistada y todavía inerme presencia y población. El punto de la tierra con respecto al cual nos conservamos en equilibrio siempre inestable, siempre trabajoso, siempre provisional, se vuelve una primera inscripción habitable en el mundo. Así, aprendemos a soportar el imperio de la gravedad, del poder y de la culpa, erguidos y situados en nuestro lugar. Así, aprendemos a emprender desde un punto la marcha, así como también vamos advertidos que a cierto lugar volveremos. Así, aprenderemos a ser criaturas liminares, siempre dispuestas en un asiento precario entre lo vivido y aquello que sobrevendrá.

Pero la conquista de la postura enhiesta implica otra importante operación sobre el lugar ahora señalado. Supone la habitación cabal del horizonte, de la región articuladora del cielo y la tierra, entre las nubes inalcanzables y el suelo que conseguimos hollar. El horizonte queda marcado como lugar poblado, a la vez que ordena y compone las cosas del paisaje habitado.

¿Qué es, pues, un horizonte? Una simple definición geográfica lo calificaría aproximadamente de línea en que la bóveda celeste parece reposar sobre la superficie terrestre. Dentro del paisaje, limita en todas direcciones nuestro campo visual natural, en tanto no esté oculto por algo. El horizonte se abre cuando se sale de un estrecho valle entre montañas para penetrar en la planicie. Se habla de un horizonte libre, abierto. El horizonte puede ser además más estrecho o más ancho. Se amplifica en la cima de la montaña y cuando allí arriba dejamos pasear la mirada sobre esas superficies desplegadas puede adquirir una vastedad grandiosa. Pero lo más curioso es que el hombre nunca rebasa su horizonte cuando escala en las alturas. El horizonte no queda atrás, sino que asciende con él; siempre queda a la altura del hombre. (Bollnow, 1969)

Enderezado, el ser humano puebla tanto lo vertical de su mundo como la vastedad horizontal del paisaje habitado. Obra con el cuerpo para inspirar luego las geometrías de la razón. Ahora es imperioso el rescate de las vivencias más hondas que han antecedido nuestros aprendizajes operativos: debemos considerar cómo es que vivimos las dimensiones humanas del lugar antes que soslayarlas en beneficio de nuestro trato escolarizado con el espacio abstracto. Con la actitud erguida es posible, desde entonces, situarse estampado por la gravedad en el suelo imprimiendo un aquí intransferible, desde el cual abrir, con gesto amplio, todo un horizonte que poblar.

Con los brazos liberados del compromiso locomotor, el cuerpo opta por abrirlos hacia los costados en toda su extensión para infligir una marca fundamental en el lugar: la inscripción del abrazo del mundo. Es un gesto de beneplácito sobre la tierra dominada tanto como una imprecación hacia el cielo al que rogarle. El abrazo del mundo preludia toda acción y toda producción, porque ¿de dónde provendrán las energías necesarias para todas y cada una de nuestras empresas? Por ello, cada vez que abrimos con furor alegre los brazos, volvemos a celebrar nuestro gesto arcaico y necesario. Por ello, cada ámbito que ocupamos con latitud conforme es aquél en que podemos, gozosos y satisfechos, comprender bajo el alcance de nuestras extremidades ahora dedicadas a asir y considerar. Este alcance proyecta sobre el mundo nuestra propia inscripción de su amplitud.

Hay una anchura conforme del mundo y es la que se despliega en el orden de facultades que podemos desplegar de izquierda a derecha. Aquello del mundo que tenemos entre manos, que nos puebla el arrebato y que se proyecta hacia el horizonte define los confines de nuestro propio paisaje habitado: nuestro mundo es aquello que nos es posible abrazar y sólo depende de nosotros fijarle una específica y personal profundidad vivida. Porque al separar y cordiales y abiertas y las manos, al amparar todo aquello que consigue tener cabida en nuestro aquí particular, estamos también proyectando hacia lo que adviene desde el horizonte el gesto de fundamental bienvenida y de humana hospitalidad.

La estructura elemental del lugar tiene la estimable virtud que estriba en que, si se separa la dimensión del tiempo, disponible una concurrencia relativamente sencilla de tres dimensiones extensionales con la que se ha elaborado históricamente una geometría operativa. De tal modo, el espacio se volvió descriptible de un modo riguroso, en congruencia relativa y aparente con el lugar vivido. Pero, en la actualidad, existen indicios de una proliferación de dimensiones del lugar habitado, de las que las representaciones geométrico-espaciales tradicionales no brindan una adecuada expresión.

LA ESTRUCTURA FUNDAMENTAL DEL LUGAR: LOS APORTES DE PETER SLOTERDIJK

Estaremos siempre en deuda con el aporte esclarecedor del filósofo alemán Peter Sloterdijk, quien ha señalado la existencia de nueve dimensiones (o, en sus palabras, *topoi*) en todo lugar habitado por seres humanos (*islas antropógenas*, en su formulación original) (Sloterdijk, 2004). Según nuestro autor, hay en todo habitar una aventura protoarquitectónica que fija unas ciertas condiciones para que se vuelva apremiante la tarea de construir chozas, pueblos y ciudades. En efecto, la arquitectura material no sería otra cosa que una suerte de cristalización de configuraciones espontáneas de la condición humana. En los términos que se manejan aquí, una estructura fundamental del lugar habitado informaría —desde antes y desde dentro— a la arquitectura efectivamente construida, al menos en condiciones civilizatorias elementales, primitivas o con un componente de naturaleza distintivamente humana de muy reciente emergencia evolutiva.

Una vez que los brazos consiguen apartarse, liberados del compromiso locomotor, las manos aprenden una estratégica habilidad de asir. Con los asimientos, se arrancan de la naturaleza las cosas. Se colectan, se consideran y se coleccionan. Por obra de las manos hábiles, el mundo extiende su dimensión *quirotópica*. Con el perdurable hábito del prendimiento, el mundo que nos rodea es un mundo ahora a la mano, esto es, un concierto de cosas hurtadas al ambiente. El mundo es vasto, pero allí donde hacemos presencia y población, allí nos rodeamos de enseres, de un orden de chucherías, de cosas coleccionadas. El asimiento es el primer gesto que hace de las cosas unos bienes. Una región próxima del mundo se hace con el gesto prensil de las manos. Y quizá la idea de proximidad en sí misma. El mundo circunvecino es aquel en donde proliferan las entidades que ultrajamos con la manipulación.

Cualquier animal semoviente puede irrumpir en una madriguera, pero quizá sólo al ser humano le sea dado poblar una dimensión propia del lugar que es el adentramiento. Adentrarse en una cavidad es más que simplemente inmiscuirse. Es prospectar la sustancia íntima del lugar, es hender la interioridad como tal, es trasponer no sólo un umbral, sino también vencer una cierta profundidad, que sólo puede habitarse como tal por una usanza humana. En los interiores del mundo, las personas excavamos parsimoniosamente la dimensión *histerotópica* del lugar. No es la marcha, ni el mero deambular por el ámbito el que da cuenta de tal dimensión, sino de una metódica inmersión en el medio interior, en donde a la vivencia se le incorpora la práctica y la producción del propio adentramiento. Esta actividad, práctica consciente de las cavidades, produce y reproduce la profundidad a veces hermética de los ámbitos interiores. Porque hacerse uno un lugar en un interior no es una simple conducta, sino la producción esforzada de una obra de arte. Tal obra de arte es la propia cavidad interior como entidad efectivamente habitable, desarrollada a lo largo de su propia y específica dimensión y siempre evocada como vagaroso recuerdo de la parsimoniosa gestación en la entraña materna.

Enhiesto sobre la tierra, el cuerpo humano abre ante sí el horizonte y en una cierta dirección dirige toda su atención, talante y vocación. Hacia adelante y tras la línea que separa la tierra del cielo se agazapan los advenimientos y a ellos se proyecta el ser humano. Vivimos pendientes de lo que vendrá, de lo que concluirá por manifestarse, aquello que emerge de su escondrijo. En tal dirección del horizonte tenemos no sólo la mirada acechante, sino también allí dirigimos los oídos, también hacia allí dirigimos nuestros pasos y nuestro denuedo. Somos seres movidos por la esperanza y así hacemos lugar a la dimensión *alethtopica*. Y esta no es un estado pasivo del espíritu, sino el motor que nos mueve el arrojo. Porque hacia lo que vendrá es que estamos siempre proclives, siempre deseosos, siempre dispuestos. Habitamos entonces también la dimensión fluida de las apariciones, las revelaciones y las emergencias de las novedades.

El ser humano, pues, se emplaza enhiesto en el horizonte a la vez que constituye, en sí mismo, un umbral entre el advenimiento al que enfrenta y a la declinación que deja atrás. La vida ya vivida fluye hacia las regiones que se abisman tras el horizonte y hacia atrás, hacia las simas de la memoria y el olvido, hacia las sombras de la muerte. Pero no se pierde. Acecha el umbral y sobrevuela los sueños. La vida vivida debe dejarse atrás, que es el lugar apropiado a su peculiar condición. La vida vivida no se echa atrás por su propia vocación sino con una actividad persistente que la arroja allí. Porque con las declinaciones también se vive. Siempre que nos vigilen la espalda. Siempre que habitemos de espaldas a la vida ya vivida, dejamos atrás, pero viviente y consumada, la dimensión *tanatotópica* de todo lugar.

Habitar supone una labor esforzada del cuerpo. Habitar insume trabajo y tal aspecto es una dimensión especifica que es necesario descubrir, practicar y también producir: una dimensión *ergotópica*. No es muy a menudo que reflexionamos cuánto hemos hecho y cuánto esfuerzo hemos acumulado para conseguir llegar a la posición que ocupamos tanto en términos físicos como sociales. Este lugar que poblamos y que no puede ser ocupado por otro sin nuestra aquiescencia hospitalaria, es no sólo un territorio conquistado, sino es un lugar cultivado y desarrollado por nuestra obstinación tópica, además que conforma un valor que madura históricamente. La obstinación tópica es la denominación ética especifica aplicada en la labor productiva del lugar como tal. En cada lugar habitado, entonces, hay una dimensión propia de las fatigas acumuladas por su locatario, que, en cierta oportunidad, puede detenerse a considerar la cuestión solo cuando dispone de la facultad del merecido descanso reflexivo.

Los seres humanos palpitan de vida y de deseo. Hay en el habitar de las personas una dimensión propia de los afectos; proximidades y lejanías relativas que sólo se aprecian en términos de vida del deseo. Todo un mundo de vida puede caber en un abrazo peculiarmente ceñido, mientras que no hay distancia más insalvable que la del desamor, del odio o del desprecio. Hay una dimensión —denominada por Sloterdijk como *erototópica*— que se aprecia con el roce leve de la piel, con los pormenores del aliento, con las urgencias del deseo. Hay una dimensión que se practica con caricias, con delicados asimientos, con intensas pasiones. Hay una dimensión que se produce con el calor propio del cuerpo, con la vocación de acercarse a Uno y tomar distancia de todos los Demás. Hay en el habitar humano espacio y tiempo para alojarse en los reductos más estrechados e intensamente habidos.

Quieren las cosas de la condición humana que a cada gesto en cada situación se le sobreimprima el imperio de una regla. Es que las personas vivimos jugando en todas y cada una de las más circunstancias que no alojen. Quizá porque lo circunstante lo es efectivamente por esa reduplicación del ademán en la regla: se trata aquí de la dimensión *nomotópica*. Por ello nuestra conducta nunca es espontánea como lo apreciaría la ingenuidad dominante, sino es una observancia aprendida de normas. Habitamos, entonces, también una dimensión que delinea los contornos espaciotemporales de cada juego de la vida, que impone regulaciones y que hace de toda acción una jugada.

Los seres humanos habitamos unas campanas sonoras pobladas de rumores, estrépitos y resonancias. Hay una dimensión acústica que poblamos prestando oídos y profiriendo lo nuestro. Hacemos presencia y población con músicas, palabras, gritos y susurros. Medimos la contextura de los ámbitos mediante la reverberación y nos solazamos en las raras y silenciosas calmas. Cuán honda es nuestra casa, nuestra aula, nuestro estudio es una medida de la que da cuenta el sonido al extinguirse en los rincones. Cuán despojada es nuestra alcoba lo informa la brillantez de la conversación apenas susurrada que no se adormila sino en cortinas y alfombras. Cuán imponente es una nave de un templo sólo se verifica cuando se escucha del órgano la voz majestuosa que fulgura en las bóvedas. De todo ello trata la dimensión *fonotópica* del lugar. Por todo ello es necesario afinar las habitaciones, como si de instrumentos musicales se tratase.

Toda peripecia del habitar puede comenzar con una sensación térmica en la piel. Una de nuestras actividades más básicas, en efecto, es medir las cualidades del lugar mediante el ajuste de las emisiones de calor corporal a través de la piel. El mundo se juzga por su frescura o tibieza y para ello hay valores precisos, aunque variables según las circunstancias. Se trata de medidas complejas, pero claras y distintas, a partir de las cuales se empieza por apreciar un gradiente de confort térmico. Es por la piel que comenzamos a juzgar nuestra relación con el mundo, desde antes de huir del vientre materno. Con ello, el confort medido con la piel es una vivencia profunda, arcaica, primitiva. Así de entrañable resulta la dimensión *termotópica*. Hay quien la considera la madre de todas las sensaciones.

Hasta aquí no hemos hecho otra cosa que reinterpretar los conceptos expuestos por Sloterdijk. Pero de su método podemos avanzar la sospecha que habría una proliferación de dimensiones humanas en el lugar, de las cuales apenas si se hubiese comenzado su tratamiento teórico, sin que se hubiese agotado, de modo necesario o suficiente su enumeración. Por lo pronto, cabe preguntase por una eventual dimensión *osmotópica*, que daría cuenta de las percepciones olfativas y de una correspondiente cartografía fragante de los lugares vividos, así como otra dimensión, *fototópica*, que registraría los gradientes de luz, penumbra y sombras que modelan visualmente los lugares habitados.

Nada más arrancado el infante de su vientre materno, el cosmos irrumpe a través de su primera inhalación. El mundo, en su inaugural acontecimiento, comienza por oler. El husmeo, por ello, es la más primitiva actividad que pueda experimentarse en la vida. Y el olor del lugar nos inunda para siempre. El anhelo por la supervivencia biológica nos exige respirar y el olfato es el sentido que da cuenta de lo que irrumpe con el aire. ¿Es posible concebir una vivencia más intensa, honda y primitiva? Cierto es que, con los años y el aprendizaje a través de otros sentidos, también aprendemos a sepultar nuestra fragante experiencia originaria en las profundidades de la conciencia. Cierto es que, con los años y el aprendizaje la cultura nos rodea de un lenguaje de aromas cuidadosamente seleccionados y clasificados para evocar, seducir y también para abominar. Cierto es que habitamos una dimensión que se mide de modo primitivo pero infalible con la nariz. Pero, en el fondo de nuestro psiquismo, debe yacer aún aquel aroma inaugural del mundo que daríamos tanto por recuperar.

En nuestra civilización proliferan las marcas visibles de la habitación de los lugares. Así, las manipulaciones, los adentramientos, los advenimientos, las declinaciones y todos los otros gestos del cuerpo en el lugar consiguen en grado variable imprimir improntas sobre el lugar en la medida en que resulten visibilizadas en el superior juego de luces, penumbras y sombras en que habitamos. Por otra parte, estamos educados formal e informalmente para prestar honda atención a lo visual y a creer entender las cosas en la medida en que se nos presentan ante nuestra mirada. Lo que resulta de todo ello es que aquello que logramos construir como vivencias de los lugares está referido por sus imágenes visuales. Parece que, por lo pronto, todo a lo que podemos aspirar es a promover el resto de nuestros sentidos hacia una superior acuidad perceptiva, a efectos de equipararla a la visión, que reina por ahora casi en solitario.

LA ESTRUCTURA ELEMENTAL DE LA MORADA

Puede resultar oportuno examinar en detalle y a la vista de lo ya tratado en forma genérica con respecto al lugar, la estructura elemental de la morada. Al efecto, deberemos distinguir aquí con mucha precisión el concepto de morada como lugar fundamental de residencia y población recurrente, del concepto de casa, que expresaría aquí una concreta y circunscrita emergencia arquitectónica. En otros términos, toda casa supone una morada, pero no toda morada implica una casa como especificación locativa específica: muchas personas habitan moradas que no incluyen en su seno una casa como tipo constructivo. A la vez, la morada, como realidad habitable, desborda con mucho los confines arquitectónicos construidos al efecto: la morada comprende, de suyo, el contexto en donde se implanta el edificio o artificio residencial construido. Preferimos tratar aquí de la morada en función al contenido existencial situado del concepto, difiriendo de momento el tratamiento de la emergente arquitectura del lugar.

Sin embargo, el magisterio de Gaston Bachelard, en su *Poética del Espacio*, trata, de modo indistinto, los términos casa y morada. No obstante, aquí tomaremos la precaución de considerar el discurso original, con el recurso de leer, a nuestros efectos, morada en vez de casa. Podemos comprobar entonces que el discurso original se potencia y adquiere un nuevo y más revelador sentido;

> En los poemas, tal vez más que en los recuerdos, llegamos al fondo poético del espacio de la casa. En esas condiciones, si nos preguntaran cuál es el beneficio más precioso de la casa, diríamos: la casa alberga el ensueño, la casa protege al soñador, la casa nos permite soñar en paz. No son únicamente los pensamientos; y las experiencias los que sancionan los valores humanos. Al ensueño le pertenecen valores que marcan al hombre en su profundidad. El ensueño tiene incluso un privilegio de autovalorización. Goza directamente de su ser. Entonces, los lugares donde se ha vivido el ensueño se restituyen por ellos mismos en un nuevo ensueño. Porque los recuerdos de las antiguas moradas se reviven como ensueños, las moradas del pasado son en nosotros imperecederas. (Bachelard, 1957)

Hay una morada que no dejamos nunca de habitar, una morada que informa nuestro ensueño, una morada en la que hemos aprendido a soñar. Naturalmente, no se trata de una arquitectura concreta, histórica y episódica; se trata de una estructura, de un casi recuerdo, de una casi evocación. Lo que anima el fondo poético del lugar de la morada es una evanescencia, un sedimento de la memoria, una materia oscura y fantasmática. Hay, en la habitación de toda morada, una significativa persistencia de un ensueño, de un contenido con vocación de forma, de una tan reveladora como dubitativa figuratividad.

Bachelard apuesta, con su emprendimiento topoanalítico, a afrontar cognoscitivamente la estructuración elemental de la morada. Se esfuerza por indagar en los mecanismos profundos, primitivos y originarios de nuestro habitar del mundo.

Operando de tal modo, consigue percibir y esclarecer dos cruciales condiciones elementales para toda imaginación del ámbito habitado:

> La casa es un cuerpo de imágenes que dan al hombre razones o ilusiones de estabilidad. Reimaginamos sin cesar nuestra realidad: distinguir todas esas imágenes sería decir el alma de la casa; sería desarrollar una verdadera psicología de la casa. Creemos que para ordenar esas imágenes hay que tener en cuenta dos puntos de enlace principales: 1) La casa es imaginada como un ser vertical. Se eleva. Se diferencia en el sentido de su verticalidad. Es uno de los llamamientos a nuestra conciencia de verticalidad; 2) La casa es imaginada como un ser concentrado. Nos llama a una conciencia de centralidad. (Bachelard, 1957)

Estas observaciones alientan la apuesta por indagar más profundo y dirigirnos así a las anfractuosidades interiores del sujeto imaginante, toda vez que éste ha aprendido, como ya hemos visto antes, ciertas disposiciones estructuradas del lugar a través de la proyección de su propia vivencia corporal. En efecto, en el ámbito natal es que aprendemos a erguirnos, aprendemos las mañas estratégicas de la bipedestación y aprendemos, también, a inscribir en la piel del suelo la marca indeleble y vivida con todo el cuerpo, de un aquí. Enhiestos en nuestra vertical recién conquistada es que vislumbramos, oscura pero clarividentemente, que allí donde nos situemos existen y son conformadas por nuestra actitud corporal, tanto un orden moral de las cosas del mundo —en donde se oponen lo elevado y eminente a lo bajo y sojuzgado—, así como la revelación de un centro en un vasto horizonte que comenzaremos a explorar. En la estructuración elemental de nuestra morada toma asiento la vivencia honda e intransferible de nuestro aquí propio.

> La verticalidad es asegurada por la polaridad del sótano y de la guardilla. Las marcas de dicha polaridad son tan profundas que abren, en cierto modo, dos ejes muy diferentes para una fenomenología de la imaginación. En efecto, casi sin comentario, se puede oponer la irracionalidad del tejado a la irracionalidad del sótano. (Bachelard, 1957)

Si se considera no ya la verticalidad de una estructura construida, sino la de la propia condición corporal humana, se encuentra una estructura profunda de la subjetividad que dispone, en el sentido de la altura conquistada, la articulación entre el ensueño luminoso y elevado, dirigido al cielo, a todo aquello que no es alcanzable fácilmente con las manos, y la presencia oscura de todo aquello que preferimos arrojar a una sima profunda, bajo nuestros pies. Sólo luego, y a consecuencia de esto, una arquitectura que se prodiga en estancias como la cámara, la buhardilla y el sótano, resuenan con esta disposición. Pero esta conformación es independiente del modo en que la morada consiga adoptar su forma eventual: arriba quedará la región habitada por las formas de la esperanza y abajo, las zonas propias del olvido y de la culpa. El invariante es la estructura situada del habitante y su proyección hacia el ambiente construido, siempre supone una inscripción episódica. La verticalidad constitucional, entonces, es una propiedad del aquí poblado.

Este aquí poblado, en sus habituales circunvoluciones, en sus querencias y estancias, va horadando la piel del suelo pisado, va grabando con el fuego de la vida ensañada en soler tener un cierto lugar de ocurrencia. Estas huellas de la vida van escribiendo el palimpsesto del lugar constituyendo un *aquí centrado*:

> ¡La cabaña del ermitaño! ¡He ahí un grabado *princeps*! Las verdaderas imágenes son grabados. La imaginación las graba en nuestra memoria. Ahondan recuerdos vividos, desplazan

recuerdos vividos para convertirse en recuerdos de la imaginación. La cabaña del ermitaño es un tema que no necesita variaciones. A partir de la evocación más sencilla "el estruendo fenomenológico" borra las resonancias mediocres. La cabaña del ermitaño es un grabado al que perjudicaría un pintoresquismo excesivo. Debe recibir su verdad de la intensidad de su esencia, la esencia del verbo habitar. Enseguida la cabaña es la soledad centrada. (Bachelard, 1957)

Toda vez que el sujeto, enhiesto, inscribe en el suelo un aquí con vocación de centro errante, se despliega en su contorno un horizonte que le ciñe el mundo habitado. Es este mismo horizonte, que acompaña impasible todas las marchas, que se dilata y contrae con la orografía del paisaje experimentado, el que señala la centralidad singular, una ontológica soledad, que, más que privación vital, es señal de inevitabilidad: a ese centro estamos arrojados y condenados, sin que podamos excusarnos. Nuestra morada es esa intima constitución de una singular intimidad.

Para Otto Bollnow, mientras tanto, este centro constituye un punto de referencia que articula en su torno a las marchas en alternativas de partidas y vueltas. La morada, desde este punto de vista, es el centro puntual de los itinerarios desde los que siempre se parte y hacia los que, en forma recurrente, se vuelve:

El movimiento doble del partir y del volver adquiere así un carácter mucho más concreto que no es comprensible partiendo del esquema del espacio matemático. El partir no es un movimiento arbitrario en el espacio, sino que el hombre parte para realizar algo en el mundo, para alcanzar una meta, en resumen, para cumplir una misión; pero cuando la ha cumplido (o también cuando ha fracasado en su intento), vuelve a su morada como si fuera su sitio de reposo. Así, pues, es el cambio profundo y esencial para el hombre el que se expresa en este movimiento pendular del partir y del volver, cada una de cuyas fases posee un acento peculiar e inconfundible. (Bollnow, 1969)

Esta consideración de la morada como el origen de todo partir y como lugar al que volver puede resultar mucho más inspiradora que cualquier pormenor arquitectónico referido a una vivienda concreta. Ante el productivismo mecanicista de "soluciones habitacionales" que no pasan de ser sumarios refugios, puede contestarse que hay un valor, que cada habitante forja en su día a día, y que ahonda su significación existencial en términos de morada, esto es, una región concretamente identificada por el poblador, que es tenida como reserva íntima, como recurso geográfico e histórico propio e intransferible, como capital humano. Y estas dimensiones existenciales no se constriñen, de ningún modo, en un carente existenzminimum con que el sistema productivo condena a las mayorías sociales.

Siguiendo la senda abierta por Bollnow, podemos entender, sin incurrir en metáforas, en la comprensión de la morada como un *horizonte*:

> El horizonte no es algo que se pueda encontrar independientemente del hombre. No es un objeto en el mundo. Es "irreal". Pero no por ello es algo que sólo exista en la mente como algo simplemente imaginado, sino que pertenece necesariamente al mundo. Todas las cosas que el hombre encuentra en el espacio tienen que encontrárselas en el marco de un horizonte. Un mundo sin horizonte es imposible. [...] Es el horizonte el que reúne las cosas que van apareciendo para formar una unidad. (Bollnow, 1969)

Con esta asunción de la morada como horizonte se comprende por qué, en el seno de una Teoría del Habitar es preferible tratar de moradas y no de casas o viviendas. La morada comprende el contexto en donde se sitúa toda residencia o alojamiento: se extiende más allá de las constricciones de los muros y los limites prediales. La morada es un lugar, y por esto es que comprende no sólo el centro poblado por el sujeto, sino que se extiende como un horizonte al constituir un paisaje existencialmente significativo. Esto hace ver con ojo crítico fundado las hoy frecuentes urbanizaciones anómicas que agregan unidades de alojamiento en vastos territorios sin carácter y sin calidad de paisaje humano.

Pero la asunción de la morada como un horizonte conduce a considerar, además, que la morada constituye, en sí misma, una perspectiva sobre el mundo:

> Horizonte y perspectiva están indisolublemente ligados. La perspectiva ordena las cosas dentro del horizonte, pero el horizonte, en que concurren todas las líneas paralelas, le confiera la solidez a la perspectiva. [...] Horizonte y perspectiva atan, pues, al hombre a la "finitud" de su existencia en el espacio, pero a la par le permiten actuar en él. No sólo colocan al hombre dentro de una determinada situación en el espacio, sino que le permiten reconocer esta situación y adquirir, gracias a ello, un firme apoyo en su espacio y una visión panorámica. (Bollnow, 1969)

El discurrir existencial acerca de la morada nos va enriqueciendo de significados el concepto. Al constituir el horizonte un percepto de índole estructural, la morada se erige, de suyo, como plataforma situacional donde se ordenan las cosas del mundo, según su cercanía y lejanía relativas, confiriendo al mundo su peculiar contextura vivida. Se habita entonces en un paisaje que tiene a la morada como foco irradiante, al horizonte como el lugar habitado proyectado sobre el ámbito, y a una perspectiva peculiar que adopta el mundo precisamente desde allí y no desde otro lado. Por esto es que una morada constituye, a la vez que un horizonte, una perspectiva sobre el paisaje habitado. Cabe preguntarse si estas consideraciones humanas y elementales conseguirán informar al ejercicio de una arquitectura y un urbanismo de cuño auténticamente humanista.

Recién cuando se vislumbra el carácter de perspectiva que contiene la estructura elemental de toda morada se puede reparar en un primigenio gesto arquitectónico: desde el otero que se establece en tal estructura, se puede interponer un umbral. ¿Para qué dispondríamos, en particular, de un umbral en la morada? Para practicarlo, para abrirlo y clausurarlo, según los imperativos alternativos de apreciar ya los confines del pequeño mundo que habitamos fuera o ya las inmensidades de la conquistada intimidad interior. La arquitectura de la morada, entonces, principia con erigir un umbral para que las personas, entidades liminares, tengan un preciso lugar allí.

> Entonces, cuántos sueños habría que analizar bajo esta simple mención: ¡La puerta! La puerta es todo un cosmos de lo entreabierto. Es por lo menos su imagen princeps, el origen mismo de un ensueño donde se acumulan deseos y tentaciones, la tentación de abrir el ser en su trasfondo, el deseo de conquistar a todos los seres reticentes. La puerta esquematiza dos posibilidades fuertes, que clasifican con claridad dos tipos de ensueño. A veces, hela aquí bien cerrada, con los cerrojos echados, encadenada. A veces hela abierta, es decir, abierta de par en par. Pero llegan las horas de mayor sensibilidad imaginante. En las noches de mayo, cuando tantas puertas están cerradas, hay una apenas entreabierta. ¡Bastará empujar muy suavemente! Los goznes están bien aceitados. Entonces, un destino se dibuja. (Bachelard, 1957)

Es tras el umbral de la morada y no a resguardo de los muros de la casa que se abre lugar la habitación íntima. Si, con Bachelard, entendemos que al abrir o cerrar una puerta todo destino se dibuja —se inscribe en la piel del mundo, se registra en la historia menuda de la cotidianidad, se escribe en el lugar habitado— es porque del lado del aquí del sujeto se configura la forma elemental de la habitación. No es el cierre figural de los muros, los suelos y la cubierta los elementos originarios de la arquitectura, no es un continente topológico casi cerrado el constitutivo de un interior poblado, sino el costado del sujeto que se dispone, soberano y condenado a la vez, en el umbral de su morada.

> La habitación intima no es, efectivamente, una habitación, sino con un conjunto de relaciones entre una constelación de objetos y nuestra psique. En ese espacio intermedio se encuentran las entrañas de la verdadera habitación. Y en ese punto parece que poco puede decir la arquitectura y el arquitecto que deben retirarse, en silencio y sin molestar a su inquilino. (de Molina, 2019)

En la habitación plena de su horizonte, el cuerpo no sólo se aplica a dispersarse en meras inscripciones. Proyectando la estructura del cuerpo sobre la correspondiente del lugar, el cuerpo habitante elabora textos y discursos. Las manos se dedican a colectar, agrupar, componer y disponer las cosas de vivir como enunciados de estilos de vida, de regímenes particulares de existencia, de economías de bienes, recursos y trabajos. Las cosas se avecinan de un modo que conforman advenimientos, revelaciones y emergencias de lo cotidiano. Las cosas enuncian su carácter de útiles de trabajo tanto como trastos queridos y bienes de memoria. El orden que guardan se vuelve significativo en sí mismo. Es que se verifica la emergencia de una sintaxis en la disposición de las cosas, que no se resigna a constituir un mero agrupamiento conveniente, sino que construye sentido. Las reglas del juego de la vida cotidiana se vuelven normas gramaticales para su escritura. Una escritura de cosas en su lugar. Un lugar de cada cosa que es un emplazamiento relativo siempre al habitante que no sólo tiene lugar allí, sino que confiere plazas a sus cosas.

Con las cosas de vivir, agrupadas, ordenadas, seleccionadas y emplazadas de modo sistemático se constituye un caso de *mitografía*, esto es, una escritura que no registra hechos de lenguaje verbal, sino que conforma un sistema autónomo de éste. Los trastos de una cocina, reposando junto a un fregadero despliegan un texto que no puede traducirse del lenguaje verbal, sino de la vida misma en una cocina, en unas condiciones dadas. El contenido es un texto diversamente articulado y no-verbal. Son los objetos portadores de unidades textuales que no equivalen necesariamente a palabras, sino a discursos de vida que han operado para que tal cosa ocupe tal plaza, avecinándose diversamente con otras y articulando sus relaciones mutuas de modos complejos y, sin embargo, comprensibles. Son comprensibles porque el código es el mismo hábito que los hace llegar allí.

La Teoría del Habitar tiene todo un capítulo en la constitución constante y recurrente de proto arquitecturas. Aquí podemos llamar así a las configuraciones que vinculan entre si a las cosas de vivir, según unos rituales, que se cumplen como estructuras finalistas en ceremonias. Piénsese, a título de ejemplo, en la estructura que conforman los distintos útiles para preparar una infusión, en el ámbito de la cocina, lo que supone reunir el té, el agua caliente, la tetera, las tazas y demás utensilios, cada uno extraído de sus almacenamientos, reunidos y combinados entre sí de modo finalista para su servicio, consumo, limpieza y posterior guardado. Una danza ordenada de objetos, acciones y sensaciones que se desarrolla como acontecimiento en unos ámbitos arquitectónicos dispuestos estratégicamente al efecto. Estas proto-arquitecturas constituyen la vida misma de las cosas al amparo de la arquitectura del lugar, que es el escenario y el atrezo de la vida en la arquitectura que estamos acostumbrados a considerar.

Es preciso entender que en el atrezo debemos afrontar una escritura peculiar. Se trata de lo que el cuerpo hace por su proyección sobre el lugar. Y lo que hace no es una operación mecánica, sino una producción poética, en el sentido hondo de la expresión. No se trata exclusivamente de una relación entre el lugar habitado y la mente, sino del cuerpo vivo, de la mente encarnada que trabaja sin cesar —conscientemente y no— en la proyección de su identidad y referencia en los lugares. Solo que no escuchamos con suficiente atención a estos nuestros signos. Solo que no sabemos ver aún todo lo que tales signos dicen de nuestra condición de habitantes. Solo que aun ahora, que estamos advertidos, podemos situarnos convenientemente ante el abismo de significados que se ahonda.

Nuestra condición de seres situados nos abre posibilidades y nos responsabiliza. El campo habitado, esto es, el espacio y tiempo abierto a nuestra disposición de lugares nos hace posibles de un modo hospitalario absoluto. Todo allí está por conquistar y es un tema de acciones corporales más que de poder, al menos en principio. Pero precisamente lo que nos abre posibilidades nos responsabiliza desde el punto ético. Allí donde tengamos posibilidad, tendremos obligada —no necesariamente— que adoptar una actitud pobladora activa, consciente y aplicada. Por ello el habitar es una empresa tanto cognoscitiva como ética y estética.

Por lo general, nos imaginamos al habitar como un relajado estado del ser en el lugar. Sin embargo, habitar es todo menos un muelle estar contenido por una situación. Habitar es una continua, esforzada y obcecada tarea de producción de sentido de identidad y referencia de todo el cuerpo. No dejamos nunca de habitar. No dejamos nunca que nos venza la fatiga. No dejamos nunca de emplearnos a fondo en la tarea de proyectar nuestra existencia hacia el lugar donde hacemos presencia y población. No dejamos nunca de proferir el discurso del habitar y no cesamos en la tarea de hacer un texto del lugar en donde estamos.

Arquitectura del lugar

... una teoría de los lugares, de las situaciones, de las inmersiones se pone en marcha lentamente...
Peter Sloterdijk

DEL LUGAR A LA EMERGENCIA DE LA ARQUITECTURA

En los textos de estudio se suele presentar el concepto de arquitectura precedido por la etimología de la palabra, lo que en absoluto seria reprochable, si no fuera porque conduce a la falaz asunción que la arquitectura seria aquello que hacen los arquitectos, esto es, diseñar y construir edificios.

Etimológicamente, la palabra arquitectura procede del griego. Es la conjunción de dos palabras: *arjé*, el principal, el que manda, el principio, el primero, y *tekton*, que significa construir, edificar. El arquitecto es, por tanto, el primero de entre aquellos que realizan la tarea de construir. Por un lado, es el que define las bases, los principios. Por otro, es el que dirige, el que manda en la actividad constructiva. La arquitectura, como actividad, como oficio, es el conocimiento y la práctica que permiten llevar a término estas funciones: determinar aquello que es básico para construir un edificio y también tener la responsabilidad de llevar a término algo determinado. (de Solà-Morales, 2000)

En verdad, la arquitectura debería considerarse una actividad social de producción de transformaciones formales y materiales en el ambiente habitado por los seres humanos, lo que implica una concepción más amplia, comprensiva y cabal de la actividad arquitectónica, en cuyo seno, en ciertas condiciones sociales, económicas y culturales, la división social del trabajo reserva un ejercicio profesional preceptivo a un colectivo especialmente formado académicamente para la tarea de diseñar y construir edificios. Con ello se estaría más cerca de la realidad social de la actividad y se pondría el ejercicio profesional en los términos que efectivamente ejerce. En arquitectura, no todo es proyectar y construir edificios, esto apenas es una parte específica del desafío humano de poblar la tierra y lo que hacen los arquitectos, en el mejor de los casos, es munirse de conocimientos científicos, técnicos y artísticos para contribuir, con lo suyo, a esta empresa.

William Morris, ya en 1880, partía de concebir a la arquitectura como un conjunto de artes que concurren a su objeto de modo concertado y subordinadas según un propósito final:

> A dicha unión de las artes que se ayudan mutuamente y se subordinan armoniosamente unas a otras es a lo que yo he aprendido a considerar arquitectura y, cuando esta noche use la palabra, a eso me es a lo que me referiré y no a nada más limitado. Un tema verdaderamente amplio, ya que abarca el estudio de todo el entorno externo de la vida humana y no podemos huir de él aunque queramos mientras seamos parte de la civilización, pues implica moldear y alterar las necesidades humanas y la faz misma de la tierra, salvo en los desiertos más recónditos. Tampoco podemos ceder nuestro interés por ella a un grupo reducido de eruditos y pedirles que busquen, descubran y creen mientras nosotros nos limitamos a mirar, maravillarnos de su trabajo y aprender algo de cómo se hace: somos nosotros —cada uno de nosotros— los que debemos estar alerta y vigilar la hermosura de la tierra, y cada uno ha

de entregarse a ello en cuerpo y alma para que no leguemos a nuestros hijos un tesoro menor del que nuestros padres nos legaron a nosotros. (Morris, 1880/2005)

De esta caracterización pueden señalarse al menos cinco aspectos de singular interés. El primero es la consideración de la arquitectura como un concepto extenso que articula las demandas sociales con las transformaciones ambientales necesarias para la vida humana. Un segundo punto interesante es la mención a la pluralidad de artes u oficios que concurren en la labor arquitectónica, con lo que se cuestiona la idea de una única y principal disciplina implicada. Esto se complementa con la mención a la subordinación armoniosa de tales artes a una finalidad principal, que evoca las ideas aristotélicas sobre la arquitectónica (Abbagnano, 1961). Un cuarto punto especialmente señalado es el interés social generalizado presentado como deseable frente a la especialización profesional, lo que corresponde a una cabal actividad social de producción y no a una disciplina socialmente restringida. Y el último aspecto especialmente destacable lo constituye la concepción de la arquitectura como valor cultural perdurable, más allá de la mera instrumentación utilitaria directa.

Estas consideraciones obran como preámbulo a una semblanza alternativa de la arquitectura, en donde se asumiría que, en principio, constituye una demanda humana genérica de transformaciones ambientales y solo a consecuencia de esto y de la división social del trabajo pudiera transformarse luego en un saber, una práctica y un arte especializado. En esta asunción, que cultivaremos aquí, es el imperativo genérico de la condición humana de habitar la tierra la que origina una arquitectura del lugar, como actividad social de producción, de la que se desprendería muy luego la arquitectura profesional tal como la conocemos aquí y ahora. A la caracterización de William Morris, por tanto, le sigue, en un hilo teórico consistente, la caracterización de Peter Sloterdijk.

En las islas antropógenas comienza una aventura protoarquitectónica: y, efectivamente, a causa de la sinergia de la construcción animal de nidos y nichos y del funcionamiento homínido en campamentos, hasta que un día lejano las exigencias de espacio, ya humanas, hayan cristalizado tan ampliamente en que de ellas pueda derivarse un estímulo apremiante a la construcción de chozas, pueblos y ciudades. Partimos de la tesis que la arquitectura constituye una reproducción tardía de configuraciones espontáneas de espacio en el cuerpo grupal. Aunque el hecho humano se base en un efecto invernadero, los invernaderos primarios antrópicos no poseen, en principio, paredes y tejados físicos, sino, si se pudiera decir así, sólo paredes de distancia y tejados de solidaridad. El ser humano, el animal que tiene distancia, se yergue en la sabana: así consigue la perspectiva del horizonte. Como habitantes de una forma de aislamiento de nuevo tipo, los seres humanos se instalan cabe sí mismos. (Sloterdijk, 2004)

 Resulta extremadamente sugerente la mención poética a "las paredes de distancia y tejados de solidaridad", como manifestaciones de lo que aquí optamos por denominar estructura fundamental del lugar habitado: antes de erigirse artefactos construidos, el hombre habitante cuenta con el lugar existencial para hacerles sitio. A este lugar existencial, a este sitio de deseo y solicitación vivida, le llamaremos aquí, arquitectura del lugar, la arquitectura originaria. La arquitectura material, entonces, es solo una emergencia tardía y provisional, algo equivoca y tentativa, de una arquitectura del lugar habitado, de humana y profunda factura. Toda vez que la arquitectura profesional ha olvidado, soslayado o aún negligido este origen, puede ser oportuno examinar —como si de cosa nueva o rescatada del olvido se tratase— la arquitectura originaria del lugar
 En lo que sigue consideraremos como arquitectura del lugar la emergencia formal de una concertación compleja de

solicitaciones dirigidas de forma finalista por el habitar humano. Se trata, entonces, de una arquitectura vivida por los cuerpos pobladores, por sus gestos y coreografías, por sus rituales y ceremonias, por sus percepciones primeras y fundamentales al hallarse, de modo especifico y circunstanciado, en un lugar. En definitiva, la arquitectura del lugar es la forma orgánica concreta que adopta la vida, una vez que demanda el acondicionamiento formal, material y energético del ambiente.

El PARADIGMA DEL CORSÉ

Hay en la asunción dominante de la arquitectura una propensión a adoptar aquello que acaso pudiese caracterizarse como el paradigma del corsé. Tal paradigma resulta de proponerle a la realidad palpitante del cuerpo habitante la constricción de un artefacto concebido no ya en consideración a la realidad concreta del propio desempeño corporal, sino en virtud de cierta idea abstracta y en todo caso convencional de decoro. Si se repasa el texto vitruviano, quizá se encuentre la clave de tal asunción:

> Tales construcciones deben lograr seguridad, utilidad y belleza. Se conseguirá la seguridad cuando los cimientos se hundan sólidamente y cuando se haga una cuidadosa elección de los materiales, sin restringir gastos. La utilidad se logra mediante la correcta disposición de las partes de un edificio de modo que no ocasionen ningún obstáculo, junto con una apropiada distribución - según sus propias características- orientadas del modo más conveniente. Obtendremos la belleza cuando su aspecto sea agradable y esmerado, cuando una adecuada proporción de sus partes plasme la teoría de la simetría.
> (Vitruvio, I, 3)

En la consideración criteriosa de nuestro tratadista, el desafío de la *firmitas* (aquí traducida como seguridad) y el compromiso con las reglas del decoro apenas dejan a la utilidad con la esperanza de no encontrar mayor obstáculo, cuestión que deja a la implementación habitable concreta bastante relegada en la consideración pragmática. Bastante tienen los esforzados arquitectos con el compromiso tectónico con el construir según precisas y detalladas reglas de composición codificada para la consecución de la armonía, el agrado y la demostración de esmero, para destinar muchos desvelos a aquello que hoy concebimos como adecuado marco para la función útil.

Existe una prolongada tradición en la conciencia arquitectónica que se desvela por artefacto construido como cosa en sí. Es que el desafío físico y matemático del principio de la *firmitas* vitruviana es singular en su contexto y magnitud física y también metafísica. La pasión constructiva conduce a producir más alto, más rápido y más fuerte. Es comprensible que el poder político y económico tuviese en el esfuerzo hercúleo por construir una expresión propia: construir es un acto y empresa regias. Luchar y vencer sobre la materia, el espacio y el tiempo es, quizá, la expresión palpable y perdurable del poder por excelencia. Para ello, el talento de los oficiantes profesionales es adecuadamente valorado y remunerado. El diseño al servicio del poder paga. Y porque paga, entonces es valioso como cosa en sí, como pasión que se cumple con el edificio erigido y triunfante como cosa en sí, como finalidad superior, implementable en su propia eminencia.

En el siglo XX es cuando se aborda la preocupación utilitaria en torno tanto al estudio del *existenzminimum* popular y las concepciones de Le Corbusier de la casa como una máquina para habitar. Tanto la penuria de la vivienda social en la primera posguerra europea como el avance de la mecanización en los terrenos económicos y culturales de la época, coadyuvan para instigar, a su modo, a investigaciones teóricas conceptuales y ejercicios prácticos que ofrecieron mayor atención al funcionamiento en arquitectura.

El *existenzminimum* es, en principio, una noción promovida en el contexto de la primera postguerra mundial en Europa, en donde se verifica una aguda crisis habitacional. Dicha noción aparece como respuesta del pensamiento arquitectónico profesional ante una crisis interpretada como un concreto déficit en los alojamientos populares. Ante tal situación y con una comprensión determinada de ésta, se buscan unos nuevos tipos de alojamiento, en un intento por conseguir unas adecuaciones esenciales conseguidas con parámetros económicos mínimos. Como fruto de la elaboración teórica de esta noción, emerge una idea de *existenzminimum*. Esta idea o representación apunta a una referencia proyectual (viviendas populares modernas) con un significado expresamente desarrollado: optimizar la inversión social en unidades de vivienda adecuadas realizadas en óptimas condiciones económicas, en términos de eficacia, eficiencia y rapidez. Se apuntó a la reducción de áreas y volúmenes construidos, a la búsqueda de procedimientos constructivos expeditivos y a la reducción de costos. La práctica proyectual, constructiva e inmobiliaria, por su parte, dan lugar al concepto operativo de *existenzminimum*: un significante —vivienda social moderna—, un referente arquitectónico —un alojamiento racionalizado a título de vivienda— y un significado —una unidad de habitación adecuada y completa reducida a su conformación esencial y necesaria—.

El conocido aserto de Le Corbusier que aboga por la consideración de la casa como una *máquina para habitar* (Le Corbusier, 1923) implica una determinada depuración de la noción de utilidad. En efecto, la arquitectura debe emocionar, afirma nuestro autor, lo que implica constituirse en artefacto eficaz a la vez que signo manifiesto de una utilidad como signo distintivo de un nuevo espíritu moderno, en la era en que, en la expresión de Siegfried Giedion, *la mecanización toma el mando* (Giedion,

1948/1978). La arquitectura moderna, entonces, debe suscitar una honda emoción al comunicar con especial contundencia ese carácter maquinista cuya depurada expresión simbólica se concentra en la eficacia, en la ajustada correspondencia con la función prevista por el proyectista.

La máquina de habitar es un objeto construido sobreimpuesto a un lugar despojado de todo significado. Si la utilidad arquitectónica se restringe a su pura eficacia donante de un servicio que sólo con la asistencia del artefacto puede llevarse a cabo, entonces, queda supeditada a la provisión preceptiva de tales artefactos, en donde se ignora cualquier género de preexistencia. Si la utilitas arquitectónica consigue emocionar apenas con la retórica de su eficacia: ¿qué tipo de papel desempeña el habitante, sino el de un subyugado y obediente operador —y servidor— de la máquina? El habitante de la máquina de habitar se confina en la categoría de usuario.

La arquitectura centrada en el objeto construido como fin en sí mismo constituye un corsé para la vida que en ella habita. Tal arquitectura resulta de la imposición del poder sobre el cuerpo sometido del habitante, cuerpo de un sujeto paciente, cuerpo de un puro consumidor. El cuerpo del habitante está constreñido por un diseño que lo soslaya, por un proyecto social que lo olvida, por una estructura productiva que se aplica apenas a maximizar beneficios y tiempos de recuperación del capital invertido. El cuerpo del habitante está angostado en máquinas deficientes de alojar, precarias en su constitución formal y material y carentes de contenido simbólico, como no sea su inconmovible desesperanza. La vida languidece allí, respira con dificultad y se proyecta como una sombra abandonada sobre los tabiques demasiado próximos que amparan su soledad esencial.

EL PARADIGMA DEL GUANTE

Es el tiempo de ofrecer una figura alternativa. Ante las constricciones conceptuales, funcionales y simbólicas de los corsés arquitectónicos se le puede oponer el paradigma del guante. Hay, en todo guante bien concebido, realizado y operado, una virtud y es que la mano humana le sirve de ley y causa de forma y expresión. Pocas cosas son tan elegantes, eficaces y logradas que una mano libre de obrar puesta bajo el amparo solícito no ya de un artefacto, sino de la realización de una suerte de segunda piel, de segundo cuerpo, de segundo ademán. Una arquitectura concebida a la manera de un guante es un homenaje humilde y rotundo a la vida que en ella habita.

Una arquitectura concreta debe abandonar la geometría abstracta del espacio para abordar la compleja estructura dimensional del lugar vivido. Es que no se trata ya del espacio, sino del lugar. La arquitectura concreta tiene efectiva existencia allí donde los cuerpos palpitantes estremecen el campo habitado. La arquitectura concreta, por otra parte, no se reduce a ser operada mecánicamente, ni a ser usada reductivamente. La arquitectura concreta se consuma en el acto de habitarla según unos modos que deberemos aprender a percibir, respetar y cultivar. La arquitectura guante es aquella concreción servicial, digna de la condición humana y decorosa en un plano superior estético, en donde la vida humana tiene su lugar señalado

Es preciso abrir el lugar señalado para las danzas de la vida. Que no es de modo alguno hacer un sitio; es mucho más complejo que eso. Porque hacer un sitio es negar a algo su lugar para aviar un espacio. Pero abrir el lugar para las danzas de la vida es descubrir, aquí y allá, los puntos sensibles del campo habitado por donde discurrirá la vida cuando tenga lugar allí. Es ser capaz de percibir los derroteros, las derivas, la trama de senderos que se abren a las marchas de los viandantes. Es ser sensible para dar cuenta de las moradas del cuerpo, allí donde se detendrán, cada tanto y a su aire, los ligeros habitantes. Es ser cuidadoso en la tutela decorosa de los umbrales que los cuerpos gustarán trasponer, estremecidos de existencia vivida. Para que la vida celebre su ocurrencia plena, gozosa y libre, para eso es preciso abrir el lugar señalado para las danzas de la vida.

Mientras que al arquitecto demiurgo le complace el empoderamiento del lápiz que empuja implacable sobre un papel siempre en blanco, que origina su obra maestra en el tablero abstraído de su conciencia de hacedor de arquitecturas corsé, debemos darnos al menos la oportunidad de imaginar una arquitectura empujada desde dentro por los gestos de la vida. Una arquitectura que crecería con los ademanes del cuerpo, con las figuras magníficas de su coreografía, con las parsimonias del modo biológico de suceder. Una arquitectura que resultara del contorneo cuidadoso de las envolventes de la existencia. Ni más, ni menos. Una arquitectura originada en su única simiente legítima y razonable: la vida vivida en situación y acontecimiento.

¿Por qué no una arquitectura de situaciones y acontecimientos? Frente a una arquitectura de muros y cubiertas, puertas y ventanas, suelos y terrazas, una arquitectura que tenga origen en los amparos de las situaciones existenciales, en las trasposiciones de umbrales, en los tránsitos. Una arquitectura, entonces, de actos de habitación antes que facturas constructivas, que devendrían después y en consecuencia de las primeras. Una arquitectura dibujada por las danzas de la vida, antes que por las elucubraciones autoritarias de los administradores del aire. Una arquitectura que nos debe ser posible.

LA HABITACIÓN CONFORME

Puede avizorarse en el horizonte el advenimiento de una arquitectura que libere las potencialidades del habitar. Cierto es que, a pesar de todo, en la arquitectura corriente, aún concebida como un rígido corsé, las personas consiguen habitar mediante oportunas y resignadas conductas adaptativas. Pero también se puede soñar con una arquitectura que tenga al habitar no ya como consecuencia eventual, sino como dispositivo causal, como instancia tan prevista como inspiradora. El habitar humano, así considerado, pasaría a constituir la causa formal originaria de una arquitectura que se sometiera, de modo especialmente solícito y humano, a su mejor amparo.

> Habitar sería apropiarse del espacio; apropiarse del espacio consistiría, en consecuencia, en convertir el espacio (vivido) en lugar, adaptarlo, usarlo, transformarlo y verter sobre él la afectividad del usuario, la imaginación habitante; práctica creativa que afirma la ilimitada potencialidad humana al reconocerse en la obra creada, otorgando al espacio sus múltiples dimensiones perdidas: lo transfuncional, lo lúdico y lo simbólico. (Martínez Gutiérrez, 2020)

Una arquitectura del lugar comenzaría por constituir, más que un plano en blanco, más que un recurso espacial vacante y disponible, más que una pura especulación abstracta de una forma impuesta: comenzaría por ofrecer, de antemano, una forma propia, aunque evanescente y sutil, un lugar ya poblado por unos modos deseados y soñados, los que preanunciarían sus magnitudes conformes, sus holguras y sus complexiones. Solo se trataría de oír las voces de los cuerpos habitantes, sólo se trataría de observar sus circunvoluciones en la escena del desempeño cotidiano, sólo se trataría de sorprender la propia vida en su situación y acontecimiento, para luego desplegar un muy liviano manto de amparo y expresión. La vida de los habitantes precedería la consecución de la forma, los desempeños corporales dictarían su ley al lugar y el juego sabio, correcto y magnifico de los lugares se desplegaría en un solo gesto exaltado de existencia. El habitar precede desde siempre a la construcción arquitectónica; apenas hay que reconocerlo teóricamente y adoptarlo como imperativo metodológico práctico.

En esta asunción, el habitar trasciende largamente la categoría de uso de un artefacto arquitectónico, así como la correspondiente al puro consumo de un espacio mercantilizado. El habitar puede ser considerado, en determinadas circunstancias históricas, como una cierta producción social de los lugares. Esto no se debería tanto a una eventual astucia de la razón arquitectónica, que libre y autónomamente adoptara por si un nuevo talante humanista, sino a unas precisas condiciones sociales de producción del conjunto de la vida cotidiana. Conseguir que el habitar consiga alcanzar el estatuto de un nuevo modo social de producción de los lugares implica un cambio social estructural y generalizado, profundo y revolucionario. Al señalar este extremo, no se indica de modo necesario una dilación histórico-conceptual para cuando las dinámicas del cambio social se vuelvan especialmente proclives para ello. De todos modos, cada habitante porta consigo con el recurso indispensable para acometer su desafío histórico: su propio cuerpo.

> ¿Puede el cuerpo, con su capacidad de acción, con sus energías, crear el espacio? Sin duda, pero no en el sentido en que la ocupación "fabricaría" la espacialidad, sino más bien en el sentido de una relación inmediata entre el cuerpo y su espacio, entre el despliegue corporal en el espacio y la ocupación del espacio. Antes de producir efectos en lo material (útiles y objetos), antes de producirse (nutriéndose de la materia) y antes de reproducirse (mediante la generación de otro cuerpo), cada cuerpo vivo es un espacio y tiene su espacio: se produce en el espacio y al mismo tiempo produce ese espacio. Es una relación notable: el cuerpo, con sus energías disponibles, el cuerpo vivo, crea o produce su propio espacio; inversamente, las leyes del espacio, es decir, las leyes de discriminación en

el espacio, gobiernan al cuerpo vivo así como el despliegue de sus energías. (Lefebvre, 1974/2020)

El obrar del habitar se sirve del cuerpo vivo del habitante. Mediante la interposición del cuerpo, el sujeto consigue no solo apenas tener lugar, sino hacerse uno de magnitud conforme y, constituyendo plena presencia y población, dispone la apertura hospitalaria para que la vida social se desarrolle situada de modo concreto. Pero no sólo se trata ya de saberlo o interpretarlo, sino, siguiendo a Karl Marx, se trata también de transformarlo de modo deliberado: liberarse del espacio como operación y sojuzgamiento. Librarse del espacio-corsé de la dominación para poblar, libre por fin, una arquitectura-guante, no constituye, por esto, un acaecimiento individual, sino una empresa sociopolítica.

Porque, en lo que respecta a la existencia situada, la tarea de la hora consiste en poner el cuerpo, esto es, conocer a fondo el mecanismo poblador del habitante, interpretar agudamente los signos del existir teniendo efectivo lugar, forjar denodadamente la labor de construcción metódica y crónica de todo lugar habitado, y descubrir, por fin, la maravilla de la empresa humana de ser en la tierra. Poner el cuerpo, de este modo, consiste en disponer de todas las energías disponibles, de todos los recursos vitales, y de todas las disponibilidades de significación al servicio de la propia vida. Porque si bien el habitar es una emergencia fundamental de la condición humana, también constituye un *ethos*, un comportamiento reglado de modos ético y estético.

Socialmente hablando, el espacio posee una doble "naturaleza", una doble "existencia" general (para toda sociedad dada). De un lado, uno (es decir, cada miembro de la sociedad considerada) se refiere a sí mismo, se sitúa en el espacio; tiene para sí y ante sí una inmediatez y una objetividad. Se pone en el centro, se designa, se mide y se emplea a sí mismo como patrón de medida. Es el "sujeto". El status social —asumiendo una hipótesis de estabilidad, por tanto de definición en y por un estado— implica un rol y una función: una identidad individual y pública. También conlleva un lugar, una ubicación, una posición en sociedad. De otro lado, el espacio es mediador (intermediario); a través de cada plano, más allá de cada contorno opaco, "cada uno" busca otra cosa. Esto tiende a establecer el espacio social como transparencia solamente ocupada por luces, por "presencias" e influencias. De un lado, pues, el espacio contiene opacidades, cuerpos y objetos, centros de acciones eferentes y de energías efervescentes, lugares ocultos o incluso impenetrables, áreas de viscosidad y agujeros negros. Por otro lado, ofrece series, conjuntos de objetos, concatenaciones de cuerpos, de suerte que cada cual puede descubrir a otros, que resbalan sin cesar desde lo no-visible a lo visible, desde la opacidad a la transparencia. (Lefebvre, 1974/2020)

En este fragmento, por demás clarividente, se denota con gran claridad la necesidad de distinguir entre los conceptos de espacio y lugar. Esta doble naturaleza sólo se puede predicar del lugar, no del espacio abstracto. Esto quiere decir que todo lo argumentado por Henri Lefebvre se verifica puntualmente en el lugar concreto, allí donde las personas habitan. Y es precisamente allí que, por la población del habitante, emergen estas dos condiciones: la presencia habitante y, a la vez, una apertura hospitalaria, de índole social. Corresponde entonces a la acción humana concertada cultivar estas dos condiciones: apropiarse integralmente de los lugares y entreabrirlos para el desarrollo pleno de la vida social.

Es ya hora de concluir, de modo provisorio, el curso de estas reflexiones. A estos efectos, cabe detallar, a modo de resumen, el concepto de habitación conforme que se preconiza. Por habitación conforme entendemos aquí una habitación creadora, un dispositivo existencial que porta cada sujeto y que se aplicaría a forjarse a sí mismo y según sus propias normas y anhelos a la tarea de constituirse como arquitecto de su propio lugar. Su capacidad creativa se aplicaría, en un orden social proclive para ello, a informar a la arquitectura material sobre los asuntos fundamentales —ya anticipados, por cierto, por el mismísimo Vitruvio— de los significantes y significados del obrar arquitectónico: formas y contenidos de la propia vida que tendrá lugar allí. La habitación conforme vindica de modo radical los valores arquitectónicos y existenciales de adecuación, dignidad y decoro, al volver el curso palpitante de la vida humana la principal energía capaz de conferir forma y sentido a los lugares habitados.

Examen de las prácticas sociales del habitar

PASIONES

El término pasión designa, en principio, la acción de padecer. Aquello que sufrimos es una pasión. Pero, por otro lado, lo que nos impulsa apetitivamente a algo, lo que mueve nuestro ánimo para hacer las más diversas cosas, también es una pasión. Porque el doble significado refiere al hilvanado interno de la propia vida, la que puede ser tanto entendida como el resultado esforzado de un impulso vital, así como puede verse, retrospectivamente, como la hechura fatal del destino. Así es que se ve la pasión, así es que se ve la vida. Hablar de la pasión, en este contexto, es mentar la combustión interna de la vida y, al hacerlo, tener la oportunidad de observar como la peripecia existencial del habitante se involucra en forma total con la arquitectura.

Nicola Abbagnano define la pasión como *"la acción de control y de dirección ejercida por una emoción determinada sobre la personalidad total de un individuo humano"*, a la vez que toma nota de la observación hegeliana que reza que *"nada grande ha sido realizado, ni puede serlo, sin pasión"*. (Abbagnano, 1961). En este sentido, aquí nos detendremos en particular acerca de cómo una disposición humana fundamental, como el habitar, conlleva una práctica de suyo apasionada. Precisamente porque el habitar puede verse como una afección, esto es, una condición padecida, es que también implica acciones practicas movidas y dirigidas por un furor empecinado por tener lugar. Conseguir tener efectivo lugar no es apenas el resultado irrevocable de un destino sino una meta provisoria alcanzada con no pocos esfuerzos y deliberaciones vitales.

La demanda de una morada es apenas uno de los emergentes (y de ninguna manera el primero ni el principal) de la pasión humana por el anhelo hondo de hacerse un lugar en el mundo. Es que hacerse un lugar en el mundo es más aún que forjarse una posición social, más aún que conseguir una situación relativamente satisfactoria en lo que toca a las condiciones materiales de la existencia y la reproducción, es más aún que arreglárselas para suceder en un acontecimiento favorable a las expectativas de realización. Hacerse un lugar en el mundo es una construcción morosa, microsocial, esforzada, a partir de la cual uno puede lanzarse a desear un destino, un emplazamiento de partida, una morada mundana. Es dentro de esta pasión que debemos comprender, en toda su dimensión existencial, la demanda por lugares que habitar con la familia, los compañeros de trabajo y estudio, con los nuestros, los próximos y aún con los extraños.

Desde que nuestros lejanos antepasados aprendieran a arrojar lejos de si la primera piedra, hemos empezado a comprender, oscuramente, que nosotros somos los agentes lanzadores, las manos que tiran y también el propio proyectil, en forma indisoluble. Somos de la materia de los sueños porque somos nuestro propio proyecto. Resultamos auto diseñados por un gesto antiguo de lanzarnos hacia adelante, hacia el futuro. Vivimos así en carne propia cómo nos sujeta el deseo, como nos agita una vehemencia de vivir y cómo nos arroja lejos, distantes y distintos. Somos sueños febriles, proyectos insensatos, diseños improbables. Y así, apasionados en la flecha del tiempo, hacemos el mundo a nuestra imagen y semejanza. Todo proyecto, toda elucubración de estados futuros es apenas un eco operativo de un furor por habitar un mundo que negamos es su penosa actualidad, para arrojarnos hacia lo que vendrá.

> Como lanzadores, los seres humanos consiguen su competencia ontológica más importante hasta hoy: la capacidad de *actio in distans*. Por el lanzamiento podrán tomar distancia de los animales. A causa de la distancia surge la perspectiva que alberga nuestros proyectos. Toda la improbabilidad del control humano de la realidad se concentra en el gesto de lanzar. Por eso, el quirotopo constituye el campo de acción auténtico y originario, en el que los actores observan habitualmente los resultados de sus lanzamientos. (Sloterdijk, 2004)

Hay en todo habitar una pasión lanzadora, una vocación de asir y arrojar, una propensión a poblar la dimensión de lo que sobreviene. Hay en todo habitar una pasión por tomar las cosas del mundo con las manos que le confieren precisamente ese carácter, considerar sus siempre eventuales implementaciones, y ayudarnos a irrumpir, tan agresivos como atemorizados, en una Naturaleza que sólo se deja poblar en términos de Cultura. Conseguir un lugar ha resultado de una temeridad que apenas esconde una misera indefensión heredada de la biología. Conseguir un lugar implica desde entonces dos operaciones complementarias: construir y cultivar.

Cuando construimos debemos aplicar, en todo caso, un furor propositivo que siempre es precedido por un talante decidido y negador. A efectos de construir, necesariamente ha de despejarse el sitio, destruir toda preexistencia molesta, corregir la orografía, reducir un polígono de tierra a la categoría de plano espacial de referencia. Todo gesto constructivo es avasallante y conquistador. Toda empresa constructiva carga sobre sus espaldas el peso de un espíritu destructivo que le hace sitio. Construir, en el fondo, mucho le debe al gesto originario de arrojar, hacia lo circundante, la primera piedra originaria: el apilado paciente y metódico en astutos aparejos erige y proyecta, devasta y niega, ampara y clausura.

Pero también pudiera pensarse en un obrar concebido como un cultivar respetuoso, en donde se interrogarla con circunspección al genio del lugar para asegurarse que nuestra novedad es bienvenida allí. Luego, todo sería asunto de abrir el lugar hospitalario a una irrupción de aquello que le estaba haciendo falta. Entonces, el lugar cerraría con salud la herida infligida apenas y una construcción habría tenido origen, crecimiento y lugar oportunos y felices. Habitar también supone la alternativa de cultivar el lugar con pasión considerada, con gesto comedido, con vocación de prudencia.

Es preciso ocuparse ahora de la implementación en arquitectura. Desde ya, es forzoso considerar que la implementación habitable implica una pasión de vida que es mucho más profunda, amplia y entrañable que la pura operación de una máquina de habitar. También obligado es considerar que la implementación habitable es mucho más compleja y rica que un mero servirse de un artefacto útil. Cabe considerar, entonces, que la pasión habitable consuma el lugar, porque proyecta sobre éste toda su carga de identidad y referencia con la que la vida cobra sentido precisamente allí y en ese entonces. La pasión habitable hace del tener ésta su lugar una implementación radical, constituyente y absoluta.

MARCHAS

Examinaremos a continuación las marchas como practicas sociales de habitar, esto es, como modos humanos de tener lugar en la tierra, mediante operaciones de practica de éste. Es que los lugares consiguen su forma y contenido existenciales por obra de unas actividades corporales fundamentales a título de prácticas u operaciones concretas de implementación. Así, la pasión del viandante confiere dirección y contextura al sendero, el que consigue tomar forma y sentido especifico de tal por obra de la frecuentación habitable. Son los pasos efectivamente realizados por el caminante los que desocultan o revelan las sendas en el bosque.

"*Holz*" (madera, leña) es un antiguo nombre para el bosque. En el bosque hay caminos ("*Wege*"), por lo general medio ocultos por la maleza, que cesan bruscamente en lo no hollado. Es a estos caminos a los que se llama "*Holzwege*" (caminos de bosque, caminos que se pierden en el bosque). Cada uno de ellos sigue un trazado diferente, pero siempre dentro del mismo bosque. Muchas veces parece como si fueran iguales, pero es una mera apariencia. Los leñadores y guardabosques conocen los caminos. Ellos saben lo que significa encontrarse en un camino que se pierde en el bosque. (Heidegger, 1984/2010)

Cada paso es una tentativa dirigida a la *aletheia* del propio sendero, esto es, la revelación practica de una travesía, abriéndose paso en la oscuridad de la maleza: el caminante crea con su marcha la senda de huellas por donde otros, más o menos avisados al respecto, confirmarán con otros pasos y con otras revelaciones. Se camina no sólo midiendo el espacio y el tiempo de la marcha sino también abriéndose paso por sobre la dimensión del alethotopo: "*Llamamos alethotopo al lugar en el que cosas se vuelven manifiestas, asi como decibles o figurables*" (Sloterdijk, 2004). El caminante, en su andar, tiene efectivo lugar practicado en el sendero.

David Le Breton ha destinado un libro entero al elogio de la marcha (Le Breton, 2000). Allí detalla cómo el cuerpo del caminante consigue existir de un modo específico en la iniciativa de lanzarse decidido hacia el espacio y el tiempo:

Caminar nos introduce en las sensaciones del mundo, del cual nos proporciona una experiencia plena sin que perdamos por un instante la iniciativa. Y no se centra únicamente en la mirada, a diferencia de los viajes en tren o en coche, que potencian la pasividad del cuerpo y el alejamiento del mundo. Se camina porque sí, por el placer de degustar el tiempo, de dar un rodeo existencial para reencontrarse mejor al final del camino, de descubrir lugares y rostros desconocidos, de extender corporalmente el conocimiento de un mundo inagotable de sentidos y sensorialidades, o simplemente porque el camino está allí. Caminar es un método tranquilo de reencantamiento del tiempo y el espacio. (Le Breton, 2000)

Mediante la marcha, el habitante del sendero consigue apropiarse existencialmente de éste. Esto tiene un especial sentido cuando se repara que se habita entonces un tránsito, un discurrir, un itinerario en vez de descansar flojamente en una estancia. La práctica social de la marcha es resultado de una condición subjetiva acechante, ávida de novedades y vigilante. A la vez, *"el caminante es quien se toma su tiempo y no deja que el tiempo lo tome a él"* (Le Breton, 2000). La práctica de la marcha muestra que el habitar no es una práctica meramente espacial, sino que tiene al tiempo como dimensión crítica y configuradora.

Al tomar su tiempo, el viandante echa atrás —y obrando de tal modo, coloca en su lugar— a la dimensión tanatotópica, a la dimensión de lo ya vivido. *"La isla humana es un lugar visitado y afectado por vida ya muerta"* (Sloterdijk, 2004). Si hacia donde nos dirigimos se sitúa el porvenir, los advenimientos y el horizonte entrevisto; hacia atrás dejamos lo ausente, lo que es menester apenas recordar u olvidar. También habitamos volviendo la espalda a las regiones desahuciadas, a los tiempos ya vividos, a la culpa. Toda marcha tiene tanto de búsqueda de una tierra prometida como de ausencia, distancia y abandono. Todo andariego inviste la condición humana del migrante y, allí donde nos encontremos, siempre seremos, en cierto sentido, recién llegados, irrupciones intrusas, ocupantes precarios.

Así que el lugar despeje hacia la profundidad de la perspectiva, así que se pueda redoblar el paso venciendo más rápido la distancia, el lugar se angosta. Por eso el caminante prefiere andar ligero de impedimenta y sólo contempla la libre disposición de lo circundante cuando contiene la marcha o se detiene, extasiado quizá por la amplitud del panorama alcanzado. Pero si de andar raudo y expeditivo se trata, la senda es de suyo estrecha y dirigida y toda la atención se vuelca en el trayecto que une el aquí transitorio con el punto en el horizonte tenido por meta. Con la premura, el andar se reduce a circular, a unir la partida con la llegada de forma más expeditiva. En el llamado urbanismo del miedo, los temerosos urbanitas se escabullen, huidizos, por estrechos pasadizos existenciales en donde toda irrupción lateral es tenida como amenaza. Por el contrario, las anchas alamedas vindicadas en su hora por el presidente chileno Salvador Allende se abren al desfile majestuoso de los liberados, cuando consiguen tener, como pueblo empoderado, lugar público por donde deambular en la recién conquistada paz.

Habitar caminando implica una dosis —que puede ser mínima, pero en todo caso indispensable— de inquietud o desasosiego. Algo anima al caminante a escudriñar en el horizonte, acometer el sendero, esforzarse y fatigarse: hay algo que anda por el mundo que le concierne de modo peculiar al existente. Habitar caminando nos es imperioso de un modo auténtico:

> La necesidad del Dasein de hacerse cargo de su ser, lo impulsa necesariamente hacia la acción. Ello permite concebir la filosofía de Heidegger como una filosofía de la acción. La acción es la manera concreta en la que los seres humanos nos hacemos cargo de nuestras inquietudes. Pero esta relación permite ser invertida. Toda acción humana remite a una inquietud. La

acción es la manera como los seres humanos responden a sus inquietudes. Dicho de otra forma, el sentido de toda acción humana, por lo tanto, está en la inquietud. (Echeverria, 2021)

La habitación del sendero practicado con la marcha constituye tanto el encantamiento del lugar como la consumación de la propia existencia. Transeúntes, erramos por el mundo poética y filosóficamente: siempre movidos por sendos desasosiegos, los de encontrar las palabras que traduzcan nuestras perplejidades y los del desvelamiento de la verdad de las cosas del mundo. Habitar marchando es situarse en una primitiva situación existencial; la propia de los vagabundos arrojados a los arcanos de todo aquello que no conseguimos del todo comprender.

> Caminar ofrece una bella imagen de la existencia, siempre inacabada, pues se apoya incesantemente en el desequilibrio. Para no caerse, el caminante debe recomenzar de inmediato un movimiento que contradice el precedente a un ritmo regular. De un paso a otro, respeta en todo momento el filo de la navaja que le protege de la caída. En una palabra: no se camina más que encajando un paso tras otro, sabiendo que toda precipitación o toda lentitud provocará la ruptura. Caminar es una apertura al mundo que invita a la humildad y al goce ávido del instante. (Le Breton, 2000)

La pasión de la marcha, del habitar practicando derroteros, constituye quizá el modo particularizado más entrañable, primigenio y fundamental del existir situados. En efecto, apenas conseguido el equilibrio precario de la bipedestación, nos hemos lanzado hacia adelante como expresión corporal omnipresente en cada actividad vital que acometamos de modo tal que nuestra propia vida, nuestra experiencia concreta y nuestra conciencia y pensamiento se forjan paso tras paso. Por ello, es en los senderos que tenemos nuestra primera morada existencial.

ESTANCIAS

A pesar de que los senderos constituyen nuestra primera morada existencial, cuando nos interrogamos sobre el habitar, optamos por pensar antes en una estancia en nuestra casa-habitación o morada:

> Se considera comúnmente que el lugar por antonomasia del habitar es la casa, en cuanto espacio asociado con nuestra identidad como sujetos individuales y culturales. La idea de casa está relacionada con la noción de abrigo, de techo, de protección, pero también como la idea de centro y de punto de referencia, ordenador del mundo del sujeto. (Giglia, 2012)

Todo parece indicar que para el sentido común el habitar propiamente dicho debe ampararse en un enclave protector, duradero y confortable. Como bien señala Angela Giglia, también remite a la idea de centro ordenador de la existencia: nuestro aquí se deja pensar enraizado firmemente en un punto de la tierra y tal situación tiende a condensar nuestras ideas al respecto precisamente en tal reducto. En realidad, habitamos allí donde nos encontremos y el aquí auténtico lo cargamos con el cuerpo: la morada, tal como la ha caracterizado Otto Bollnow, puede caracterizarse como la región del mundo desde la cual parten nuestros itinerarios y hacia los que solemos regresar de modo regular (Bollnow, 1969).

Pero es el propio Bollnow quien recae en la asociación dominante entre el habitar y una región de estancia central:

> Habitar significa, pues: tener un lugar fijo en el espacio, pertenecer a ese lugar y estar enraizado en él. Pero para que el hombre pueda permanecer en este lugar, para que se sienta a gusto allí, el "lugar" a habitar no debe ser concebido como un simple punto, tal como habíamos hablado primero de un

punto central natural del espacio vivencial al que se referían todos sus caminos. Para poder vivir allí con sosiego, este lugar ha de tener cierta extensión. El hombre debe poder moverse en cierta esfera. El habitar exige un espacio de habitación determinado. (Bollnow, 1969)

Al asociar el habitar con la esfera doméstica, a la habitación referente, a una estancia ordenadora, nuestro autor señala un término que muy fácilmente puede resultar desapercibido: el sosiego. Así como Martin Heidegger había vinculado la inquietud con la práctica habitable de los senderos con la marcha, Otto Bollnow, por su parte, vincula con lazos de casi necesidad la habitación con la estancia reposada y calma. Todo parece indicar que en nuestras ideas poco examinadas acerca del habitar, parecen entremezclarse con las nociones de confort que se verifican en ciertos modos sedentarios de existir.

Así, se consolida una representación imaginaria del habitar que tiene a una estancia, en todo caso, como referente locativo, equiparando, bajo la especie de la habitación, tanto al lugar donde se verifica como también la acción de tener efectivo lugar allí. En este sentido, la morada constituiría una suerte de matriz para todas las estancias en donde, si nos encontráramos a gusto, esto es, si habitáramos de modo relajado y confortable, también habitaríamos, tal como lo enuncia el tópico: "como en casa". De tal manera habitaríamos nuestro lugar de trabajo —si éste cumpliera ciertas condiciones de decoro—, una cámara de hotel o ya una sala hospitalaria: si pudiésemos sentirnos amparados y seguros "como en casa".

Esta idea de habitación vinculada inextricablemente a las estancias en general y a las residencias en particular parece haberse consolidado en el siglo XX. Podemos recordar la asimilación de la idea de habitar a la de vivienda propia de los CIAM, en donde habitar resultaba una función diferenciada de las de cultivar, trabajar y circular. En cada una de estas funciones primaba un denominador común: la eficacia productiva, el desempeño funcional, la optimización de los usos.

Si hubiera que explicar de forma brevísima qué modificaciones ha producido el siglo XX en el ser-en-el-mundo humano, la información rezaría: ha desplegado arquitectónica, estética, jurídicamente la existencia como estancia, o más simple: ha hecho explícito el habitar. (Sloterdijk, 2004)

En el presente podemos considerar el habitar ya no como una función diferenciada, sino como la emergencia de la condición situada del hombre allí donde tenga lugar, esto es, en donde se encuentre. En esta asunción el habitar estancias es una forma particular de habitar, pero, ciertamente, ni la única, ni necesariamente la paradigmática. Lo que sí es válido es el rescate del ejercicio del sosiego existencial vinculado a la población de toda estancia. Al respecto, el poeta portugués Fernando Pessoa resulta especialmente esclarecedor:

> *Começo a conhecer-me. Não existo.*
> *Sou o intervalo entre o que desejo ser e os outros me fizeram,*
> *Ou metade desse intervalo, porque também há vida...*
> *Sou isso, enfim...*
> *Apague a luz, feche a porta e deixe de ter barulho de chinelas no corredor.*
> *Fique eu no quarto só com o grande sossego de mim mesmo.*
> *É um universo barato.*[4]

---

4   *Empiezo a conocerme. No existo*
    Soy un intervalo entre lo que deseo ser y de lo que los otros hicieron de mí,
    La mitad de ese intervalo, porque también hay vida...
    Soy eso, en fin...
    Apague la luz, puerta cerrada y no más chancla de corredor.
    Quedo solamente en el cuarto con una grande paz en mí.
    Es un universo barato.

Poblar una estancia refiere a modos calmos de reequilibrar, en la porción módica del universo que podemos volver nuestra, las dimensiones del habitar. Al tratarse de un ámbito, de una esfera, de un recinto o cavidad, la profundidad perspectiva, la altura y la amplitud se refieren mutuamente de manera peculiarmente proporcionada en relación con el cuerpo del habitante. Medimos la estancia con breves recorridos, con las alternativas de erguirnos, sentarnos o yacer, con los ademanes de los brazos. Pero hay además una dimensión, a la que Peter Slortedijk denomina histerotópica, que da cuenta especial de los sutiles procedimientos corporales para prospectar las profundidades interiores del ámbito. Poblar un recinto interior es examinar con cautela y comedimiento hasta donde es necesario llegar, para ocuparla a cabalidad, más allá de irrumpir meramente en ella como un simple advenedizo. Esta dimensión propia del adentramiento no se mide con extensiones y avanzadas episódicas, sino con sucesivas operaciones de habituación, de apropiación legítima, de conquista de la aquiescencia en la hospitalidad de la cavidad. Adentrarse supone una morosa operación de religación intima entre el habitante y su ámbito.

La amplitud relativa de la estancia supone una oportunidad para el acarreo sucesivo, la colección metódica y la disposición sistemática de cosas-a-la-mano. Es el momento de activar, en el lugar, la dimensión quirotópica, Esta dimensión se practica con los hábitos prensiles de las manos, con la pasión acumuladora del necesitado de aprovisionamientos y con el hábito mental de asir y considerar, manipular y operar, acarrear y componer conjuntos significativos en atrezos. La práctica habitable de las estancias tiene mucho de trabajo, de esfuerzo, de adhesión amorosa, de normatividad autoimpuesta, con lo que se activan otras tantas dimensiones humanas del habitar. Pero toda esta actividad, en todo caso, se la ejerce con una especifica paz en el espíritu, con una índole confortante, tanto en lo material como en lo espiritual, con el gran sosiego del que habla el poeta.

Al proliferar las diversas dimensiones humanas del habitar, las estancias se pueblan de significaciones:

> Bajo las condiciones vigentes, un lugar es: una porción de aire cercada y acondicionada, un local de atmósfera transmitida y actualizada, un nudo de relaciones de hospedaje, un cruce en una red de flujos de datos, una dirección para iniciativas empresariales, un nicho para auto-relaciones, un campamento base para expediciones al entorno de trabajo y vivencias, un emplazamiento para negocios, zona regenerativa, un garante la noche subjetiva. (Sloterdijk, 2004)

Es comprensible que toda estancia, calmamente considerada, consiga volverse, en el sentido común, un lugar por antonomasia. Con la placidez existencial de la habitación se consigue detenerse a considerar y sedimentar las experiencias en forma tal que sus más sutiles pormenores tienen plena oportunidad para manifestarse e informar al habitante. La habitación demorada constituye una vivencia honda y duradera. Además, las sucesivas estancias en que los habitantes alternan en su vida cotidiana se ofrecen como una exposición habitual de diversas modalidades específicas, con lo que se modulan las significaciones y las conductas según de qué instancias habitables se trate.

Este último aspecto es el que vuelve ahora a la consideración de la experiencia habitable de la morada como un evento especialmente señalado de estancia:

> Las casas son salas de espera en lugares de parada. *No* fue que esto ocurriera en el marco de una especulación sobre las metamorfosis del espacio de vida, producidas por los descubrimientos del espacio cósmico más distante y del espacio virtual. Las casas son lugares de parada para vida retenida, y ofrecen un sitio a la irrupción del tiempo en el espacio: esta expresión es la figura explicativa de la más recóndita obviedad

con respecto a la estancia del ser humano en habitáculos. (Sloterdijk, 2004)

Nuestro autor pone de manifiesto la contextura temporal intrínseca de las estancias domésticas. En otro pasaje, de singular clarividencia, llega a afirmar que *"la casa de los primeros campesinos sería un reloj habitado"* (Sloterdijk, 2004). Es que la estancia de la morada se habita con demoras, con esperas, con pausas. Pero las prácticas de habitar no se conforman con alternar marchas y estancias, inquietudes y sosiegos. La condición humana reserva una tercera modalidad que intermedia entre ellas y constituye acaso la forma más intrigante y elaborada de habitar la tierra. A esta tercera forma destinaremos un sucesivo apartado.

UMBRALES

Entre las marchas, que suponen estados de ánimo inquietos, y las estancias, que se demoran en situaciones reposadas, intermedian los atravesamientos de umbrales, eventos especialmente signados por un distintivo estremecimiento vital. Estos cruces causan la ocurrencia de las fronteras, los huecos y los vanos como limites practicables. Todo atravesamiento constituye una transformación de un estatuto subjetivo dado que se verifica en el delgado instante en que se traspone el umbral, que, por otra parte, tiene la ambigua constitución de frontera y pasaje. Quizá sea esta ambigüedad la que promueve un estremecimiento, a veces intenso, a veces levísimo, en el ánimo del sujeto que practica la habitación dramática del umbral.

Pensemos en un vagabundo en el acto de presentarse, desde su errancia, ante los portones de una ciudad. El transeúnte, mientras cruza el umbral, abandona la Naturaleza en pos de la

Cultura, intercambia la Selva con el Jardín, cede la vagabundez a cambio de la vida cívica. Una puerta no es sólo un acceso físico a un ámbito sino también el conducto por el que se llega a localizarse en un grupo. Por ello, situarse en el umbral es el lugar idóneo para ejercer la duda y la expectativa. Este ejercicio, tan profundamente humano, implica de suyo una pasión que no se puede volver experiencia vital sino a costa de un cierto escozor existencial. Porque es de muy humanos, muy de seres liminales, atravesar umbrales, vencer fronteras, practicar puertas a lo que sobrevendrá.

> Allí donde hay una puerta (o un escalón o una ventana), ha pasado un ser humano. Basta encontrar en un territorio lejano las jambas de una entrada para reconocer allí una civilización completa. No son necesarios análisis arqueológicos o biológicos para asegurar entonces que otros antes habitaron esos espacios y que tomaron posesión de esa tierra y su horizonte. En esos gestos, misteriosamente, nos reconocemos. Como en un espejo. (de Molina, 2021)

Una solitaria puerta japonesa *torii* oficia de frontera marcada entre dos territorios de diferente naturaleza: uno sagrado y otro mundano. Pero a la vez constituye el dispositivo que permite el ritual apropiado para pasar de uno a otro. ¿Cómo no estremecerse, contrito, ante tal posibilidad? Mas allá de las creencias peculiares de una cultura, lo cierto es que toda puerta exige una cuidadosa operación y el estremecimiento existencial de su atravesamiento opera como preaviso semiótico: practicar el atravesamiento de un umbral siempre es asunto serio, por más recurrente y distraído que resulte el gesto. Toda puerta tiene algo de intrínseco sagrado.

A efectos de situarse ante una puerta, lo más deseable, en todo caso y si uno se toma estas cosas en serio y concienzudamente, es inspirar con serenidad. En efecto, abrir una puerta, con la expectativa que suscita, nos debe encontrar preparados y con el ánimo templado. Cruzar de un ámbito a otro es una actividad delicada. Con esto, la problemática cuestión de asir y operar el picaporte tiene siempre algo de irremediable. Abierta la hoja, es preciso detenerse muy brevemente en el umbral. Acontece, nada más ni nada menos que irrumpimos en otro lugar y la operación demanda una cierta trémula emoción. Solo los espíritus muy endurecidos por lo basto de la vida corriente no advierten el estremecimiento que promueve presentarse en el umbral. ¿Será bienvenida nuestra figura? ¿Ante quién apareceremos? Lo más aconsejable es detenerse, casi imperceptiblemente, y evaluar muy rápida y prudentemente la situación. Hay que dominar el sutil arte de aparecer en la puerta. Tras el pasaje por el umbral, todo es inaugurar. La vida, luego de una breve e inquietante instancia, recomienza y promete lo suyo. No conviene de ningún modo olvidar o soslayar desde dónde venimos. Tampoco es de persona prudente equivocarse sobre la condición del lugar al que accedemos. El polvo del tiempo se remueve quedamente atravesando las puertas.

Las puertas, entonces, pueden cerrarse con contundencia y seguridad con el fin supremo de separar regiones, a la vez que pueden ser abiertas, para peregrinar de una a otra. Los umbrales tienen, a la vez, una naturaleza óntica y erótica: contribuyen tanto a la diferencia de las naturalezas como a las inmersiones, intercambios y pasajes. Por esto, habitar los lugares umbrales es cosa delicada y mucho más que una parsimoniosa operación. Consiste en salir no sólo de un lugar, sino también de una compostura acorde a éste, desmantelar una actitud, abatir unos sentimientos que se abandonan, se dejan atrás, se alojan para siempre en el pasado. Es común que en los lugares umbrales uno ajuste ligeramente su indumentaria, su arreglo personal, su propio semblante. Los lugares umbrales no sólo se transitan por atravesamientos, sino con minúsculas metamorfosis en la apariencia. Por otra parte, estos ámbitos tienen la virtud no solo de manifestarse en su fugaz manifestación, sino que además preanuncian el lugar que se sitúa adelante, en el futuro: el vestíbulo propone tanto la casa como la calle. El casi imperceptible rito de paso en el zaguán perdura tenue aun cuando se le ha atravesado. Lo que nos aguarda tras el lugar umbral nos recibe ya debidamente anunciados y compuestos. Atravesar habitando los umbrales supone una determinada performatividad.

> El término anglo 'performance' no es un vocablo de uso exclusivo en el campo de las artes visuales, sino que es de uso común: se habla de la performance de un empleado (su rendimiento y eficacia); de la performance de una cotización bancaria; de la performance de un ordenador o televisor (operatividad); de un ecosistema, etc. Estos usos se refieren a la habilidad de performar (ejecutar) especialmente en el lenguaje tecnológico, organizacional, económico, social y político, siempre en relación a la formación histórica de estos 'estratos de performance'. (Vidiella, 2014)

Es posible estimar el valor performativo propio de cada atravesamiento de umbrales según la contundencia en que el límite diferencia regiones de manera variable. Así, el valor performativo del atravesamiento de un vano interior doméstico, que opone ámbitos de diferente valor de intimidad o privacidad relativos al núcleo microsocial habitante, sería muy diferente en su eficacia del tránsito por la puerta principal de la morada, en donde se escinden la esfera doméstica como un todo del ámbito público. La performance del atravesamiento de umbrales, entonces, es un reciproco de la performance de la liminalidad.

> El término 'liminal' deriva del latín y significa 'limen' o 'umbral'. Basándose en las aportaciones de Van Geneep, el antropólogo Victor Turner trató de aportar un modelo que permitiera analizar la organización de los ritos de paso culturales para

entender las rupturas en la unidad social, personal, psíquica y cultural de los individuos y sociedades. Para Turner (1980) el drama social es un patrón universal de conflicto y resolución que opera en todos los niveles sociales y en las diferentes culturas. El énfasis en la fase liminal como una de las fases del drama social, que implica una condición de indeterminación en la que se genera un estado emergente de valores nuevos, ha llevado a caracterizar la frontera como un espacio liminal, y la performance como una práctica liminal que entiende la dimensión repetitiva de la acción social. (Vidiella, 2014)

Con estas consideraciones podemos afirmarnos en nuestras sospechas iniciales: no hay atravesamiento de umbrales —o de límites— que no sucedan sino a costa de un estremecimiento en el ánimo que registra —a veces asordinado por la habituación y la vida desatenta— las sutiles conmociones existenciales implicadas. Quiere la erótica que los umbrales prometan insondables y acogedores interiores, así como espléndidas expansiones hacia lo abierto. Las pieles se conmueven, con mayor o menor intensidad, según atraviesan los cuerpos la condición liminar de los umbrales. En los umbrales es el lugar en donde se experimentan las irrupciones —tanto las propias como las extrañas— los intercambios recíprocos y las seducciones. No es de extrañar, entonces, que la piel se estremezca allí.

Esto nos conduce a comprender, en cierto modo, una poética de los umbrales tal como la cultivara Jorge Luis Borges:

Hay una línea de Verlaine que no volveré a recordar,
Hay una calle próxima que está vedada a mis pasos,
Hay un espejo que me ha visto por última vez,
Hay una puerta que he cerrado hasta el fin del mundo.
Entre los libros de mi biblioteca (estoy viéndolos)
Hay alguno que ya nunca abriré.

Este verano cumpliré cincuenta años;
La muerte me desgasta, incesante.[5]

El poeta nos descubre nuestra propia contextura liminar: una línea de lectura, cierta calle que podemos atravesar, un espejo, un libro...son todos umbrales que hemos cruzado alguna vez y que, quizá, no volvamos a transcurrir. El pertinaz ejercicio de proponernos límites y umbrales para atravesarlos parece ser un sino, una condena existencial. ¿Podrá la arquitectura corriente, que tanto se prodiga en muros, cubiertas y vanos, ejercerse sensible con el estremecimiento vivo de todo aquel que cruza un umbral?

---

[5]   Jorge Luis Borges, *Límites*, 1961.

Ética del habitar

Los valores (como la libertad, la solidaridad, la belleza) valen realmente porque, como diría Xavier Zubiri, aunque en otro contexto, nos permiten "acondicionar" el mundo para que podamos vivir en él plenamente como persona
Adela Cortina

HENOS AQUÍ

Henos aquí, en la frontera entre lo que es y lo que debiera ser. Según parece, nuestra situación liminar tiene ante sí un umbral que no terminamos nunca de atravesar, frontera tendida tensa y expectante entre el mundo tal como lo hemos construido de modo tan imperfecto, precario e inconveniente y una región apenas atisbada por el deseo. No nos conforma, por cierto, el mundo en que vivimos, pero no conseguimos dar aun con el camino para alcanzar otro, que apacigüe las voces de la conciencia.

Mientras los abanderados de la *Realpolitik* y de la muerte de las utopías terminan exigiendo sacrificios absolutos en los altares del mercado o del Estado, la praxis realista, de quienes luchan por la dignidad de los sujetos humanos, necesita expresarse desde la lógica de lo nuevo (Molina Velásquez, 2008)

Henos aquí, seres en situación de urdir valores según los cuales acaso pudiera construirse una realidad nueva, de la que seriamos merecedores sólo cuando nuestra conciencia social alcance la clarividencia que nos ilumine el camino y nos disponga a andar. Pero, de momento, apenas si es posible abordar la empresa de reflexionar acerca de una eventual correlación axiológica entre las ideas de igualdad, solidaridad y libertad —valores ya bien discutidos por la ética y la política— por un lado y, por otro, ciertos conceptos que afectan la habitación humana.

ADECUACIÓN: ALTERNATIVA A LA DESIGUALDAD

En lo que hace a la vida social, a todo ideal de igualdad se le opone una constatable situación de desigualdad. Somos iguales como seres humanos, somos iguales como seres situados, somos iguales en dignidad especifica. Ha corrido sangre para que, en la actualidad, se considere razonable la casi igualdad de todos los ciudadanos ante la ley, lo que no es poco, pero nada suficiente. La equiparación de todos los ciudadanos en derechos y obligaciones tiene aún un largo camino por recorrer, encontrándose por aquí y por allá con las más despiadadas desigualdades falazmente naturalizadas. Es por ello que la Teoría del Habitar debe cultivar un valor de igualdad que obre como herramienta ética conceptual.

Constituido como valor, el concepto de igualdad no constituye ya un principio a priori, sino una relación subjetiva-objetiva determinada a la que preferir u oponerse de modo discutible y razonado: en palabras de Nicola Abbagnano, todo valor sería una posibilidad de elección (Abbagnano, 1961), esto es, que el valor de la igualdad podría cotejarse con el valor contrapuesto de la desigualdad social y optar de modo racional por una de las alternativas.

> El valor de la igualdad es el segundo de los que proclama la Revolución Francesa, y tiene a su vez distintas acepciones: 1) Igualdad de todos los ciudadanos ante la ley. 2) Igualdad de

oportunidades. En virtud de la cual las sociedades se comprometen a compensar las desigualdades naturales y sociales de nacimiento, para que todos puedan acceder a puestos de interés. 3) Igualdad en ciertas prestaciones sociales, que han sido universalizadas, gracias al Estado social de derecho. Sin embargo, todas estas nociones de igualdad son políticas y económicas y hunden sus raíces en una idea más profunda: todas las personas son iguales en dignidad, hecho por el cual todas merecen igual consideración y respeto. (Cortina, 1997)

La precisión de que las personas son iguales en dignidad es peculiarmente importante para entender que no se discute aquí la singularidad individual de los sujetos, sino la equiparación de su condición de personas. A la vez que es preciso afrontar a cada individuo en su peculiar contextura personal, es imperioso considerar y respetar su intrínseca dignidad humana. Por ello, la vindicación de la igualdad como valor ético no supone la igualación de los diferentes sino la atención cordial y considerada a todo aquello que los equipara.

En nuestra realidad social impera un generalizado panorama de desigualdades sociales que comprende las que refieren, entre otras, a los ingresos o rentas, a la riqueza, a la educación y al ejercicio del poder:

> [...] es posible distinguir dos dimensiones fundamentales: la desigualdad de resultados, productos, o consecuencias, y la desigualdad de acceso a oportunidades, medios, y recursos. (Longhi, 2002)

Estas dos dimensiones se articulan de tal modo que discriminan a quienes disponen de ingresos cuantiosos y consiguen acceso preferente a las ventajas de la educación y al poder económico, social y político, en oposición a personas que no consiguen contar con recursos económicos para disponer no sólo a las ventajas de la educación y el poder, sino que, además, resultan relegadas en el ejercicio de sus derechos humanos más elementales, en especial, los derechos económicos, sociales y culturales. La desigualdad social diferencia muy disimiles oportunidades de realización material y simbólica y sume a amplias mayorías sociales en la deprivación. Con todo, es preciso distinguir entre el concepto de pobreza material y el propio de la desigualdad.

> La visión de que los problemas sociales son el resultado directo de unas circunstancias provocadas por la pobreza material —tales como las viviendas de mala calidad, la dieta inadecuada, la falta de oportunidades educativas, etcétera— implicaría que las sociedades desarrolladas —más ricas— tendrían menos problemas que las otras. Pero nada más lejos de la realidad; algunos de los países más ricos son los que peor parados quedan. [...] Los problemas de los países ricos no la consecuencia de que estas sociedades no sean lo suficientemente ricas —tampoco de que lo sean demasiado—, sino de que las diferencias materiales entre las personas, dentro de cada sociedad, son excesivamente grandes. Lo que importa es qué posición ocupamos, en relación con los demás, dentro de nuestra propia sociedad. (Wilkinson y Picket, 2009)

Es que la desigualdad afecta a la cohesión comunitaria: los desiguales tienden a estratificar sus situaciones sociales de un modo tal que el tejido social que solidariza a los diferentes sujetos tiende a fragmentarse. Es a causa de la desigualdad —y no una consecuencia— que proliferan, asociados a la pobreza material, fenómenos tales como las infraviviendas, o el fracaso escolar. Culturas humildes, que amparan sociedades integradas e igualitarias, suelen desarrollar modos vernáculos de construcción del hábitat que ofrecen mejores soluciones habitacionales para el conjunto y para cada uno de sus integrantes.

En todo caso, existe una clara correlación entre la desigualdad y la división social (Wilkinson y Picket, 2009). Tal división tiende a disponerse como una más o menos pormenorizada estratificación en función a las diferencias de renta, patrimonio, capital cultural y ejercicio del poder. Esta estratificación diferencial es el tono general de nuestras sociedades en la fase del capitalismo tardío y constituye un dato duro de la realidad. De este modo, se impone una discusión axiológica en torno a los pro y contras de la desigualdad, así como del sentido que hoy puede adquirir el principio de la Revolución Francesa de la igualdad vuelto valor.

Algunos podrían señalar que la desigualdad está en el orden natural, o que la misma desigualdad es necesaria desde el punto de vista ético para coronar las diferencias de capacidades y esfuerzos, o también porque aseguraría una mayor eficiencia o crecimiento y una asignación más correcta de los recursos. (Longhi, 2002)

Es preciso distinguir aquí entre la constatación histórico-fáctica de la desigualdad, por una parte y su eventual carácter natural, necesario o deseable. También es oportuno preguntarse acerca de la correlación entre la competencia por la riqueza y la emulación social en lo que refiere a capacidades y esfuerzos, así como también cuestionar quién o qué es el beneficiario de aquella competencia. Parece dudoso que sea la pública felicidad tal beneficiaria y si puede sospecharse que el mecanismo de dura lucha meritocrática alimenta un proceso de aguda y desproporcionada concentración de la riqueza material en desmedro del interés general y del provecho específico de las amplias mayorías sociales desposeídas.

El ideal meritocrático se traduce en un ordenamiento jerárquico que reproduce las desigualdades que promete mitigar.

> Entre los ganadores, esto impacta en prácticas que corroen de forma directa el ideal y animan valores particularmente nocivos para la vida en sociedad. La suposición del merecimiento, incluso sobre sustentos cuestionables, alimenta la soberbia y el desprecio contra aquellos que por diferentes motivos no lo lograron. Más todavía, la pirámide del mérito es tan empinada y tan elitista que las diferencias entre escalón y escalón pueden ser lapidarias. Entre los que triunfan, la competencia feroz coadyuva, cuando no produce, una miríada de malestares psicológicos, desde la ansiedad hasta la depresión, que cunde en nuestro mundo. La desmesura de las expectativas y la desproporción de las exigencias castigan incluso a los ganadores de este juego. (Suárez, 2022)

El orden meritocrático y desigual premia de forma injustificada a unos pocos emergentes en menoscabo de las legítimas aspiraciones de las mayorías rezagadas. De esta forma, se distribuye el capital social de manera insostenible, en donde unos pocos encumbrados se hacen con porciones obscenas del producto económico social, sumiendo a cada vez más anchos sectores sociales en la menesterosidad. La sociedad opone a unos pocos triunfadores con inmensas masas de desposeídos perdedores. ¿Puede una sociedad y una cultura definirse a sí misma como exitosa y lograda con ingentes masas de perdedores de la dura lucha por la supervivencia?

> [...] a guarismos muy altos y sostenidos de la desigualdad, existirían serias dificultades de establecer y consolidar la solidaridad social, un sistema político estable, y de iniciar y mantener un proceso de desarrollo económico equilibrado y sostenido. (Longhi, 2002)

En contra de la desigualdad, entonces, pueden esgrimirse argumentos en pos de la solidaridad comunitaria: una sociedad relativamente más igualitaria es una sociedad más cohesionada, en donde proliferarían las disposiciones subjetivas volcadas a la cooperación y el concierto y en donde se mitigarían, de modo reciproco, los factores de tensión antagónica. También una sociedad más igualitaria constituiría un marco sensato de convivencia a resguardo de los principales fenómenos disruptivos de la coexistencia social. Por fin, en un marco de una sociedad más igualitaria podría observarse un desarrollo económico que alcanzara a las mayorías sociales y no sólo impulsara la prosperidad relativa de las elites.

Según parece, la evidencia muestra que estos argumentos en pos de la igualdad tienen sustento objetivo y comprobable (Wilkinson y Picket, 2009), aún en el marco del modo capitalista de producción: sociedades y economías más igualitarias verifican mejor funcionamiento social, económico y político que los casos en donde se observan agudas desigualdades, todo ello medido de manera rigurosa y comparable. Pero también es cierto que es preciso argumentar desde un punto de vista estrictamente ético acerca de la preferencia acerca de la igualdad como valor. Y quizá resulte una buena idea concebir la vindicación del valor de la igualdad como resistencia ética a la realidad de la desigualdad:

> La reivindicación de la ética de la igualdad como resistencia ética a las practicas sociales de la desigualdad adquiere un mayor significado cuando se trata de oponerse a las relaciones sociales que dominan las sociedades desarrolladas. Es un sólido punto de Arquímedes para combatir la insolidaridad inscrita en las formas económicas establecidas. Pues parecería que las exigencias de la economía al uso siguen reclamando el beneficio de los privilegiados y la subordinación de los trabajadores. (Gimbernat, 1989)

Una resistencia ética, como la aquí esbozada, implica combatir de modo militante una ética de la resignación ante las situaciones sociales tal como se las vive en la actualidad: se trata de una actitud contestataria y emancipadora. Apela a una lucha que tanto se libra contra la desigualdad imperante, así como con su correlato, quizá necesario u obligado, que es la insolidaridad. Asimismo, la vindicación por la igualdad involucra a la invocación a la justicia social como valor ético. Este deslizamiento argumental que defiende un valor mediante la reivindicación simultánea de otros valores supone una comprensión de universos axiológicos en donde un grupo de ciertos valores se contraponen activa y erísticamente (esto es, en forma de discusión antagónica o dialéctica) con otros. La opción axiológica por uno u otro de estos universos ideológicos responde a una clara y transparente asunción de toma de partido sociopolítico: o bien a favor de los privilegiados o bien en beneficio de las mayorías sociales.

En lo que toca de modo especifico a la condición situada del hombre, el correlato del valor de la igualdad lo constituye el valor ético habitable de la *adecuación*. Todo ser humano es igual en dignidad para contar con lugares adecuados para habitar. Esto comprende tanto su vivienda, así como el vecindario, la ciudad y todo aquel lugar que todo sujeto pueble con su presencia en cualquier circunstancia. El concepto de adecuación proviene del ajuste relacional entre las dimensiones humanas del lugar, así como sus prestaciones funcionales y simbólicas, con respecto a las solicitaciones habitables de cada sujeto. Una vivienda adecuada constituye una especificación concreta, exhaustiva y revisable de condiciones materiales, funcionales y simbólicas con las que se define de modo positivo el derecho humano a la vivienda.

Como valor, la adecuación siempre es contingente, relativa y revisable. Aquello que constituye un hábitat adecuado en ciertas condiciones socioeconómicas puede no serlo en otras. La adecuación es resultado de un ajuste relativo entre unas solicitaciones habitables de índole subjetiva y unas posibilidades técnicas y económicas producto de un determinado contexto, por lo que la evolución histórica conlleva necesariamente un ajuste incremental y progresivo en el devenir histórico. Finalmente, la adecuación no debe considerarse nunca una especificación explicita determinada, sino un horizonte, lo que no implica, de modo obligado, que el concepto resulte una mera expresión de lo deseable.

El valor de la adecuación debe instrumentarse, por lo menos hasta que se descubra un mejor procedimiento, en torno a la fijación explicita de estándares corrientes y conformes. Esto significa que no basta con fijar mínimos reglamentarios o legales, sino que debe elaborarse un estudio riguroso de carácter tipológico que apunte a la conformación de valores de adecuación contestes con las aspiraciones ordinarias de los sujetos y no ya con constricciones de la pura necesidad o urgencia decididas al modo tecnocrático. Un estándar corriente es un tipo o conjunto de tipos tenidos por aceptables por una cultura determinada en un contexto histórico dado. Por su parte, el carácter conforme lo determina la conformación rigurosa de especificaciones reunidas y estructuradas por un determinado estado del arte en la materia.

En suma, la adecuación pone dimensiones conformes a un hábitat al que, en el seno de una sociedad y una economía igualitarias, todos debemos tener derecho. A estos efectos, deben converger al menos dos procesos. El primero es de naturaleza redistributiva, según el cual, se garantice a todos el acceso a un hábitat adecuado, lo que supone trascender en gran medida los marcos usuales en las meras políticas sociales de vivienda, en beneficio de unas políticas aunadas de promoción social y desarrollo integral del hábitat. El segundo es de naturaleza socioeconómico estructural, que asegure una distribución progresivamente equilibrada de los ingresos y la riqueza, con lo que se apunta a la sostenibilidad histórica del proceso.

DIGNIDAD: ALTERNATIVA A LA SEGREGACIÓN SOCIOESPACIAL

A la idea de solidaridad le precede, históricamente, la noción de fraternidad, esto es, la consideración del prójimo como hermano, como semejante y afín. Esta idea, elevada a principio, fue vindicada por la Revolución Francesa, junto con la Libertad y la Igualdad. Alude al concepto ético por el cual nos asociamos de modo cordial y concertado con nuestros semejantes

> El valor solidaridad constituye una versión secularizada del valor fraternidad, que es el tercero de los que defendió la Revolución Francesa. La fraternidad exige en buena ley que todas las personas sean hijas del mismo Padre, idea difícil de defender sin un trasfondo religioso común. Por eso la fraternidad de origen religioso cristaliza, secularizada, en la solidaridad; uno de los valores más necesarios para acondicionar la existencia humana y que sea habitable, en la línea de lo que veníamos diciendo. (Cortina, 1997)

Aparte de una generalización por obra de la secularización, el valor ético de la solidaridad apunta a una elongación del sentido del carácter del semejante, que ya no es sólo el que me une un origen, empresa o interés común, sino que se extiende a todo integrante del género humano. El valor de la solidaridad aparece implicado por la pacifica coexistencia, con la concertada convivencia y con la cohabitación en el ámbito mundano. Como se verá más adelante, es factible argumentar, con cierto sustento antropológico, que este valor proviene de una entrañable condición de seres corporales situados.

> [...] con la solidaridad conviene llevar cuidado, ya que sólo es un valor moral cuando no es solidaridad grupal, sino solidaridad universal, es decir, cuando las personas actúan pensando, no sólo en el interés particular de los miembros de un grupo,

sino también de todos los afectados por las acciones que realiza el grupo. (Cortina, 1997)

La solidaridad, como valor ético, sólo puede ejercerse de modo legítimo cuando se obra en beneficio de las personas en su dignidad de tales. Y la dignidad constitucional de todas las personas radica en su especifica condición humana situada. La solidaridad, entonces, interesa particularmente a la Teoría del Habitar por su compromiso con el carácter situado, circunstanciado en lugares, de toda ocurrencia humana. Es así que la solidaridad puede reclamar para sí, no ya un carácter de principio a priori, sino de un valor constitucional ético deudor de un aspecto fundamental de la condición humana:

> [...] el teólogo brasileño Hugo Assmann hace una reflexión acerca de la ética solidaria, señalando la conexión entre "una sociedad donde quepan todos" y "la vida corporal de todos". Según Assmann, la fuente de criterios de esta ética solidaria es la "corporeidad". O, más precisamente, "la dignidad inviolable de la corporeidad". Él se apoya en algunas ideas del filósofo italiano Umberto Eco, para quien la nota distintiva de toda ética es la respuesta que damos a los requerimientos de otros sujetos, los cuales, desde la corporeidad que comparten con nosotros, nos interpelan elevando un clamor que exige nuestro apoyo y ayuda. (Molina Velásquez, 2008)

Es necesario subrayar que se trata de una corporeidad, tal como se afirma, pero que además se especifica de modo concreto como una corporeidad situada y circunstanciada por la condición de suyo social del ser humano. Somo seres corporales —dignos de un especial respeto y consideración por ello—, concretamente situados —dignos también de un especial respeto y consideración por tal condición— y circunstanciados, esto es, puestos en nuestro lugar por la presencia del Otro. Al respecto, es oportuno detenerse en la caracterización que realiza Umberto Eco del fundamento corporal de la propia ética:

> Somos animales de postura erguida, por lo que resulta fatigoso permanecer mucho tiempo cabeza abajo y por tanto, tenemos una noción común de "arriba" y de "abajo", tendiendo a privilegiar lo primero sobre lo segundo. De la misma manera, tenemos nociones de una derecha y de una izquierda, del estar parados o del andar, del estar erguidos o tumbados, del arrastrarse o del saltar, de la vigilia y del sueño. Como poseemos extremidades, todos sabemos lo que significa golpear una materia resistente, penetrar una substancia blanda o líquida, machacar, tamborilear, batir, patear, quizá incluso danzar. La lista podría seguirse sin fin, pues abarca el ver, el oír, comer o beber, ingerir o expeler. Y ciertamente cada hombre tiene nociones de lo que significa percibir, recordar, experimentar deseo, miedo, tristeza o alivio, placer o dolor, y emitir sonidos que expresen estos sentimientos. Por lo tanto (y se entra ya en la esfera del derecho), se tienen concepciones universales sobre la constricción: no se desea que alguien nos impida hablar, ver, escuchar, dormir, ingerir o expeler, ir adonde se nos antoje; sufrimos si alguien nos ata o nos obliga a la segregación, nos golpea, hiere o mata, nos somete a torturas físicas o psíquicas que disminuyen o anulan nuestra capacidad de pensar. (Eco, 1997/2010)

De estas consideraciones se desprendería nada menos que la necesidad insoslayable de una ética. Es como seres de tal peculiar condición que la ética misma se nos vuelve obligada: la experiencia universal de la corporalidad situada y asediada por la presencia del Otro. Toda vez que hacemos presencia y población en nuestro lugar, nuestro vecino, nuestro semejante, porque puede combatirnos y constreñirnos, también puede, al mismo tiempo, ser nuestro cómplice en la tarea de hacernos un mundo a la medida de nuestra existencia.

La ética es necesaria porque somos seres finitos, no porque seamos egoístas o "malos". No hay cabida entonces para la "ilusión trascendental" de signo contrario que encontramos en los neoliberales, quienes, basándose en los dogmas acerca del "punto de equilibrio" que se obtiene mediante la competencia perfecta, se oponen sistemáticamente a toda intervención de la sociedad en las "operaciones" del mercado-aparato. Aquí nos volvemos a encontrar con las falacias de la modernidad: las creencias ciegas en proyectos trascendentales disfrazados de construcciones empíricas, mediante los cuales se pretendería dejar el rumbo de la política y de la economía en manos de mecanismos automáticos. (Molina Velásquez, 2008)

Es especialmente oportuna esta mención al aparato del mercado. Precisamente allí donde es necesaria la ética es el lugar propio en que habitan los seres humanos, sujetos que bien pueden, incluso, llegar a creer que un mecanismo ciego y radicalmente extra-ético puede acaso sustituir los desvelos de la solidaridad. Puesto que no sería muy defendible una ética de suyo insolidaria, concebir un mecanismo que sí lo sea, de modo involuntario, eficiente e implacable, supone una abdicación de la propia ética como opción.

Vistas de tal modo las cosas, puede aparecer llamativo que aquellos que se maravillan con la presunta racionalidad insolidaria de los mecanismos del mercado presenten su opción en términos de realismo, cuando en el fondo, el fenómeno no puede entenderse sino como una resignada y culposa renuncia ética:

> Se vuelve imperativo construir una nueva idea del realismo, como condición para cualquier proyecto con pretensiones de ser alternativo. Debe ser un realismo moral que se base en la subjetividad trascendental, en el reconocimiento entre sujetos que se reconocen en la convivencia. Pero, como lo veíamos

antes, es realismo que surge de una apuesta, de una opción por la vida. (Molina Velásquez, 2008)

Por cierto, es necesario vindicar el realismo humanista de un mundo y una economía regidas por una ética solidaria en su sentido más profundo: como seres humanos existimos, lo que implica que forjamos, de modo inevitable, de modo activo y consciente las circunstancias que habitamos. Si dejamos que mecanismos ciegos e intrínsecamente insolidarios como el mecanismo del mercado terminen por prevalecer, no sólo estamos realizando una resignada opción por el poder económico hoy instituido, sino que, al mismo tiempo, estamos cometiendo una renuncia a la ética como posibilidad normativa. En definitiva, toda opción por una ética solidaria no puede tener otro carácter que el de una empecinada actitud militante.

En lo que refiere a la habitación, el mercado inmobiliario promueve, de modo activo y ensañado, una rigurosa segregación socioespacial: cada sujeto tiende a ocupar el emplazamiento al que accede con sus ingresos y según mecanismos que aseguran una desarticulación social del tejido urbano en un mosaico socio residencial. Así, la mano invisible del mercado pone a las personas en el lugar que cada cual pueda permitirse, en vecindarios en donde se recluyen los asemejados por su nivel de ingreso, constituyendo enclaves relativamente exclusores de personas y familias relativamente menos pudientes. Así, los desheredados van a dar, por fuerza, a los guetos urbanos, donde se los recluye, asediados por la represión policial y el miedo. La ciudad del capitalismo tardío es una urbanización excluyente e insolidaria: su mecanismo más contundente es la segregación y el relegamiento que le sigue.

En esta urbanización desarticulada tenemos barrios acomodados para gente correspondientemente pudiente y barrios carenciados para la población empobrecida: una misma ciudad puede contener en su perímetro poblado realidades sociales y urbanas profunda e hirientemente diferenciadas. No es necesario que los privilegiados ejerzan un poder económico y político asistidos por una ética insolidaria manifiesta: de esto se ocupa, silencioso, el propio mercado inmobiliario, mediante la expeditiva ley del valor del suelo y de la explotación de su renta. La ciudad, dejada en manos del mercado inmobiliario, distribuye atroz las distintas cuotas de la dignidad en la habitación urbana.

Es el hecho hiriente de la segregación insolidaria lo que desencadena la emergencia de una exigencia ética en pos de asegurar, para todos, un hábitat digno. Para todos ha de haber lugar, habitado en común. Para todos ha de asegurarse una cohabitación condigna con la propia constitución de urbanitas. Para todos ha de asegurarse una coexistencia en donde cada uno encuentre la esfera propia para poblar y el laberinto particular para desarrollar su propia vida como acaecer. Un hábitat digno sólo puede emerger de una arquitectura y un urbanismo éticos y de suyo solidarios, que opere en oposición moral a las artimañas del mercado.

Una arquitectura y un urbanismo éticos deben luchar por proliferar la dignidad en el habitar social: no pueden conformarse con dar forma a los mecanismos de segregación socioespacial que el mercado inmobiliario inflige en las ciudades. Hay un imperativo ético que comprende no sólo el ejercicio profesional, sino que también involucra a la movilización social general en torno al valor ético de la solidaridad y la defensa que el valor de la dignidad tiene cuando afecta la habitación social. Esto supone un compromiso especifico que apela al examen ético tanto de la conducta profesional como al comportamiento político ciudadano.

DECORO: ALTERNATIVA A LA DEPRIVACIÓN ESTÉTICA

La libertad, como valor ético, constituye una idea compleja, de la que Adela Cortina opta por enumerar tres concepciones principales, a saber: la que la entiende como plena participación política y pública, la que la considera a título de independencia y, por último, la que la asocia a la noción de autonomía (Cortina, 1997). Según Benjamin Constant la "libertad de los antiguos" griegos es la participación de los ciudadanos en los asuntos públicos de la democracia ateniense, de la que, por cierto, estaban privados las mujeres, los extranjeros, los niños y los esclavos. Por otra parte, según el mismo autor, la "libertad los modernos" difundida como idea en los siglos XVI y XVII, se predica como independencia de los individuos con respecto a la autoridad política o religiosa. *"Ahora bien, entender por 'libertad' exclusivamente este tipo de independencia da lugar a un individualismo egoísta, de individuos cerrados sobre sus propios intereses"* (Cortina, 1997). Esta idea de la libertad se suele caracterizar como "libertad negativa" por concebirse a costa del imperio del Poder político en beneficio del sujeto individual. Con esta concepción se desarrolla el problema de su preceptiva universalización por medio de la solidaridad, puesto que la libertad individual de sujetos desiguales sólo puede implicar un privilegio de un sector social poderoso en detrimento de los débiles. Por su parte, en el siglo XVII, se forja una tercera concepción de la libertad como autonomía, esto es, la capacidad de darse sus propias normas, reglas y leyes. Esta asunción debe entenderse, de modo éticamente prudente acerca de los mecanismos éticos, políticos y jurídicos para asegurar que el ejercicio de la libertad en este sentido no vulnera los derechos del propio cuerpo social. En palabras de Adela Cortina:

> Ser libre entonces exige saber detectar qué humaniza y qué no, como también aprender a incorporarlo en la vida cotidiana,

creándose una auténtica personalidad. Y precisamente porque se trata de leyes comunes a todos los seres humanos, la cuestión es aquí universalizarlas, a diferencia de lo que podría ocurrir con un individualismo egoísta. ¿cómo anda de valorada esta idea de libertad? (Cortina, 1997)

Todo parece indicar que la libertad, como valor, adquiere su peculiar papel axiológico en tanto suponga una remisión recíproca con los valores de la igualdad y la solidaridad. Aparte de ello, también puede intuirse que reviste un carácter de consumación ética: en definitiva, la propia ética sólo puede adquirir su sentido pleno cuando se consigue una efectiva emancipación de las personas por todo lo alto, es decir, cuando liberadas, al fin, de todas las constricciones de la desigualdad y la insolidaridad, consiguen afrontar su entrañable y cabal condición humana. A esto se debería la complejidad de abordar de forma unilateral y a título de principio a priori, de la libertad sin contar con un adecuado marco de condiciones sociales, materiales y simbólicas, que la amparen a todos por igual y en su conjunto.

> La libertad como autonomía no es fácil, exige cultivo y aprendizaje, y merece la pena realizar uno y otro, porque es uno de nuestros más preciados valores. A mayor abundamiento, la autonomía sí puede universalizarse, siempre que se practique la solidaridad. (Cortina, 1997)

Es que el valor de la libertad aparece ya como condición preceptiva para el propio sentido de lo ético. No podemos concebir siquiera el discurrir ético más elemental, sino en el seno de la conciencia moral de un sujeto libre:

> Al parecer, no puede haber un planteamiento de la ética que prescinda de un planteamiento de la libertad, no sólo como condición primera sino como condición constante, como con-

dición absoluta de posibilidad. Esta es ya una primera tesis. Utilizando un concepto deleuziano, la libertad es la intensidad de la ética, su afección más determinante; lo que significa, entonces, que debemos comprenderlas conformando un solo sentido: como autodeterminación. Este principio ha estado presente en la tradición de la filosofía práctica. Desde Aristóteles a Kant, tanto la ética como la libertad son entendidas en una relación indisoluble, incluso, la concepción más extensiva de la *epiméléia* suscitada por Foucault contiene ese mismo principio: el cuidado de si (*épiméleia heautou*) es análogo al conocimiento de si (*gnothi seautó*) y al gobierno de sí (*autarkeia*), esto es, *gouvernement*. La ética para este autor es "práctica reflexiva de la libertad" (Castellanos Meneses, 2010)

Hay en la libertad un desempeño que vuelve realizable la reflexión ética, a pesar de no constituir, por ello, un principio, sino, en todo caso, una consecución. En efecto, si bien constituye una condición necesaria al sentido de la empresa ética, sólo se verifica mediante el cultivo y aprendizaje, así como con la forja de las condiciones sociales que confieren posibilidad a la libertad en un marco de valores éticos que la vuelven posible y realizable. La libertad que podemos conquistar como sujetos siempre tiene una referencia relativa en los límites con que la realidad social nos rodea.

En el discurrir ético opera un mecanismo que desarrolla el contenido moral de la acción y, en forma correspondiente, la reflexión, que conduce a la libertad a alcanzar sus propios confines, esto es, la potencia ética de la libertad avanza hacia la consecución de su forma concreta, en el contexto de la realidad social en que consigue tener lugar.

> [...] la libertad siempre lo es con respecto a límites, y la ética, como práctica reflexiva de la libertad, es una práctica reflexiva sobre los límites. Ya, de hecho, la autodeterminación es un

límite; el sujeto o el "yo" mismo es el límite de sus deseos, de sus acciones y de sus propósitos. Pero también porque establece una diferencia con los limites externos, los límites de otros o propuestos por otros —de sus deseos o de sus razones—; en ese sentido, tampoco lo sería sin más, en absoluto, sino que su posibilidad lo es siempre con relación a lo que la limita. (Castellanos Meneses, 2010)

En consecuencia del obrar de tal mecanismo, el desenvolvimiento del valor ético de la libertad tiene tanto una expresión intrínsecamente ética, así como una voluntad de forma manifiesta que también ofrece un flanco estético determinado. El sujeto ético se autoconstruye en una autonomía siempre relativa, situado en un contexto social, político y económico determinados y el ejercicio efectivo de su realización emerge como fenómeno perceptible en su decoro.

David Hernández Castro ha realizado un análisis hermenéutico en torno al concepto de decoro en Aristóteles. Luego de prolijas consideraciones, opta por traducir —e interpretar— en la *Ética Eudemia* el siguiente fragmento:

> El decoro es un estado intermedio entre la grosería y la obsequiosidad. Aquel que vive desdeñoso, sin ninguna inclinación hacia otro, es grosero; el que en todo hace caso a los demás y es inferior a todos es obsequioso, y el que guarda esta manera de ser en unos casos pero no en otros, y respecto a los que lo merecen, es decoroso. (Aristóteles, en Hernández Castro, 2019)

Por lo general, los diversos traductores del Estagirita vierten el término dignidad allí donde ocurre el vocablo griego *semnótes*, voz que David Hernández Castro prefiere traducir, con abundantes razones, como decoro. Con ello se destaca que los términos, en el terreno ético, son bastante afines en su significación. Pero mientras que la dignidad es predicable de cada persona en sí, el decoro, como anota nuestro autor, es relacional, esto es, se aplica entre los sujetos y sus respectivos tratamientos y consideraciones. En todo caso, el decoro constituye la manifestación perceptible de la autoconstrucción del sujeto.

> El hallazgo de lo que podríamos describir como una ética del decoro en Aristóteles tiene varias implicaciones importantes. Por un lado, que la virtud, para el estagirita, no se presenta desnuda, sino que lo hace revestida de una manera particular de manifestarse. Para ser magnánimo no basta solo con dejarse preocupar únicamente por las cosas importantes. Hay que saber cuál es la manera adecuada de mostrar esta preocupación a los demás. En ocasiones, el magnánimo deberá exhibir su interés. En otras, su desdén. Pero será el decoro lo que le disponga de una manera o de otra, según requiera la situación o la persona. El decoro, por decirlo gráficamente, es la etiqueta de la virtud, y muy especialmente, de una de las virtudes más caras para Aristóteles: la magnanimidad. (Hernández Castro, 2019)

El decoro, como valor ético y para esta asunción, manifiesta la magnitud de la benevolencia conseguida, la consumación de la autoconstrucción de la persona, la expresión perceptible por los demás de su intrínseca dignidad como miembro de una comunidad. El decoro aparece construido como un razonable término medio entre la arrogancia del privilegiado por la fortuna y la miseria del menesteroso. En virtud de esto, el decoro, como expresión situacional, es un valor trascendente del habitar humano: aquellos lugares que poblamos deben resultarnos decorosos toda vez que resultan la expresión perceptible de nuestra dignidad y autonomía. Y el decoro generalizado es una expresión estética de una sociedad de iguales, solidarios y libres, capaces de construir, de modo concertado, un hábitat integrado y armónico.

Como noción estética, el *decorum* de los romanos se oponía —y complementaba— a la simetría o belleza universal. "*El decorum [...] era una noción decididamente antiplatónica, socrática, era sinónimo de lo conveniente, lo adecuado, lo apto*" (Abad Doménech y Bueno Camejo, 2001). La noción vitruviana de decoro recogía las consideraciones al respecto de Cicerón:

> El *decorum* ciceroniano toma como punto de partida lo que los griegos llamaban "πρέπον",es decir, "lo conveniente" ,y está referido a dos aspectos: el primero, la habilidad del orador para determinar cuál es el estilo apropiado para la declamación de un discurso en situaciones particulares; y el segundo, una de las cuatro virtudes cardinales, la que se ocupa del "orden y medida en cuanto se hace y se dice", a partir de un principio de nuestra naturaleza racional que es capaz de percibir "el orden, lo conveniente y la medida en los hechos y en las palabras" . En este último sentido, el decoro implica "el comedimiento, y cierto ornato de la vida, la templanza y la moderación, así como la calma de todas las perturbaciones del ánimo y la justa medida en todas las cosas". (Hernández Castro, 2019)

El decoro, entonces, hace mención a una compostura perceptible en las cosas que rodean al sujeto, conformando un marco conveniente de presentación de su dignidad. En este sentido, el valor de un hábitat decoroso radica en volver perceptible y verificable un orden social en el que cada sujeto ha podido autoconstruirse con la autonomía y dignidad que le sirven de referencia. Así, el decoro no debe soslayarse en ninguna circunstancia en cada instancia en donde se intervenga en la habitación de las mayorías sociales hoy postergadas. Este valor ético del habitar no puede situarse allá en el horizonte de la utopía, sino que debe informar a las políticas públicas de la habitación social. Porque no podemos seguir infligiendo a la población humilde las afrentas infamantes de la deprivación estética.

Porque sólo con decoro podemos afrontar a nuestros semejantes como seres efectivamente libres, tan autónomos como lo permitan los órdenes sociales que podamos autoasignarnos.

EXAMEN ÉTICO DE LA CONDUCTA HABITABLE

En las líneas que anteceden ha quedado de manifiesto la especial vigencia de los valores de igualdad, solidaridad y libertad, entendidos como constructos históricos discutibles y revisables:

> [...] la historicidad del contenido de los valores morales ha despertado frecuentemente la sospecha de que su valía es relativa a las distintas épocas históricas y a las diferentes culturas, de suerte que cada una de ellas ha entendido por libertad, justicia o solidaridad cosas bien distinta. De donde parece que deba concluirse que nada puede afirmarse universalmente a cuento de los valores, sino que es preciso atenerse a cada una de las épocas para ver qué es lo que realmente vale en ellas. Sin embargo, una afirmación semejante no es correcta. Ciertamente, hay una evolución en el contenido de los valores morales, pero una evolución que implica un progreso en el modo de percibirlos, de suerte que en las etapas posteriores entendemos cómo los han percibido en las anteriores, pero no estamos ya de acuerdo con ellas porque nos parece insuficiente. (Cortina, 1997)

Precisamente porque se trata de valores históricamente construidos es que la vigencia de sus contenidos debe verificarse día tras día. Por ello, es tarea cotidiana revisar y someter a crítica constante unos valores que evolucionan de modo progresivo según avanza la conciencia social de la humanidad.

Reconocido esto, también es de rigor consignar que suponen un agrupamiento armonioso y estructurado, en donde casi no es posible esbozar el semblante de un valor si no es en referencia obligada a los otros. Igualdad, solidaridad y libertad constituyen una red axiológica de especial trascendencia para el discurrir ético.

También estas líneas han avanzado en la tentativa de asociar de modo argumentado los valores éticos fundamentales con su correspondiente red axiológica en lo que refiere a la condición habitable. Así, a la igualdad genérica le corresponde la adecuación en el hábitat, a la solidaridad se le refiere la dignidad habitable y, por fin, a la libertad le concierne el decoro. Esta operación resulta importante para formular el derecho humano a habitar: tenemos derecho a habitar lugares adecuados a nuestros requerimientos particulares, condignos de nuestra condición de ciudadanos y decorosos en su plena integración en el hábitat social.

Ya sabemos que los seres humanos habitan, todos habitan y habitan siempre y en cualquier circunstancia. Pero, en el marco de un habitar ético, es humanamente obligado habitar bien, como preconizara ya Aristóteles en su oportunidad. Porque radica en nuestra propia condición humana situada el imperativo ético de realizar nuestra existencia en la tierra según aquel valor que sólo a través del umbral del deseo podemos vislumbrar.

Dimensiones políticas del habitar

Pero ¿de dónde procede la escasez de vivienda? ¿Como ha nacido?
FRIEDRICH ENGELS

LA CUESTIÓN SOCIAL Y EL HABITAR

Se puede afirmar con seguridad que las dimensiones políticas del habitar tienen origen en la denominada "cuestión social". En efecto, para ingentes mayorías sociales hacerse un lugar para si supone un conflicto arduo: la ciudad capitalista no tiene lugar decente para todos, apenas si dispone de una distribución desigual de conforts y virtudes ambientales, así como confiere accesos diferenciados a sus servicios. Para los sectores populares, la consecución de lugares adecuados, dignos y decorosos para morar y desarrollar su vida resulta un desafío que no consiguen resolver con satisfacción. En la ciudad capitalista, aún en su fase tardía de desarrollo, proliferan las inequidades, la insolidaridad y el retaceo infamante de libertades urbanitas. Esta "cuestión social" tiene la edad de la propia ciudad capitalista.

La "cuestión social" no es otra cosa que expresiones del proceso de formación y desarrollo de la clase obrera y de su ingreso en el escenario político de la sociedad, exigiendo su reconocimiento como clase por parte del empresariado y del Estado. Es la manifestación, en el cotidiano de la vida social, de la contradicción entre el proletariado y la burguesía, la cual pasa a exigir otros tipos de intervención, más allá de la caridad y represión. El Estado pasa a intervenir directamente en las relaciones entre el empresariado y las clases trabajadoras, estableciendo no sólo una reglamentación jurídica del mercado de trabajo, a través de legislación social y laboral específicas, sino también participando en la organización y prestación de los servicios sociales, como un nuevo tipo de enfrentamiento de la "cuestión social". (Iamamoto, 1992)

Esta cuestión social tiene una expresión muy concreta en lo que refiere a la habitación popular. Las fuerzas sociales y económicas que dieron paso al modo capitalista se aplicaron a desarrollar a su modo pujante los aspectos específicamente productivos, dando lugar al desenvolvimiento técnico y empresario del industrialismo. Pero, a la vez, soslayaron los aspectos reproductivos, esto es, aspectos tales como el alojamiento, la salud o el bienestar de los amplios contingentes obreros que acudieron hacia los centros productivos. *"Producida la primera Revolución industrial (1790-1850) aparece el problema de la vivienda, fundamentalmente como escasez de alojamiento para las masas trabajadoras y como un asunto de insalubridad producto de las degradadas condiciones en que vivían, lo que constituía verdaderos focos de epidemias que se expandían por toda la ciudad."* (Lentini, 2008)

Las insuficiencias sociales y urbanísticas de la ciudad de la primera industrialización fueron entendidas, bajo un enfoque higienista, como un problema de la vivienda obrera, asumido como una falta de suministro efectivo de alojamiento popular, asequible y salubre. En una economía librada por completo a las determinaciones del mercado, con un Estado prescindente en la materia, las soluciones habitacionales fueron siempre cuantitativamente deficitarias en los casos de iniciativas empresarias o filantrópicas, y cualitativamente carentes en los casos de la especulación con los alojamientos populares, tales como las casas de inquilinato.

Pero a la vez, desde un enfoque científico social, ya Friedrich Engels señalaba, con ejemplar claridad, el papel que desempeñaba el propio modo capitalista de producción en el denominado problema de la vivienda: *"No es la solución de la cuestión de la vivienda lo que resuelve al mismo tiempo la cuestión social, sino que es la solución de la cuestión social, es decir, la abolición del modo de producción capitalista, lo que hace posible la solución del problema de la vivienda."* (Engels, 1873/2022) Con esto, nuestro autor daría la tónica general de un enfoque, que, con matices, sigue inspirando a gran parte de quienes se aplican a considerar la cuestión social habitacional.

Con el tiempo y la sucesión de crisis de funcionamiento del modelo capitalista de producción, el Estado fue adquiriendo un papel relativamente más participativo. *"El Estado benefactor fue producto de la crisis del capitalismo de los años treinta, después de la cual distintas sociedades promovieron un cambio en el rol del Estado al que dieron una respuesta común de carácter estatista."* (Lentini, 2008). Se optó entonces por un enfoque caracterizado por su centralidad publica y su especificidad sectorial. El Estado benefactor desarrolló de distintas maneras unas políticas de promoción pública de viviendas populares, especificadas bajo la denominación técnica de "vivienda de interés social". Fue el tiempo de los primeros conjuntos habitacionales de viviendas, agrupamientos de bloques de vivienda estandarizados, austeros y racionalizados en su producción. La intención política fue mitigar las contradicciones sociales y señalar, al menos en una siempre insuficiente cuantía de casos que la promoción pública de viviendas pudiera, en algún momento, abatir el déficit habitacional acumulado.

En el terreno de las acciones efectivamente implementadas por los países de América Latina, este enfoque trató de extender el negocio de la vivienda para los sectores medios a un nuevo mercado: el de los más pobres. En relación con los estándares habitacionales alcanzados, su efecto fue ambiguo: por una parte, ciertamente los rebajó para que alcanzara a llegar a los pobres pero, por otra, de forma rígida trasladó estándares convencionales propios de la clase media a las políticas de vivienda social. (Lentini, 2008)

El concepto de vivienda de interés social implico la especificación de estándares mínimos reglamentarios, prestaciones funcionales de adecuación y especificaciones constructivas que conciliaran el esfuerzo promotor público con los requerimientos sociales interpretados y prescritos por una élite tecnocrática. *"La Vivienda de Interés Social es aquella que dentro de las normas esenciales de habitabilidad se construye a coste mínimo, con el propósito deponerla a disposición de las familias de escasos ingresos y dentro de su alcance"* (Risso y Boronat, 1992). Esta definición afecta una especificación dada del producto de la promoción pública, señala claramente una limitación presupuestaria a priori y selecciona la población objetivo, todo desde la perspectiva del poder político.

Como alternativa al enfoque centralizado, se desarrolla la asunción conceptual y metodológica del arquitecto inglés John Turner:

> La defensa de una arquitectura participativa, de un modelo autónomo de producción del hábitat residencial de los sectores más pobres (redes o sistemas locales autogobernados) frente al modelo heterónomo dominante (estructuras centralizadas y jerárquicas de decisión) y la vivienda como un proceso activo, capaz de capitalizar la sinergia de estos grupos, se convirtieron en las premisas básicas del pensamiento de Turner. (Lentini, 2008)

Estos lineamientos, con ciertas matizaciones, inspiraron la movilización social especifica en torno a la denominada Producción Social del Hábitat, lo que implicó una vasta proliferación de experiencias. Este modo de producción inspiró particularmente a los actores sociales movilizados a asumir un papel protagónico en la concepción, construcción y mantenimiento de las edificaciones: de usuarios pasivos pasan a ser, con evidentes ventajas en la gestión, habitantes capaces de forjar proyectos colectivos, ahondar en las operaciones de asentamiento y solidarizarse mutuamente y con respecto a los semejantes en torno a la tarea acuciante de ya no sólo construir las unidades de vivienda, sino de realizar instancias coherentes en el hábitat.

La producción social del hábitat hace caudal de las modalidades de autoconstrucción y autogestión llevadas a cabo por los sectores de menores ingresos, en el contexto de la ciudad contemporánea, en donde se advierte y padece una aguda brecha entre las características del modo capitalista de producción de viviendas con respecto a las demandas sociales de vivienda y hábitat. Con la producción social del hábitat se aspira a que la toma de decisiones con respecto al proceso productivo del hábitat se conserve en manos de sus promotores a título de habitantes (Di Virgilio y Rodríguez, 2013). A diferencia de los modos individuales de autoconstrucción, que por lo general yerran en la oportunidad del asentamiento, ocupando solares inconvenientes y en la realización, frecuente, de infraviviendas, la producción social del hábitat constituye un movimiento colectivo organizado, asesorado profesionalmente y capaz de potenciar su proyección no ya a la mera provisión de viviendas, sino que impulsa, desde abajo, una gestión que reivindica al hábitat popular y la propia ciudad.

Mientras que, desde el llano social se promueven, con diversa suerte, diversas modalidades de producción social del hábitat, desde las alturas del poder se pasa, en los últimos tiempos, a un enfoque facilitador:

El enfoque facilitador está vinculado con la crisis que, a partir de la década de los setenta, sobrevino al modelo capitalista de industrialización y al fordismo como última etapa de desarrollo de dicho modelo. Se produjo, entonces, una reestructuración de la organización de la producción a escala mundial. Los pilares que dominaron la lógica fordista -mercados masivos, productos estandarizados y el aprovechamiento de las economías de escala tradicionales- se caen y los reemplaza el modelo japonés de acumulación flexible, también conocido como paradigma postfordista. (Lentini, 2008)

Con este enfoque se producen agudas crisis: en la concepción del Estado benefactor, en el protagonismo público en la promoción y producción de viviendas, en el sistema financiero hipotecario, en los conceptos de conjunto habitacional y de vivienda de interés social y en la manera en que se imponía a la población el carácter sojuzgado de usuario (Lentini, 2008). La acción política se disemina en variedad de instrumentos, que se quieren de acción convergente, para que el sector privado, las instituciones públicas y los sectores sociales interactúen de distintos modos para ir descubriendo alternativas. De modo aún incipiente, se comienza a avizorar en el horizonte político una cierta superación de las políticas sectoriales de vivienda en beneficio de una concepción más integrada del hábitat, que se proyecta en —y hacia— la ciudad.

Es que recién ahora está emergiendo la idea que replantea la cuestión social en referencia a la ciudad capitalista misma:

Es decir, la nota distintiva de esta perspectiva es el reconocimiento del rol productivo de las ciudades en el ámbito global y la necesidad de articular las políticas sectoriales en un enfoque integrador del hábitat, a fin de mejorar la competitividad de aquéllas. El lema ya no es construir viviendas, sino *hacer ciudades*. (Lentini, 2008)

Más allá de los procedimientos y medidas políticas concretas que se discute aplicar, ahora se tiende a pensar en la ciudad como el dispositivo para afrontar la habitación social, no ya sólo del aseguramiento relativo de un alojamiento higiénico y digno para los sectores populares. El histórico "problema de la vivienda obrera" se transforma en la construcción social de una ciudad como escenario de un hábitat integrado. En cierta forma, la idea más reciente que da cuenta de un modo novedoso de afrontar la cuestión social habitacional es el concepto de inclusividad.

> Se ha simbolizado a la inclusividad como un equilibrio entre la participación de los sectores público, privado y de la sociedad civil (UN-Hábitat, 2006c: 3). De la exclusión al compromiso es el principal acuerdo para atender las necesidades de los pobres y otros grupos vulnerables urbanos, y supone la voluntad de comprometer a todos los actores urbanos en la conducción de los procesos de renovación urbana y alivio de la pobreza e implica un cambio de actitud en los gobiernos que va más allá de la participación y apunta hacia conceptos como inclusividad, empoderamiento y compromiso activo de los ciudadanos urbanos. (Lentini, 2008)

La cuestión social habitacional, de este modo, recién comienza por reconocer el papel que le cabe a la propia ciudad capitalista en los fenómenos de segregación socioespacial, desigual distribución de los emplazamientos y arrinconamiento de los sectores más desfavorecidos. No obstante, apenas se trata de un barrunto, una noción que es preciso ahondar en sentido y significación: la inclusividad apenas asoma como alternativa en un estadio del desarrollo capitalista en donde se exacerban los fenómenos mencionados. Por ello, quizá sea buena idea desandar críticamente los caminos que se han recorrido históricamente hasta dar con esta sospecha. Es hora de examinar con cierto detenimiento los alcances y limitaciones de las políticas sociales de vivienda.

ALCANCES Y LIMITACIONES DE LAS POLÍTICAS SOCIALES DEL HABITAR

Por lo general, las políticas públicas de vivienda suelen ser entendidas como políticas sociales. Sin embargo, no se discute a fondo qué alcances y qué limitaciones tiene, de suyo, una política social de vivienda. El sentido común dominante entiende que, dado que existen desigualdades sociales, el mercado inmobiliario no alcanza a ofrecer soluciones asequibles a los sectores sociales más modestos. Esta situación define un problema aparentemente bien definido que una política pública debe afrontar de algún modo, consiguiendo que una población beneficiaria acceda a su reconocido derecho a una vivienda adecuada y decorosa. Se entiende que hay, entonces, una política social de vivienda cuando se le asegura, a ciertos sectores sociales, una "solución habitacional" factible.

Una política de vivienda se caracteriza como política social cuando se aplique de manera específica a un predefinido "problema de la vivienda obrera o popular". Tal política se sitúa de manera complementaria o alternativa a la acción del mercado inmobiliario, dado que, en la ciudad moderna, la vivienda constituye una mercancía onerosa. Estas condiciones ilustran tanto la acción filantrópica o empresaria de ciertos agentes privados, así como al propio Estado. Después de la Segunda Guerra Mundial, la vivienda, en el marco de los denominados derechos económicos, sociales y culturales, tendría una mención específica.

Puede definirse entonces que una política social de vivienda afronta, en la actualidad, el compromiso público con la consecución de un derecho humano, que tiene un alcance definido por su focalización en la vivienda "económica" o "de interés social" destinada a unos "beneficiarios" caracterizados por sus insuficientes ingresos para acceder a "soluciones habitacionales" ofrecidas por el mercado.

> De acuerdo con Marshall si el derecho social amortigua la asimetría o desigualdad social, entonces, el grado de igualdad que aportaría la política social, depende de: [...] si el subsidio se ofrece a todos o a una clase limitada; de si tiene la forma de un pago en efectivo o de un servicio; si el mínimo es alto o bajo; y de cuál sea la forma de financiación del subsidio" (1949: 327). Esto conlleva, en nuestro objeto de estudio, una desagregación a priori de los grupos sociales, donde la capacidad de los ingresos familiares condiciona el acceso por propios medios. El bien debe ser subsidiado porque las familias no pueden ahorrar ni transar en modo alguno con el mercado ni con el Estado en líneas de préstamo hipotecario. La vivienda social es comprendida como un tipo de bien que necesita ser regulado/distribuido por las características que reúnen los grupos que son objeto de una atención especial por el Estado. Tiende a ser una política focalizada y en este caso "social" define a un tipo de vivienda y clasifica a un beneficiario en particular. (Magri, 2015)

Una política social de vivienda, en suma, tiene unos alcances bien definidos tanto así como limitaciones. Una política social de vivienda parte del supuesto que es posible, justo y oportuno distinguir entre los sectores sociales solventes y los carenciados para afrontar, como problema social y político a resolver, la promoción y distribución pública de soluciones habitacionales modestas especialmente destinadas a sectores depauperados. El resultado político *esperado* es, en todo caso, una compensación pública de una situación socioeconómica de desigualdad, que amortigua, sin extinguirlas, las contradicciones sociales a este respecto. Pero también es constatable que el resultado político *efectivamente conseguido* es, en todo caso, una cobertura crónicamente insuficiente de demandas sociales que no cesan de reproducirse.

Las políticas sociales de vivienda deben ser examinadas de un modo critico en su relación con la producción del hábitat popular. La pronunciada focalización de tales políticas las vuelve estrechas de miras y aún contradictorias en sus resultantes socio habitacionales. Hay que reparar que la promoción y producción públicas del hábitat popular se yuxtapone con el desarrollo urbano de la ciudad en su conjunto. La misma existencia de una producción pública del hábitat social, en las actuales condiciones sociales y económicas de desigualdad se traduce, en no pocos casos, en fenómenos de segregación social en una ciudad que se desarrolla como un mosaico fragmentado.

La política social de vivienda puede focalizar tanto su destino que la vivienda se vea reducida, como concepto, a apenas un satisfactor de una demanda material: cuatro paredes y un techo, si se reduce por sinécdoque. Pero en la realidad social, la demanda humana es la de moradas, esto es, lugares desde donde partir para componer todo un hábitat articulado en la ciudad. Una morada traspasa los muros de una vivienda y los contornos de su predio para difundirse en su vecindario y en su barrio. Una política social de vivienda es de muy cortas miras si no tiene en cuenta su compromiso con la producción consecuente, integral y articulada del hábitat popular.

> El hábitat popular es concebido como un fenómeno que se produce como resultado de las relaciones entre espacio social-hábitat y territorio. Es decir, es un producto de cómo estos tres elementos interactúan en una determinada sociedad, en un determinado tiempo. Si estamos frente una sociedad occidental capitalista, el hábitat popular existe en tanto existan relaciones de fuerzas asimétricas entre la configuración del espacio social habitable en un determinado territorio. Por lo tanto, no

en todas las sociedades capitalistas existe necesariamente el hábitat popular, sino que este modo de habitar es particular de una sociedad forzosamente desigual entre sectores apoderados y sectores desposeídos, siendo para éstos últimos el hábitat popular el modo de existencia en el territorio. El hábitat popular es y ha sido la forma en que habitan los pobres, los sectores desposeídos de acceso a la tierra, urbanización, infraestructura, trabajo, equipamiento, etc. (Miranda Gassull, 2017)

Sobre la producción pública del hábitat popular siempre planea la sombra de constituir, en definitiva, productos abaratados para pobres, con resultados socialmente infamantes y estigmatizantes. Frente a los casos en que a las limitaciones económicas las compensa una difundida cultura tectónica vernácula, allí donde el hábitat es resultado de un genuino modo social de producción, los resultados habitacionales y urbanos son muy otros. En el seno de sociedades y economías donde impera el modo capitalista de producción y las relaciones sociales de profunda desigualdad, el hábitat popular tiende a constituir enclaves socialmente homogéneos, carentes de las ventajas de los tradicionales barrios populares, y no es infrecuente que terminen constituyendo guetos en un tejido urbano discontinuado.

Es que una política social de vivienda de cortas miras y profunda focalización conduce, aún de manera involuntaria, a una segregación socioespacial producto de su inoportuna especificidad;

> La *segregación acallada* alude a una producción directa, aunque implícita, de situaciones de confinamiento. Por lo general no se trata de prácticas o políticas de exclusión admitidas, sino de una segregación invisible. Lo que es presentado, en apariencia, como una medida asistencial o una política de inclusión, puede enmascarar una segregación de los sectores más débiles,

como las prácticas de recuperación urbana de espacios públicos, cuyo efecto es la exclusión o el desplazamiento de sectores populares. (Carman, Vieira y Segura, 2013)

Las políticas sociales de vivienda instrumentan dispositivos administrativos y arquitectónicos que comienzan por clasificar metódicamente a sus beneficiarios, agruparlos territorialmente, instrumentar soluciones habitacionales homogéneas y repetitivas y contentarse con el sumario suministro de alguna instalación o área acondicionada de uso común. De ello suelen resultar agregados residenciales mínimamente servidos, incrustados en tramas urbanas como novedades extrañas y disruptivas y con diversos grados de buena o mala integración a las preexistencias urbanas. En casos extremos, los conjuntos habitacionales promovidos por la política pública de vivienda constituyen fenómenos de segregación acallada.

Cuando se examinan algunos de los resultados que tiene, en el plano de la reproducción social en el habitar urbano contemporáneo, las políticas focalizadas de vivienda, se consigue atisbar que siguen, en líneas generales, unos lineamientos que transforman nuestras ciudades en urbanizaciones fragmentadas. Lejos de constituir legítimos dispositivos de integración social y urbana, las políticas sociales de vivienda confinan a los sectores populares en islotes disruptivos en la trama urbana preexistente. Esto concurre con otros procesos sociales y económicos que operan sobre el desarrollo de la ciudad del capitalismo tardío, transformándola en una urbanización difusa. La movilización social más madura consigue atisbar que a los sectores populares le asiste un derecho a la ciudad como consigna reivindicable.

En la medida en que los diversos sectores sociales instrumentan la gestión de sus demandas particulares bajo la especie de "problema puntual y solución específica", la ciudad compacta cede su lugar a una ciudad desagregada. Familias de clase media y media alta se concentran allí donde la ciudad ofrece ciertas ventajas ambientales, adquieren inmuebles comercializados con precios de exclusión y sobreexplotan el suelo en barriadas densas y bien servidas. Por otra parte, el Estado cuida de recluir a los sectores humildes allí donde el suelo resulte comparativamente barato, dotados de escasos servicios y alejados de los distritos centrales. Y aún, los muy ricos optan por emigrar a barrios privados, urbanizaciones excluyentes convenientemente alejadas del bullicio y el escrutinio ciudadano corriente. Cada cual huye al emplazamiento que tiene por conveniente, desentendiéndose de la coexistencia urbana.

> La ciudad fragmentada ha sido asociada al caso de la ciudad norteamericana luego del proceso masivo de suburbanización experimentado a partir de la década de 1950 en los Estados Unidos. Al mismo tiempo, la ciudad fragmentada emerge como modelo urbano en América Latina tras las crisis urbanas que azotaron a las principales metrópolis latinoamericanas en la década de 1980. Por lo tanto, el modelo norteamericano de ciudad fragmentada, construido a partir de una postura antiurbana, difiere de manera notable del modelo latinoamericano, producto del fracaso del modelo de integración nacional-popular y de la renuncia del Estado al control de lo urbano (Prévôt Schapira, 2001). Al mismo tiempo, aquella tercera fuerza de crecimiento descentralizadora, que motivó la proliferación de conceptos destinados a renombrar la nueva ciudad: *technoburb, technocity, edge cities, exópolis, città diffusa, hiperciudad, postmetrópolis*; estuvo acompañada de procesos de reestructuración y multipolarización del territorio urbano, mientras en el modelo latinoamericano la hegemonía de los núcleos centrales en la dinámica urbana acentuó los patrones segregativos de una sociedad escindida desde mediados del siglo XX. (Szupiani, 2018)

"La noción de fragmentación surgida a fines de los '80 para definirla situación de las ciudades, asocia componentes espaciales (desconexión física, discontinuidades morfológicas), dimensiones sociales (repliegue comunitario, lógicas exclusivas) y políticas (dispersión de actores y automatización de dispositivos de gestión y regulación urbana)." (Rosenthal et al., 2005). La fragmentación urbana obedece a los mecanismos propios del modo capitalista de producción urbana, articulado con ciertas condiciones específicas propias de cada lugar, en función a su peculiar estadio de desarrollo. La ciudad del capitalismo tardío es el escenario de la reproducción social habitable de unas condiciones generales de producción que se nutren de los ciclos recurrentes de acumulación y reinversión de capitales. La urbanización fragmentada es la expresión congruente de la acción del mercado inmobiliario librado casi sin control a su suerte.

Es así que la ciudad se transforma, en los hechos, en una urbanización difusa. La expresión cartográfica urbana es una mancha que no hace más que extenderse por las periferias, avanzando sobre las áreas rurales y naturales, a la vez que la densidad vincular de los elementos urbanos se deslíe y segrega. Esta urbanización difusa abunda en territorios de relegación social, zonas de marginación y estigma, regiones que van abriendo paso a una ciudad otra, escindida de modo brutal de su matriz.

La experiencia política acumulada por la movilización popular en torno a la vivienda comienza a advertir que la verdadera demanda social ya no es de unos simples bienes satisfactores de alojamiento, sino una madura aspiración a la propia ciudad. Esto concurre con las elucubraciones académicas que denuncian el expolio capitalista del ámbito urbano:

> Las demandas acumuladas por la vivienda y la tierra ponen en cuestión a los instrumentos modernos de política pública urbana e imponen la necesidad de actualizar y alinear la agenda

democrática incorporando actores y derechos vinculados con la construcción del hábitat urbano. De movimientos sociales urbanos a redes de alianzas cooperativas para la construcción de viviendas, de organizaciones continentales para la vivienda social, federaciones de barrios y la proyección a escala de demandas comunales a la emergencia de nuevas agendas académicas regionales como las propuestas por CLACSO, IEED-AL o el CEUR, la ciudad sirvió como soporte tanto para graficar la escala de los agudos conflictos socioespaciales, como para impulsar una nueva agenda de estudios sociales, que encontró en el accionar de grupos urbanos un medio para cuestionar los márgenes y el contenido de la nueva institucionalidad democrática. (Minuchin, 2019)

En realidad, aquellos sectores más vulnerables son precisamente aquellos que más demandas insatisfechas tienen con relación a la ciudad. Estos sectores sociales, movilizados con madurez, reclamarán, a su tiempo, una política pública de reproducción en el habitar, esto es, una política pública que se aplique de modo integral y universal a la habitación adecuada, digna y decorosa de la ciudad socialmente integrada y urbanísticamente rescatada de la agonía en que se sume en la actualidad. Y todo empezó, ya hace mucho tiempo, por el reclamo de un derecho a la morada, un derecho a tener lugar en la ciudad y en la sociedad.

HACIA UNA POLÍTICA PÚBLICA INTEGRAL DEL HÁBITAT

Las políticas sociales focalizadas en la vivienda popular deben ser superadas en beneficio de la institucionalización efectiva de políticas públicas de producción del hábitat. Debe reconocerse el modo peculiarmente complejo en que se desarrolla, en los hechos, la producción de la ciudad. Dentro de este modo complejo, debe prevalecer, en beneficio del interés general, una política habitacional pública, integral y universal. Porque las ciudades contemporáneas, libradas a los procesos frenéticos del mercado inmobiliario están destruyendo la ciudad bajo la forma paradójica de una urbanización extendida y amorfa.

Toda vez que el derecho a la vivienda debe ser entendido como un derecho a la morada, se debe asumir en profundidad el compromiso social en la producción del hábitat en su conjunto y no ya la producción focalizada de "soluciones habitacionales". En efecto, hay que reparar que las personas habitamos sistemas estructurados de lugares que tienen a la morada como centro compositivo y estructurador, pero que se extienden en los vecindarios, los barrios y la ciudad en su conjunto. A la producción de este hábitat concurren diversos sistemas de producción material y habitable. Debe entenderse que el hábitat no sólo es resultado de una producción material de edificios y equipamientos, sino que, sobre todo, lo que se produce es la propia vida urbana, que es la que sustenta —en principio y en definitiva— la inversión y el esfuerzo productivo material.

La producción del hábitat en el contexto del modo capitalista de producción supone la concurrencia compleja de, por lo menos, tres modos específicos de producción: el urbanizador empresario privado, la llamada producción social del hábitat y la producción o promoción pública. Estos tres modos responden en forma respectiva a tres lógicas diferentes y antagónicas:

> Fundamentalmente, la ciudad capitalista resulta de la interacción contradictoria y compleja de: i) la lógica de la ganancia-donde la ciudad es objeto y soporte de negocios; ii) la lógica de la necesidad —impulsada por aquellos grupos y sectores sociales que no logran procurar sus condiciones de reproducción social en el ámbito de la dinámica mercantil—, y iii) la lógica de lo público, donde el Estado actúa, a través de regulaciones

y políticas, proveyendo, de variadas maneras, el sustento para el despliegue de las otras lógicas (Herzer *et al.*, 1994). (Vio *et al.*, 2007)

Mientras que el urbanismo empresario privado opera de manera hegemónica, la producción social del hábitat supone una respuesta alternativa, defensiva o contestataria, en donde a la lógica de la producción de bienes con valor de cambio se le contrapone otra, antagónica, de producción de bienes con valor de uso como determinación principal. Por su lado, el modo público de producción del hábitat suele oscilar entre un dejar hacer a los agentes privados, apostar a una regulación general y administrativa de las producciones o ya la propuesta positiva de algún modo políticamente discutido de producción urbana.

Pero lo que puede llegar a ser la producción pública del hábitat bien se puede considerar como un acuerdo político explícito en donde el poder político reoriente desde el interés general la producción habitacional de modo integrado y universal. El aspecto integrado supone que se regule con precisión la acción empresaria privada y se ampare orgánica y sustentablemente la producción social, así como se le fije de manera consensuada el papel hegemónico al sector público. El talante universal radica en que la ciudad como complejo orgánico, compacto e inclusivo se vuelve el objeto explícito de la acción política legítima.

En la actualidad puede argumentarse, con sólidas razones, que la tradicional política social de vivienda debe ser repotenciada como una política pública habitacional. Toda vez que se ahonda no sólo en el derecho a la vivienda, sino en todo el marco de los derechos económicos, sociales y culturales, es preciso rendirse a la evidencia que los objetivos políticos deben apuntar hacia una política pública de producción del hábitat. Cuando se reflexiona, a fondo y de modo consecuente, en que la implementación de la morada es una constitucional relación de habitación humana de toda una estructura compleja que involucra a la ciudad en su conjunto, sólo entonces se conseguirá afrontar de modo político el desafío de la hora.

En el marco de una política pública de producción del hábitat, la tradicional política social de vivienda se resignifica como una consolidada intención política de plena inclusión social. Ya no se trata de un asistencialismo focalizado, paternalista y escaso, sino un instrumento político de promoción social y económica. El enfoque dirigido al hábitat puede, de suyo, promover una convergencia de acciones políticas que promuevan el desarrollo del potencial propio de los sectores que históricamente siempre han resultado postergados, a la vez que el esfuerzo de inversión social se aplica no ya a presuntas soluciones falazmente especificadas, sino que redunda en el desarrollo urbano en su conjunto.

> Las políticas habitacionales presentan un conjunto de acciones y omisiones que manifiestan en forma concreta la intervención del Estado en relación a la distribución/localización de los diferentes sectores y grupos sociales en la ciudad y, concomitantemente, en relación a la satisfacción de necesidades habitacionales básicas (Oszlak, 1991). Las políticas habitacionales no se reducen a la expresión normativa de una presunta voluntad del Estado, sino que además se manifiestan en un conjunto de tomas de posiciones que reflejan una cierta filosofía política y una concepción sobre el modo en el que deben resolverse determinadas cuestiones sociales (Oszlak, 1991), en contexto de determinadas relaciones desiguales de poder y dominación. (Vio *et al.*, 2007)

Con todo, a la vez que se establecen los alcances posibles de una política pública de producción del hábitat, también es preciso señalar sus limitaciones. Es que a toda iniciativa al respecto le precede una voluntad explícita que debe encontrar su especial resonancia en el cuerpo social: poco se avanzaría con un mero voluntarismo eventual episódico, si no va acompañado con medidas estratégicas que aseguren sustentabilidad económica e histórica a estas políticas. Una política tal debe asegurar su contundencia sustancial en la vida urbana, tanto así como debe sostenerse en el tiempo que insuma la regeneración social y habitable de la ciudad.

Reparemos que el paso de la conceptualización estrecha de la vivienda a la más comprensiva de hábitat conduce a considerar a la primera desde su naturaleza de *acto de habitar*:

> Pensada como *acto de habitar*, la vivienda es un fruto cultural y como tal se articula no sólo a un lugar sino a su historia y su entorno social, natural y construido. Implica una relación cultural e incluso afectiva entre quien la habita y el lugar que ocupa; es fruto de los procesos de poblamiento de un territorio; no responde a normas estrictas ni a espacios prefigurados; deja huellas, trazas urbanas e íntimas; es un producto (como el vino en la barrica) vivo, que soporta el tiempo, que se adapta a la vida cambiante de la familia y a las transformaciones del contexto; genera arraigos, nostalgias y regresos; aloja y da un marco digno a todas las funciones individuales, familiares y comunitarias, sin negar las económicas y las espirituales; manifiesta diferencias individuales y expresiones colectivas; es generadora de ciudad; se caracteriza por producir espacios de diversidad y armonía; exalta la vida. Constituye, en suma, un acto poético. (Ortiz Flores, 2011)

Este señalamiento es singularmente importante y no solo a los efectos puramente teóricos o académicos: debe hacerse carne en la conciencia social. Para ello debe realizarse un sistemático esfuerzo formativo a efectos de que el paso necesario de una pura política social de vivienda a una madura política pública de producción del hábitat cuente con el adecuado fondo conceptual ampliamente difundido en la conciencia social, sustituyendo el ideológico sentido común dominante por un concepto de hondo contenido humano. Porque si esta operación no se realiza en las mentalidades corrientes, el esfuerzo político se verá, antes o después, socavado una vez que la situación social deje de resultar relativamente tan angustiosa como la actual.

Una política pública de producción del hábitat no puede ya concebir su objeto con el puro suministro de edificios, infraestructuras e instrumentos crediticios para volver accesibles los bienes a unos beneficiarios, quienes se contentarían a lo sumo con su uso y consumo. Hay que entender que la habitación humana es una instancia de reproducción social y como tal, debe no sólo ser reconocida, sino promovida activamente desde el punto de vista político. A estos efectos, cabe proponer aquí el despliegue, reciproco al de la producción pública del hábitat, de un dispositivo complementario y retroalimentador: una expresión política madura y contundente de la reproducción social en el habitar.

Hay una importante advertencia que una política pública de producción del hábitat debe tener en cuenta: el hábitat, como producto, no constituye un simple consumo ni su producción se cumple en puros bienes materiales librados al uso y disfrute pasivos. El hábitat es un proceso de construcción continua que trasciende largamente los edificios y las infraestructuras. El hábitat, en definitiva, es un proceso que tiene que examinarse teniendo a la habitación humana en términos de reproducción social, esto es, aquella instancia en que la vida social recircula y retroalimente las demandas e implementaciones de un sistema productivo.

La producción pública del hábitat tiene que confrontarse con la reproducción social en el habitar tanto a efectos de verificar sus objetivos, propósitos y metas, así como a alimentar su propia evolución histórico social:

Si los aportes fenomenológicos permiten poner de relieve el carácter cotidiano, compartido y común del proceso mediante el cual se reproduce el mundo social, la perspectiva de Marx privilegia el análisis de la reproducción de la vida material de los sujetos. Efectivamente, la reproducción de la vida material es entendida, en ese sentido, como "condición fundamental de toda historia" (Marx, 1970:28):6 "[...] la primera premisa de toda existencia humana y también, por tanto, de toda historia, es que los hombres se hallen, 'para hacer historia', en condiciones de poder vivir. Ahora bien, para poder vivir hace falta comer, beber, alojarse bajo un techo, vestirse y algunas cosas más (Marx, 1970: 28)". Se hace referencia aquí al "proceso de vida real" (Marx, 1970: 26) dentro del cual las capacidades humanas se encuentran fuertemente inhibidas o potenciadas por las condiciones materiales. (Rizzo, 2012)

De lo que se trata ahora es de remitir el esfuerzo político público a una complementaria expresión política: lo que aquí daremos en llamar una política de reproducción social en el habitar. El objetivo prioritario es trascender el falaz reduccionismo de las puras demandas sociales interpretadas a su modo por el sistema político institucionalizado para afrontar la tarea de promover, como iniciativa a la vez social y política, que el propio habitar, como expresión cotidiana y corriente de la reproducción social, desarrolle, desde abajo, una política más que reivindicativa, propositiva y protagónica, que retroalimente la producción del hábitat. Tal es la cuestión que se debatirá a continuación.

---

6   Citado en *La poética del espacio* de Gaston Bachelard.

LA HABITACIÓN Y LA REPRODUCCIÓN SOCIAL

> *Las condiciones de producción son a la vez las de reproducción. Ninguna sociedad puede producir continuamente, esto es, reproducir, sin reconvertir continuamente una parte de sus productos en medios de producción o elementos de la nueva producción.* KARL MARX, *El Capital*

A unas políticas públicas de producción del hábitat le han de corresponder, en reciprocidad, unas políticas de reproducción social en el habitar. A los modos hegemónicos de producción empresaria inmobiliaria le siguen, funcionales y obedientes, unos modos de consumo que operan como mecanismo de retroalimentación y legitimación. Es ya hora de que los modos sociales de producción del hábitat, tales como los modos cooperativos, que han conseguido, con no poca lucha, sobrevivir y desarrollarse, tengan un lugar político para ser promovidos y potenciados también y necesariamente, en lo que toca a la reivindicación política de los modos de vida que propician. El habitar humano, en la actualidad, es un terreno de reproducción social en disputa política.

Bajo la locución "reproducción social "se suele entender aquel mecanismo por el cual un modo productivo es capaz de retroalimentarse a efectos de proseguir, en su funcionamiento, más o menos idéntico a sí mismo. En la vida social existen, de hecho, unos mecanismos que aseguran, día a día, el mantenimiento operativo del estatus quo. De este modo, a un modo determinado de producción de mercancías, le corresponde un modo más o menos estable de modos de consumo que legitiman el ciclo y el sistema que los comprende. Si bien esto es verificable, al menos en una apreciable medida, no es menos cierto que también en las sociedades y en sus modos de producción también se operan cambios, de una manera que la reproducción social nunca es, de modo efectivo, completamente consumada. La reproducción social se debate en una contradicción sorda entre la regeneración sistémica y el cambio social más o menos gradual o drástico.

Si los procesos que funcionan sistemáticamente en una sociedad tienden siempre a ser reproductivos, ¿de dónde surge el cambio? Se propone aquí la tesis de que el recurso a modelos reproductivos no impide dar cuenta del cambio, sino que conduce a una concepción distinta del cambio. Se puede formular de otra manera esta tesis diciendo que no puede haber un modelo sistemático del cambio (evolucionista, dialéctico o estructural); el cambio se opera siempre en el encuentro entre procesos reproductivos incompatibles. El cambio no puede surgir de un modelo, porque no hay modelo concebible del "encuentro" entre procesos independientes o relativamente independientes en toda configuración histórica concreta (sea ésta económica, social o simbólica). (Passeron, 1983)

Jean-Claude Passeron discute acerca de las condiciones que legitiman un sistema social o un modo de producción. "*Salvo el caso de emergencia de legitimidades carismáticas, siempre inestables y esporádicas mientras no se 'rutinicen' en instituciones o tradiciones, la fuerza propiamente simbólica de una legitimidad organizada y durable se debe a la circularidad de su funcionamiento y al carácter cíclico de su reproducción*" (Passeron, 1983). Hay, en la vida social, mecanismos que se activan para resultar mutuamente funcionales y regenerativos, dispositivos que verifican la funcionalidad operativa de la vida social en fases alternadas y recurrentes. Gracias a estos mecanismos es que las sociedades "funcionan" y los sistemas productivos se confirman su eficacia relativa.

En lo que respecta al modo de producción empresario inmobiliario, el consumo de construcciones como bienes de cambio resulta un mecanismo de reproducción: hay producción en esta modalidad porque hay mercado al que le es funcional. Pero cuando el mecanismo social de reproducción es la habitación de bienes de uso las cosas cambian de cariz: por una parte, se observa una sobreproducción de bienes inmobiliarios como objeto de inversión y reserva de valor en contradicción con las penurias de demandas habitacionales crónicamente insatisfechas. Con todo, el modo empresario inmobiliario resulta hegemónico, en un contexto social en que la habitación es asumida, de modo ideológico, como un simple consumo. De hecho, en el habitar del conjunto de la sociedad se observa un fenómeno de reproducción social no siempre regenerativo: la habitación social es, en los hechos, un mecanismo de reproducción social en disputa.

> Si toda estructura social se define por un sistema de diferencias (económicas, políticas, simbólicas) entre grupos y define en consecuencia un sistema de relaciones desiguales entre esos grupos, las estrategias de los grupos o linajes favorecidos que se orientan en cada generación en función de la renovación en el grupo o linaje de sus oportunidades sociales positivas disponen siempre de más medios, más información, más alcance, en pocas palabras más eficacia, que las estrategias inversas (de movilidad social, de igualamiento de las condiciones o de subversión del conjunto del orden) llevadas por grupos desfavorecidos que intentan escapar a sus oportunidades sociales negativas. (Passeron, 1983)

Una política de reproducción social en el habitar implica la forja, tanto en la conciencia social popular como en las practicas habitables cotidianas, de unas condiciones de reproducción social, que pongan a la consumación habitable como elemento legitimador de nuevos modos sociales de producción del hábitat. Son los modos sociales de producción los que deben arrojar enseñanzas y directrices a nuevos modos de habitar, que constituirán, de modo crítico y políticamente explícito, instancias de reproducción social de otra ciudad. Para ello no basta con dar voz y prestar oídos a los activistas sociales; es necesario promover experiencias, apoyar iniciativas, difundir aprendizajes. Para ello no basta con la exposición académica; se impone una difusión amplia y profunda en la conciencia social. Porque no habrá cambio social si no se cambia, a la vez y de modo correspondiente, a la producción y a la reproducción sociales.

Una política que opere sobre los mecanismos críticos de la reproducción social en el habitar consigue, en principio, replantear a fondo las limitantes de la política social de vivienda. En efecto, la acción política en este ámbito invita y promueve en los urbanitas una nueva actitud, proclive al cambio y a la exigencia de nuevas formas de vida, así como renovadas investiduras ciudadanas. Una política del habitar supera, en este sentido, tanto la menesterosidad necesitada de dádivas, como las prácticas clientelares paternalistas. Una política del habitar comienza por ser, en el fondo, una operación de dignificación ciudadana.

Las políticas sociales de vivienda son radicalmente resignificadas en el marco de una explicita política del habitar. En lo que toca a los sujetos políticos, ya no se trata de beneficiarios como destinatarios pasivos de una política extraña, sino de protagonistas capaces de señalar el camino de una reconstitución plena de la ciudad. Tampoco se trata de políticos paternalistas que dictaminen, a su arbitrio, qué necesidades deben ser atendidas y de qué modo responder a las demandas sociales. Una política del habitar es la protagonista que empodera a los ciudadanos en lo que toca a su constitucional estar en el mundo, desarrollarse en él y construirlo a su imagen y designio.

La política del habitar supone una superación de las iniciativas bienintencionadas de inclusión social para abordar una fase superior que expresa una apropiada y sensata forma de promoción social. En efecto, son los habitantes, haciendo acopio de su madura cultura de producción social del hábitat, los que se vuelven capaces de instruir al sistema político institucionalizado acerca de los modos de reconstruir la ciudad para quienes la habitan. Hay que apostar por que los carenciados, humillados y postergados puedan tener la oportunidad de reivindicar su profunda condición urbanita, su potencial de cambio y su capacidad propositiva. Pero para esto es necesario una política que recoloque el habitar urbano en el sitio que el modo capitalista de producción le ha usurpado, así como la matriz del consumo generalizado de mercancías ha supuesto el mecanismo falaz de reproducción social dominante.

La reivindicación de los modos sociales de habitar es un componente ineludible para que las políticas sociales de vivienda se recalifiquen como política pública. El cambio social en el habitar ya no puede confiarse a las tradicionales modalidades provistas por el mercado inmobiliario: las fuerzas sociales deben repotenciarse al amparo de un Estado que se comprometa con el vuelco político decisivo. *"Una concepción que reubica el rol del Estado en la centralidad del cambio, evidentemente implica el asumir plenamente la formulación de la política en todas sus dimensiones"* (Portillo, 2010) En virtud de ello, se debe comenzar por reconsiderar los propios sujetos sociales y su investidura ciudadana.

> Así como en el pasado los beneficiarios de las políticas habitacionales fueron considerados usuarios y luego clientes, la orientación actual requiere ubicar al destinatario como ciudadano, Es decir, sujeto de derecho y obligaciones y activo participe de la producción habitacional con la que se verá beneficiado. Se trata de superar el asistencialismo dadivoso y la relación de cliente sujeto de crédito, por una ciudadanía que integre social y culturalmente no solamente satisfaciendo el requerimiento de vivienda sino también contribuyendo a una democracia activa. (Portillo, 2010)

La ciudadanía no es una investidura lista para usar y simplemente disponible; es resultado de una autogestión constructiva paciente y colectiva, que debe desarrollarse en un marco propicio. Precisamente, una política del habitar tiene por misión apoyar y promover esta investidura: conseguir que los urbanitas se corten a su medida el traje que portarán en la vida urbana, el hábito que les permitirá hacer efectivas sus demandas y propuestas.

La propuesta de la forja de una política de reproducción social en el habitar tiene importantes consecuencias en la concepción y desarrollo de la producción integral del hábitat. Se trata aquí de dar voz y de invitar al debate enriquecedor con los activistas sociales por la vivienda, que han acopiado ingentes caudales de experiencia y conciencia social y que, convenientemente apoyados y promovidos, pueden y deben inspirar las líneas rectoras de esta política del habitar. Los movimientos sociales que han llevado a cabo la ingente y sacrificada tarea de dar forma organizada y sistemática a los modos sociales de producción deben tener la palabra.

El marco de la política del habitar se vuelve propicio no sólo para potenciar y profundizar las demandas sociales de vivienda, sino que consigue sustentar una política de producción del hábitat desde un origen alternativo al tradicional. Mientras que el mercado atiende a los consumidores, una política del habitar propicia la constitución de una ciudadanía sabedora de derechos, exigente en demandas y empoderada por medios de producción especialmente preparados al efecto.

> ¿Es la vivienda, en tanto elemento construido o adquirido individualmente, capaz de mejorar, por sí sola, las condiciones de vida de sus ocupantes? Frente a esta pregunta, es importante tener en cuenta los elementos que componen la interioridad del lugar para vivir, pero al mismo tiempo deben involucrarse elementos propios de los entornos próximos

y remotos. El hábitat es soporte y condición, al tiempo que es espacio resignificado y reconstruido por la cultura, así como, según lo plantea la organización Habitat International Coalition (HIC) el conjunto de condiciones ambientales y materiales que permiten la satisfacción de las necesidades vitales y la supervivencia de una especie. Este hábitat está determinado además por factores económicos, sociales, culturales y políticos que facilitan o limitan el acceso de todos a los bienes y servicios que la sociedad produce. (Agudelo, Vaca, García Ubaque, 2013)

La política del habitar debe inspirarse a fondo y desarrollarse en la acumulación de experiencia y conciencia social forjada en la producción social del hábitat, llevada a cabo por sacrificados actores movilizados al respecto que ya cuentan con una trayectoria histórica y que —y esto es lo más importante— entreven un futuro de cambio. Ya no se trata de asistir a sectores sociales desvalidos, sino de escuchar y promover activamente instancias de intercambio conceptual con los sectores movilizados.

La producción social del hábitat, principalmente aquella que se apoya en procesos autogestionarios colectivos, por implicar capacitación, participación responsable, organización y la solidaridad activa de los pobladores, contribuye a fortalecer las practicas comunitarias, el ejercicio directo de la democracia, la autoestima de los participantes y una convivencia social más vigorosa. Al acrecentar la capacidad de gestión de los pobladores organizados y su control sobre los procesos productivos del hábitat; al derramar los recursos provenientes del ahorro, el crédito y los subsidios en la comunidad en que se desarrollan las acciones; al fortalecer así los circuitos populares de mercado, contribuye a potenciar la economía de los participantes, de la comunidad barrial en que se ubican y de los sectores populares en su conjunto. Al poner al ser humano, individual y colectivo, al centro de sus estrategias, su método de trabajo y sus acciones, pone en marcha procesos innovadores de profundo contenido e impacto transformador. (Ortiz Flores, 2004)

Con la propuesta de desarrollo de una política de habitar culmina una operación de teoría política que tiende a contornear de un modo congruente con las necesidades de la hora el que se definía como "el problema social de la vivienda" en los albores de la moderna ciudad industrial. Como es natural, no se niega de ningún modo la pertinencia y oportunidad de una sensata y sensible política social de vivienda, pero, tal como ya se ha visto, ésta debe ser superada en dos planos superiores: el de la producción integral del hábitat y en la forja de la reproducción social en el habitar.

DE LA POLÍTICA SOCIAL DE VIVIENDA A LA POLÍTICA DE HABITAR

De lo expuesto puede inferirse que, en el actual contexto latinoamericano, la desigualdad social debe atacarse con una decidida y consistente política social de vivienda, que, de modo urgente, consiga calificarse y profundizarse en una política pública habitacional de características integrales. Esto quiere decir que sobre el hábitat popular deben operar eficaces mecanismos de redistribución social de la riqueza, a través de la promoción intensiva de la Producción Social del Hábitat, a la vez que, de modo convergente, se ataque la desigualdad económica desde un punto de vista económico-estratégico, con lo que conseguir, para el proceso, una razonable sostenibilidad a largo plazo. A este doble proceso ha de coronarlo una intensa política de la reproducción social, en donde se promuevan y desarrollen nuevos modos sociales de habitar, proyectar y construir ciudades. Planteadas las cosas de este modo, se puede considerar que el enfoque propuesto apuesta tanto a la integralidad, en el sentido de abordar los problemas estructurales del habitar en la totalidad comprensiva de sus dimensiones, a la vez que también aspira a una universalidad que conlleva, de modo necesario, una propuesta de cambio social, toda vez que la hegemonía la inviste el interés público de la mayoría social habitante y no ya la del mercado inmobiliario.

El plano de la producción integral del hábitat se ve marcado por la oposición de dos modalidades de producción: la industrial-mercantil provista por el mercado y as distintas modalidades de la producción social del hábitat, de autogestión y autoconstrucción solidaria y organizada, que han demostrado, con sobradas pruebas, su validez y resultados ampliamente preferibles. De este modo social de producción no sólo emerge una producción alternativa dirigida a la habitación popular, sino una rica experiencia de ingeniería política social que no se contenta con la producción material, sino que también realiza importantes aportes tanto en la cultura tectónica como en modos alternativos de gestión y habitación.

Si bien hay mucho que aprender acerca de la producción del hábitat, también es cierto que más hay que investigar en torno a todo aquello que involucra a la Producción Social del Hábitat como evento reproductivo. Este último aspecto merece especial atención toda vez que pueda sospecharse que, a nuevos modos productivos le han de corresponder nuevos modelos de implementación. El paso de simples usuarios de viviendas de interés social al estatuto de ciudadanos emancipados y empoderados ha de ser correspondido con nuevas formas de habitar. De estas nuevas formas de habitar deberá tomarse atenta consideración: porque se tratará de los modos de habitar del futuro.

El derecho a habitar

... el derecho a la ciudad se plantea como una denuncia, como una exigencia.
HENRI LEFEBVRE

DE TRIPULACIONES Y NÁUFRAGOS

A la ciudad contemporánea le sobran urbanitas. El territorio urbano se desgaja en reductos que se aplican de forma ensañada en expulsar habitantes. Así, la mayoría abrumadora de urbanitas puede considerarse, sin exageración alguna, un marginado de uno o más confines. Hay umbrales que de uno a uno le son clausurados, y así, nos deslizamos furtivos por lo que nos va quedando de ciudad, que cada vez es más reducida por la rutina, el miedo y la desconfianza. A los urbanitas muy pobres se les suele estigmatizar con la condición de marginados, pero en verdad, arrinconados empezamos por ser todos, porque cada uno de nosotros, en alguna región de la ciudad, está de más y sobra. Añoramos con nostalgia aquella sensación entrañable de ser incluidos en nuestro vecindario, que a su vez estaba arropado en la ciudad en que crecimos. Hoy la ciudad huye rauda de nosotros.

En la ciudad concurren diversos dispositivos expulsores. Si consideramos el mundo del trabajo, vemos cómo el mercado obsequia a los avisados en los negocios, mientras que castiga de modo riguroso a los menos calificados. En lo que toca al sistema educativo, así como se promueve la elevación de los integrados, también se desentiende de la suerte de los desertores. La lucha por la vida tiene tanto a exitosos triunfantes como a diversos apaleados por las circunstancias. Así, en cada reducto ciudadano, se confabulan entre sí los diversos mecanismos de discriminación para agrupar en un haz a los Unos y desplazar, ya de modo sordo, ya estrepitoso, a los Otros. Unos y Otros van ocupando los lugares que la ciudad les reserva, con la salvedad que, para Unos, ciertas teselas del mosaico socio espacial se abren, mientras para los Otros todas y cada una se van cerrando. Y en la ciudad terminan deambulando de un no-lugar a otro, los trashumantes náufragos de la navegación urbana.

Cabe preguntarse por la razón de ser de la actual segregación socioespacial. Tal razón de ser tiene por lo menos dos aspectos mutuamente implicados: una cierta lógica inherente y una cierta función social. Puede sospecharse que la lógica de la segregación obedece a un plan que no por tácito y reservado es, en cierta medida, racional. Porque lo que sucede es que la ciudad no lo hace según una conspiración perversa y soterrada de algún genio maligno o entidad sobrenatural, sino en concierto con un más o menos pacíficamente aceptado funcionamiento socioeconómico.

La lógica de la segregación socioespacial, según parece, obedece a un concertado comportamiento de los sujetos económicos, en donde se distribuyen distintos valores de renta del suelo, de tal forma que cada agente termine por encontrar el lugar que merece y sostiene según su nivel relativo de ingresos. Los agentes socioeconómicos se comportan como si jugaran, todos contra todos, una suerte de ajedrez, en donde se disputan constantemente distintos emplazamientos estratégicos. Un juego, por cierto, que tiene piezas mayores y menores.

De la meticulosa agrupación de la población urbana en enclaves que la clasifican por su nivel de ingreso, régimen de consumo y estilo de vida, la ciudad explota una importante función sistémica: la distribución empresaria de servicios específicamente dirigidos a cada segmento de mercado. Es común ver en la ciudad cómo se proponen diversas ofertas comerciales y de servicios. A lo largo del tiempo, unas perduran y otras son constantemente sustituidas. Estas últimas prueban, en los hechos, no ser capaces de volverse suficientemente beneficiosas como para remunerar en forma adecuada la renta del suelo. A la larga, y sin otra intervención que el mismo mercado, la ciudad y sus empresarios descubren cuales emplazamientos son adecuados en cada caso: su clientela objetivo está ya radicada toda junta y convenientemente clasificada. Y cuanto más metódicamente esté reunida y homogeneizada, mejor.

Casi todo funciona así salvo por un detalle. Una ciudad es un fenómeno mucho más complejo que un mercado de ofertas y demandas territorializado. Una ciudad es la cadencia polifónica de innumerables interacciones humanas en donde se intercambian bienes, afectos, adhesiones y conflictos. En donde se vive y se cuida, en donde se aprende y enseña, en donde se produce, entre todos, el bullicio de la existencia. En donde se muere y se recuerda, en donde se desafía y supera, en donde brillan los urbanitas, cada uno con su fulgor propio. Una ciudad es una ancha y honda nave que navega presurosa en el espacio cósmico y a la que le es preciso contar con sus tripulantes. Con todos sus tripulantes. Por ello, es una congoja profunda comprobar que esta ciudad contemporánea se prodiga en náufragos.

Allí donde verifiquemos la situación de una persona habitando precariamente un no-lugar, allí habremos detectado su derecho humano vulnerado. Ahora ¿quiénes de nosotros consigue habitar su lugar propio? Es en realidad difícil contestar con exactitud. Puede sospecharse que, de un modo discretamente sistémico, conseguimos los más habitar lugares impropios de los que, en el mejor de los casos, conseguimos tasas variables de apropiación relativa e inestable. Así, nuestra ciudad es una ciudad de desamparados, sólo que algunos rozan en esto el grado absoluto, mientras que la mayoría consigue arreglárselas, siquiera de modo sumario. Es el momento de reconsiderar la formulación positiva de nuestros derechos como urbanitas, y luchar porque todos y cada uno de nosotros consiga, en forma plena y comprobable, su lugar propio bajo el cielo de la ciudad.

DEL DERECHO A LA VIVIENDA AL DERECHO A LA MORADA

En la Declaración Universal de los Derechos Humanos de 1948 se consignó, en su artículo 25, apartado 1 que: *"Toda persona tiene derecho a un nivel de vida adecuado que le asegure, así como a su familia, la salud y el bienestar, y en especial la alimentación, el vestido, la vivienda, la asistencia médica y los servicios sociales necesarios; tiene asimismo derecho a los seguros en de desempleo, enfermedad, invalidez, viudez, vejez y otros casos de pérdida de sus medios de subsistencia por circunstancias independientes de su voluntad."* Esta vindicación al derecho a un nivel de vida adecuado, a su vez, procede de un memorable discurso de 1941 del entonces presidente estadounidense Franklin Delano Roosevelt en el que afirmaba que *todos tenemos derechos a cuatro libertades: la libertad de expresión, la libertad de culto, la libertad de vivir sin penuria (derecho a un nivel de vida adecuado) y el derecho a vivir sin temor*. Toda vez que esta declaración resultara, en los hechos, una pura expresión de buenos deseos, el derecho a un nivel de vida adecuado viró hacia su descripción en derechos especificados como el derecho a la vivienda o el derecho a la salud. Es de suponer que pudiera resultar embarazoso obligar a los Estados capitalistas a asegurar jurídicamente el nivel de vida de todos sus ciudadanos, y quizá resultara más concreto exigir que el poder público arbitrara las medidas a su alcance para proveer para todos un alojamiento adecuado. La formulación declarativa de los Derechos Humanos, en ciertos marcos socioeconómicos, no consigue, en los hechos, obligar a las políticas públicas al respecto. Con todo, no puede olvidarse el contexto en donde tiene su origen nuestro reconocido derecho a la vivienda.

Proveniente entonces de tal contexto, ha de reconocerse que el concepto de derecho a la vivienda tiene ciertas limitantes que es necesario examinar con espíritu crítico. En primer lugar, cabe analizar la naturaleza de este derecho humano:

> Según afirma Ballesteros la nota especifica de los derechos, derivada del nuevo paradigma de la calidad de vida, sería el carácter de inalienabilidad de los derechos. ¿Qué supone esta inalienabilidad? Meyers diferencia entre "derechos absolutos" y "derechos inalienables". Mientras que los primeros serían aquellos que nadie puede restringir justificadamente; inalienables serian aquellos que no se pueden enajenar. Entre estos últimos es donde la autora sitúa el derecho a la vivienda digna. Si entendemos que el derecho a una vivienda digna y adecuada posee la nota de inalienabilidad, tiene que abandonarse inmediatamente la idea de la vivienda como "mercancía". Los derechos a adquirir la propiedad y a disfrutarla, sólo deberían ser protegidos como un medio de respetar el derecho a la satisfacción de las necesidades básicas por tanto no podría hablarse de un derecho inalienable a la propiedad. Así pues, la superación del patrimonialismo es requisito imprescindible para conseguir una mejor protección para el derecho de la vivienda, como en general, para entender los postulados del pensamiento ecológico, ya que éste propugna con especial énfasis, la imposibilidad de hablar de Ecología desde una posición dominiocéntrica, desde el "primado del poder de disposición" (Ferrando Nicolau, 1992)

El problema es que, bajo las condiciones en que se verifica la producción e intercambio en el modo social y económico capitalista, la vivienda es una mercancía. Lo que es inapropiado es especificar el derecho a habitar una vivienda en los términos del uso y goce de un bien transable en el mercado: el derecho a habitar es inalienable, por cierto, pero la vivienda —si se entiende por tal la construcción útil al alojamiento— es, de suyo, enajenable. En lo que sigue distinguiremos el derecho humano inalienable a la morada, del derecho humano reconocido en forma declarativa como derecho a la vivienda.

Es el concepto de vivienda el que debe examinarse de modo crítico. Para el sentido común, una vivienda se reduciría a un recinto confinado por unas paredes y un techo, en donde tener alojamiento permanente o habitual. Esto supone una caricatura del verdadero derecho humano a habitar una morada:

> En general la vivienda adecuada sigue relacionándose con vivienda confortable "de puertas adentro", con despreocupación del bienestar extrahogareño. Esta posición reductiva e insolidaria "tiene el grave inconveniente de que a medio plazo hasta la casa se deteriora si el paisaje que se ve desde las ventanas es feo o anodino, si el ambiente está poluto y es insano"; y se podría añadir muchas otras condiciones que harían que la pretendida confortabilidad interior quedara muy disminuida. (Ferrando Nicolau, 1992)

Al ceder al impulso especificador, la "vivienda" se reduce a un operativo marco de adecuación reglamentario con respecto a una cosa o dispositivo residencial. Con ello se ignora, en primer lugar, que allí donde moran los seres humanos titulares de derechos es, entre otras especificaciones, un contexto, esto es, un lugar y no ya una simple cosa anclada en el suelo. También se ignora que aquello que se habita es asimismo un hogar. "*La expresión inglesa 'derecho a un hogar' [right to a home] tiene otro significado posible. 'Home' también puede significar 'patria' o el espacio territorial al cual 'un pueblo' se siente arraigado como lugar que define su identidad histórica distintiva."* (Gledhill, 2010). Si se considera la acepción de vivienda como hogar, el sentido del derecho humano cambia, porque cambian tanto sus sujetos referentes como las escalas espaciales y temporales. Estas consideraciones nos conducen a una tercera crítica, que es la que proviene de la especificación del derecho humano original de la Declaración de 1948.

Aquí lo que parece discutible es la idea de que el marco contextual del derecho humano a un nivel de vida adecuado deba ensancharse de modo conceptual para comprender un sensato derecho humano a la calidad de vida adecuada:

> La calidad de vida según Philippe Sain-Marc resulta de la suma de tres componentes: nivel de vida, condiciones de vida y medio ambiente. Por nivel de vida podría entenderse la renta "per cápita" del ciudadano. Las condiciones de vida harían referencia al tiempo libre, la calidad de la enseñanza, la seguridad ciudadana, etc.; mientras que medio ambiente sería el sistema biológico y físico en el que el hombre vive inmerso. (Ferrando Nicolau, 1992)

Estas consideraciones acerca de la vindicación de la calidad de vida permiten vislumbrar que el derecho a la vivienda debe ser reformulado en términos de derecho humano a habitar moradas, en donde se trasciendan de modo conceptual las inconsistentes limitaciones que este derecho económico y social tiene en la actualidad. Ha de notarse, por otra parte, que el declarado derecho a una vivienda digna y adecuada no ha conseguido su realización como obligación de Estado:

> El derecho a una vivienda digna y adecuada *individualizado frente al Estado*, no existe, a pesar de su reconocimiento en diversas constituciones, y de que ha existido un importante esfuerzo legislativo para resolver el problema de la vivienda, así la creación de unos instrumentos jurídicos que han tratado

de fomentar tanto la propiedad como el alquiler y dirigirse a los diferentes grados de ingresos existentes en la población. (Ferrando Nicolau, 1992)

En definitiva, la operación de especificación del inicial derecho al nivel de vida adecuado en derechos aparentemente más concretos como el derecho a la vivienda ni siquiera ha servido para conducir a las correspondientes obligaciones políticas públicas al respecto. Desde el punto de vista conceptual, la caracterización de la vivienda y la materia del derecho humano respectivo han resultado escamoteadas. Parece que es tiempo ya de reformular la propia consigna ética y política como un derecho humano fundamental a la calidad de vida adecuada que tiene —entre otras especificaciones— la de habitar moradas adecuadas, dignas y decorosas.

Es tiempo de adoptar, no ya ilusorias declaraciones de buena voluntad política, sino de esgrimir consignas éticas —esto es, directrices axiológicas expresas y argumentadas—, de consecuentes señales políticas —motivos por los que luchar en forma tan firme como pacifica— vindicando derechos humanos por reinterpretar. Es tiempo de tomar partido y de forjar teoría política. Es tiempo de construir una teoría política del habitar humano.

> Tanto las viviendas como la organización espacial de los grandes asentamientos residenciales constriñen y promueven ciertos modelos de relaciones sociales y domésticas. La vivienda en si misma puede encarnar e inculcar el habitus de un orden social, según lo demuestra la famosa teoría de Bourdieu (1970), pero un corolario de ésta es que las personas obligadas a vivir en tipos de ambientes diferentes a los creados por ellas mismas, aunque sea un lugar alquilado en un barrio de la ciudad o una vivienda de protección oficial, pueden experimentar dificultades para mantener sus patrones pasados de sociabilidad. Además, la innovación en las casas que la gente

construye o diseña por sí misma puede ser un vehículo para transformarse en actores sociales, tanto para bien como para mal desde el punto de vista de sus vecinos, en los procesos de cambio social y en la consecución del ascenso social dentro de su entorno. (Gledhill, 2010)

Una teoría política del habitar humano comienza por hacer centro en el papel que tiene la practica social de habitar lugares en la configuración concreta del propio orden social. De esto se desprende que tal teoría no puede circunscribirse a priori en un "problema" señalado, sino a una "cuestión social" que supone una vulneración de derechos toda vez que se reconozca, en la vida social, la emergencia estructural de fenómenos de desigualdad, insolidaridad y restricciones a la libertad de los sujetos sociales para acceder a una adecuada calidad de vida. Como respuesta integral, una política integral del habitar debe asegurar el pleno y efectivo acceso de todos los ciudadanos a lugares adecuados, dignos y decorosos, en cualquier circunstancia en donde aquellos tengan efectivo lugar. Es necesario reconocer, en principio que *"el derecho a la vivienda, tal como se recoge en las convenciones, se ha visto sujeto a procesos de reinterpretación continuos que han hecho hincapié en sus inextricables conexiones con otros derechos humanos, y en la necesidad de inscribir los temas de la vivienda en un marco mayor de promoción de asentamientos humanos 'habitables'"* (Gledhill, 2010). Para esta política del habitar, el limitado y derecho a la vivienda debe dejar lugar a un derecho humano fundamental a habitar moradas adecuadas, dignas y decorosas.

En la medida en que el derecho a la vivienda es apenas una declaración constitucional y mientras no se efectivice como obligación firme de política pública, el derecho humano a habitar moradas adecuadas, dignas y decorosas es un contenido de lucha social y política: en otras palabras: *"los derechos a la vivienda y al hábitat deben seguir siendo una cuestión de lucha, antes que ser objeto de acciones pacificadoras desde arriba, por más ilustradas que éstas sean*" (Gledhill, 2010). El sentido político sensato y genuino del derecho a la morada radica en la movilización social consciente y debe combatir las inequidades con madurez estratégica y conceptual.

Lo que una Teoría del Habitar puede aportar a este respecto es apenas un conjunto de proposiciones que buscaran hacerse carne en el movimiento social. La superación de la ideología cosificadora de la vivienda en beneficio del concepto relacional de morada no es, por cierto, tarea fácil. A la vindicación frecuente en el movimiento social de la negación del carácter de mercancía de la vivienda es preciso responder con la necesidad de reformular los conceptos. Al respecto, a los agentes sociales movilizados les asiste la razón en que el objeto de sus derechos subjetivos no es una mercancía y es precisamente por esto que deben reivindicar el derecho a habitar una morada, que implica mucho más que un simple bien útil para alojarse. Esto implica que, haciendo foco en un punto de peculiar intensidad en el habitar, se despliega un campo que involucra al vecindario, al barrio, la ciudad y el territorio.

Llegados a este punto se vuelve imperioso caracterizar con un mínimo de rigor conceptual qué se entiende, aquí, por morada. Una morada, en sentido estricto, es un lugar, esto es, un sitio habitado, una estructura que vincula existencial y socialmente a unos moradores con un sistema ordenado de lugares. Este sistema de lugares tiene, en su origen, un foco de peculiar intensidad e interés, que implica tres condiciones fundamentales:

a) es el lugar desde donde los habitantes parten día tras día dirigidos a sus ocupaciones cotidianas, y al que regresan también día a día a efectos de recuperar fuerzas;
b) es el recinto al que se accede de forma subjetivamente controlada mediante un umbral de intimidad, y
c) es el ámbito en que, con frecuencia, se alberga la crianza de los sujetos amparados por los grupos familiares.

El primer apartado tiene especial significación al consignar que la morada se extiende mucho más allá de los confines construidos de la vivienda: se trata de un hábitat, esto es, viviendas situadas en un contexto de vecindad, en una unidad urbana definida como barrio, asistida por diversos servicios de implementación cotidiana y que se conecta de modo ordenado, adecuado y digno con la ciudad y el territorio, más allá de donde se llega con los itinerarios más corrientes. Es que no se vive enclaustrado en los cerramientos de la vivienda, sino que el habitar implica una frecuentación de lugares integrados por las prácticas cotidianas.

Con respecto a la intimidad, es necesario deslizarse desde la noción de recinto a la de umbral. Esto significa que, desde el punto de vista vivencial concreto, lo que cuenta es el poder subjetivo de franquear o clausurar el acceso al reducto más intenso de la morada, el que alberga la propia dignidad:

> También el concepto de intimidad es necesario al tratar la vivienda puesto que "el motivo de que los hombres construyan casas no es sólo defenderse del clima o de los animales: el hombre construye casas porque necesita proyectar especialmente su intimidad". Esta necesidad de intimidad personal y familiar supone además una concreción de la dignidad humana, puesto que la morada es prolongación y condición espacial de la seguridad personal y de la dignidad de la persona humana, que exige el respeto del lugar donde se desarrolla la mayor parte de la vida y de la intimidad personal y familiar. (Ferrando Nicolau, 1992)

Por fin, el último apartado repara en el hecho que, para los jóvenes, la morada es, ante todo, el lugar en donde se verifica el aprestamiento fundamental para erguirse y echarse a andar. Toda vez que esta operación, capital en la existencia de cada sujeto, debe ser constitucionalmente amparada por morosos y dedicados procesos de crianza, ha de hacerse notar que este erguirse y echarse a andar se extiende mucho más allá de los muros de la vivienda de referencia. Los jóvenes humanos han de aprender mucho acerca de la existencia no ya sólo en su ámbito doméstico, sino en los vecindarios y en las instituciones escolares, en los lugares de socialización, en la propia ciudad que también debe ser por ellos apropiada. Es por todo ello que el derecho a la morada cubre una dimensión de aspectos mucho más extensa que la mera vivienda.

Porque la sustancia del derecho a habitar moradas es el derecho a ejercer con adecuación, dignidad y decoro una condición humana constitutiva y, a la vez, llevar a cabo un hecho social total:

> Como a própria produção acadêmica sobre a autoconstrução no Brasil urbano demonstrou nos anos de 1960 e 1970, a moradia oferece um rico ponto de partida para análises das mais diversas facetas da vida social. De fato, a própria centralidade da casa própria em sociedades capitalistas permite uma teorização da casa ou da moradia, bem como sua produção e experiência vivida como um processo, como um ato social total. (Cavalcanti, 2009)

Esta constitución del habitar como un hecho social total implica no ya sólo una situación, esto es, una localización espacial determinada, sino también un proceso, en el que se desenvuelve a lo largo de la experiencia vital de los sujetos una apropiación genuina de los lugares vividos. Así las cosas, el derecho humano a habitar moradas resulta no ya de una reconocida y declarada circunstancia ético-política, sino que puede ser comprendida como la expresión de una constitución fundamental: la condición situada del hombre. El derecho a constituir moradas adecuadas, dignas y decorosas obliga de modo fundamental al Estado y a la sociedad.

EL DERECHO A LA CIUDAD

En principio, puede pensarse que el derecho a la ciudad constituiría una instancia superadora, en alcance y escala, del consagrado derecho a la vivienda. En realidades urbanas signadas por hirientes desigualdades sociales, el derecho generalizado a la vivienda adecuada, digna y decorosa tendería a compensar las inequidades del acceso a la propia ciudad, entendida como hábitat. Algo de cierto hay en ello:

> [...] la creación de ciudades más habitables para toda la población depende de la reducción de las desigualdades sociales y no tanto del simple alivio de la pobreza, con el objeto de permitir a todos a llevar una vida que pueda considerarse "digna" y reducir el atractivo de la delincuencia como vía para el empoderamiento en un mundo que, de otro modo, solo ofrece la discriminación continua y la humillación social (Sapori, 207: 101). El derecho a una vivienda en un hábitat libre de estigmas es fundamental para este proyecto, y su consecución en muchos contextos es simplemente cuestión de proporcionar apoyo público a los esfuerzos y aspiraciones de las personas menos favorecidas, aunque con la perspectiva de evitar la emergencia de nuevas desigualdades entre los propios desfavorecidos. El Estado sigue siendo importante. (Gledhill, 2010)

Sin embargo, no toda opción por un derecho a la ciudad se deriva, de modo necesario, de las extensiones o generalizaciones del derecho a la vivienda, sino que aquel tiene contenido propio y diferencial. Al respecto, hay que señalar que ha sido fundamental —tanto en el acuñado de la locución, como en la construcción rigurosa del concepto— el aporte histórico del sociólogo francés Henri Lefebvre. Es necesario reparar, en primer lugar, en el concepto de ciudad del que parte nuestro autor. *"Proponemos aquí una primera definición de la ciudad como proyección de la sociedad sobre el terreno, es decir, no solamente sobre el espacio sensible, sino sobre el plano específico percibido y concebido por el pensamiento, que determina la ciudad y lo urbano"* (Lefebvre, 1968/2020). La ciudad no es, entonces, un mero agregado de volúmenes construidos e infraestructuras, sino una relación —que se tilda de proyección— entre la sociedad habitante y el lugar poblado. De aquí que se oponga, en el seno de la realidad urbana, la ciudad, como obra social materializada, por una parte, y, por otra, lo urbano, esto es, la vida humana habitante allí.

> La ciudad es una base practico-sensible, una morfología, una realidad demográfica, un dato presente e inmediato, algo que está ahí. La ciudad es un conglomerado de volúmenes, infraestructuras, calles, plazas, actividades, etc. Lo urbano es otra cosa: no requiere por fuerza constituirse como elemento tangible, puesto que podría existir y existe como mera potencialidad, como conjunto de potencialidades, que no son otra cosa que la consecuencia de la labor de lo social como máquina constante de reunir, cruzar y mezclar. (Delgado, 2018)

Allí donde se pudiera observar una pacífica y equilibrada proyección de lo urbano sobre la contextura física de la ciudad, se aprecia, muy por el contrario, una oposición contradictoria. Allí donde lo urbano debería proliferar en la producción generalizada de bienes urbanos de uso, lo que domina es la producción de bienes de cambio, esto es, mercancías. De esto resulta que la vida urbana debe conformarse con un mero consumo voraz de estos bienes de cambio, en detrimento de la consumación social de la implementación habitable. La ciudad capitalista ofrece un marco de crisis urbana:

> No es equívoco atribuir la crisis de la ciudad a una racionalidad rígida, al productivismo, al economicismo, a la centralización planificadora preocupada sobre todo del crecimiento y a

la burocracia estatal y empresarial. Sin embargo, este punto de vista no llega a superar completamente el horizonte del racionalismo más clásico, el del humanismo liberal. Es preciso ir más allá, proponiendo la forma de una sociedad urbana nueva, fortaleciendo el germen de lo urbano, que se sitúa en las grietas del orden planificado y programado. Si se desea concebir un "hombre urbano" que no se parezca ya a las imaginerías del humanismo clásico, la elaboración teórica deberá afinar los conceptos. (Lefebvre, 1968/2020)

Al accionar creador propio de lo urbano, el modo capitalista de producción de la ciudad le opone tanto un modo de producción alienante, en donde los hechos y los fenómenos urbanos se reducen a la categoría de mercancías, así como le priva a los urbanitas el derecho a habitar y recrear la ciudad según los dictados de la consumación social. Es a las fuerzas y capacidades propias de la vida urbana que la iniciativa privada y el poder administrador le imponen un doble juego de constricciones. Es en la ciudad capitalista que la honda vitalidad de los lugares habitados se ve vencida por la explotación pura y dura del espacio mercantilizado. La vida urbana, de este modo, se arrincona en los intersticios librados al accionar implacable del urbanismo empresario.

Este urbanismo empresario opera decididamente contra lo urbano. Supone el ejercicio de una segregación funcional y social por sobre el bullir de la vida: allí donde lo urbano florece en complejas y palpitantes energías, este proceso del poder político y económico obra desecando y clasificando usos, así como segmentando poblaciones. El impulso urbanizador extiende la mancha urbana y su implacable ley del valor del suelo por sobre el territorio, con lo que se deslíe la riqueza humana del vivir reunidos y en mutua y compleja interacción. El urbanismo empresario redobla con ensañamiento la explotación rapaz del espacio, desposeyendo de carácter de lugar a los territorios librados a la pura circulación vehicular, allí donde los paseantes dejan de tener ocasión de gozar sus andares. El ámbito público —calles y avenidas, plazas y parques— se va reduciendo a un papel de mero intersticio asediado por la negociación frenética de los bienes inmobiliarios privatizados. La urbanización empresaria hurta la ciudad a sus urbanitas en beneficios de los grandes jugadores del ajedrez inmobiliario.

> Fuerzas muy poderosas tienden a destruir la ciudad. Ante nosotros, cierto urbanismo proyecta sobre el terreno la ideología de una práctica que apunta a la muerte de la ciudad. Estas fuerzas sociales y políticas arrasan lo urbano en formación. Este germen, a su manera muy poderoso, ¿puede nacer en las fisuras que aún subsisten entre estas masas: el Estado, la empresa, la cultura (que deja morir a la ciudad, ofreciendo al consumo su imagen y sus obras), la ciencia o, mejor aún, la cientificidad (que se pone al servicio de la racionalidad existente, que la legitima)? ¿Podrá la vida urbana recobrar e intensificar las casi desaparecidas capacidades de integración y participación de la ciudad, que son imposibles de estimular ni por vía autoritaria, ni por prescripción administrativa, ni por intervención de especialistas? Así se formula el problema, teóricamente capital. Aunque hubiera un "sujeto" al que el análisis pudiera responsabilizar bien del resultado global de una serie de acciones no planificadas o del efecto de una voluntad, el sentido político de la segregación como estrategia de clase es evidente. A la clase obrera, víctima de la segregación, expulsada de la ciudad tradicional, privada de la vida urbana actual o posible, se le plantea un problema practico y, por tanto, político. Y ello aun cuando no haya sido planteado políticamente y pese a que la cuestión del alojamiento enmascare hasta ahora, para ella y sus, representantes, la problemática de la ciudad y lo urbano. (Lefebvre, 1968/2020)

Hay entonces un papel político manifiesto en lo urbano. Frente a las poderosas fuerzas que apuestan a destruir la ciudad bajo el imperio de la urbanización, lo urbano no sólo emerge como el aspecto especialmente afrentado, sino que es el componente encargado, precisamente, del cambio social así como el cambio en la proyección de lo social sobre el territorio habitado. Cierto es que los sectores populares aún se desvelan por las urgencias de su alojamiento sin vislumbrar aún con toda claridad la índole específicamente urbana de su lucha, pero también hay que reconocer que algo se ha avanzado, en la conciencia social, desde que Henri Lefebvre planteara la cuestión.

Del problema practico y político planteado por la urbanización contemporánea emerge como vindicación social, un derecho a la ciudad, que es la expresión consciente de la manifestación de lo urbano como sujeto político. En un primer abordaje:

> El derecho a la ciudad no puede concebirse como un simple derecho de visita o como un retorno a las ciudades tradicionales. Solo puede formularse como un derecho a la vida urbana, transformada, renovada. (Lefebvre, 1968/2020)

No puede concebirse ya un derecho a la ciudad como si de un rescate se tratase; ahora es oportunidad de revertir una expropiación: la ciudad les ha sido hurtada a sus habitantes, a la vida urbana y a lo urbano como realidad social. Puede decirse que, precisamente porque la urbanización capitalista ha escamoteado a los urbanitas el lugar en donde habitar con plenitud, es esa condición social e histórica que revela, ante la conciencia social, la emergencia de un derecho humano y social a una ciudad transformada. En efecto, en una ciudad conformada según el hábito de sus urbanitas, pacíficamente proyectados como sociedad sobre su paisaje construido, la locución *derecho a la ciudad* carece por completo de sentido, pues se trataría de un orden no contradictorio de relaciones sociales y territoriales.

A esto se agrega una segunda caracterización, de singular importancia:

El derecho a la ciudad se manifiesta como forma superior de los derechos: el derecho a la libertad, a la individualización en la socialización, al hábitat y al habitar. El derecho a la obra (a la actividad participativa) y el derecho a la apropiación (muy diferente del derecho a la propiedad) están imbricados en el derecho a la ciudad. (Lefebvre, 1968/2020)

En esta asunción, se deja entrever que tras la formulación del derecho a la ciudad se constituiría un derecho aún más entrañable para la condición humana. Esta idea merecerá un desarrollo más adelante. Pero lo que aparece de forma sustantiva aquí es que el derecho a la ciudad se desdobla en dos extremos recíprocos: por una parte, el derecho a conformar la ciudad, a la participación, a la titularidad y autoría del hecho urbano, y, por otra, el derecho a apropiar los resultados de la obra, esto es, al pleno uso y goce de los dones urbanos. Son estos aspectos mutuamente referenciados los que confieren pleno sentido a la reivindicación política fundamental.

Ha pasado ya bastante tiempo desde las formulaciones originales de Henri Lefebvre respecto al derecho a la ciudad. En todo este periodo histórico, la crisis urbana no ha hecho más que agudizarse. Según David Harvey:

> La ciudad tradicional ha muerto, asesinada por el desarrollo capitalista desenfrenado, víctima de su necesidad insaciable de disponer de capital sobreacumulado ávido de inversión en un crecimiento urbano raudo e ilimitado sin importarle cuáles sean las posibles consecuencias sociales, medioambientales o políticas. Nuestra tarea política, sugería Lefebvre, consiste en imaginar y reconstituir un tipo totalmente diferente de ciudad, alejado del repugnante caos engendrado por el frenético capital urbanizador globalizado. Pero eso no puede suceder sin la creación de un vigoroso movimiento anticapitalista que tenga como objetivo central la transformación de la vida urbana cotidiana. (Harvey, 2012)

Hoy se acuña el lóbrego término de *urbanicidio*. Pero aún se espera, anhelante la esperanza, que desde las ruinas de la urbanización presente emerjan las fuerzas sociales del cambio. La historia social marcha lenta y torva, mientras que el territorio urbano se vuelve hostil, despiadado, injusto e hiriente. Muy pesadamente, la idea del derecho a la ciudad sigue encontrando sus formas en la conciencia social. Es natural que, con la circulación discursiva, con el debate social, con el intercambio de pareceres y visiones diversamente interesadas, se vaya delineando, poco a poco, un nuevo sentido y formulación conceptual.

> El derecho a la ciudad es por tanto mucho más que un derecho de acceso individual o colectivo a los recursos que esta almacena o protege; es un derecho a cambiar y reinventar la ciudad de acuerdo con nuestros deseos. Es, además, un derecho más colectivo que individual, ya que la reinvención de la ciudad depende inevitablemente del ejercicio de un poder colectivo sobre el proceso de urbanización. (Harvey, 2012)

En definitiva, el derecho a la ciudad corresponde a una plena vindicación de lo urbano como sujeto social. Constituye tanto el empoderamiento de las fuerzas sociales en torno a los destinos de conformación social y territorial de la ciudad, así como implica un derecho humano especialmente trascendente que se conforma en torno al propio cambio social. De este modo, es ahora peculiarmente claro que, tras el reformulado derecho humano a las moradas y al hábitat, así como tras el derecho colectivo a la ciudad, se desarrolla, cada vez con más evidencia, el trasfondo de un derecho existencial y humano más entrañable y profundo: el derecho humano a habitar.

El DERECHO A HABITAR

Tenemos derecho a constituirnos plenamente en nuestra condición situada: tenemos derecho a habitar, esto es, a constituir tanto lugares en el mundo, a la vez que a constituir, en la porción del mundo a nuestro alcance existencial, nuestro propio lugar. Si nos asiste un fundamental derecho a la vida, no se nos privará de las condiciones de la misma existencia: somos entidades vivientes cuya existencia conforma lugares y éstos nos han de resultar propios, adecuados, dignos y decorosos. ¿Y todo esto por qué? Porque somos seres humanos.

El derecho a habitar emerge como trasfondo del derecho humano a las moradas y del derecho social de los urbanitas a su ciudad. Las vulneraciones de la inequidad y el desarrollo desigual de la economía urbana son manifestaciones agudas de una afrenta del orden social y económico actualmente imperante, caracterizado en su fase capitalista tardía, que opera sobre la propia condición situada de los seres humanos. Se nos escamotean los lugares en el mundo, los escenarios urbanos y el propio mundo en su esencial habitabilidad, en beneficio de los intereses de sectores minoritarios y hegemónicos del poder económico y social.

Qué tan grave es la situación histórica del presente estadio civilizatorio no nos es dable evaluar aún con suficiente herramental teórico, pero sí parece claro que, de momento, puede señalarse la emergencia de un fundamental derecho humano a habitar, como consigna política de lucha por el cambio social.

La experiencia estética de la habitación

Lo estético no es una intrusión ajena a la experiencia, ya sea por medio de un lujo vano o una idealidad trascendente, sino que es el desarrollo intenso y clarificado de los rasgos que pertenecen a toda experiencia completa y normal. Considero que este hecho es la única base segura para construir la teoría estética. JOHN DEWEY

El habitar se entiende habitualmente en relación con el espacio, como una forma de domesticar o controlar el espacio; sin embargo, también necesitamos domesticar el tiempo, reducir de escala la eternidad para hacerla comprensible. Somos incapaces de vivir en el caos espacial, pero tampoco podemos vivir fuera del transcurso del tiempo y de la duración. Ambas dimensiones necesitan articularse y dotarse de significados específicos. JUHANI PALLASMAA

LA ESTÉTICA ARQUITECTÓNICA COMO ESTÉTICA DE LA FUNCIÓN EN JAN MUKAŘOVSKÝ

Estas líneas acerca de la experiencia estética de la habitación deben comenzar por reconocer una deuda teórica con los aportes a la teoría estética general y a la arquitectónica en particular, de Jan Mukařovský. En principio, la concepción de nuestro autor acerca de la función estética cobra, en perspectiva, la mayor trascendencia al iluminar un sendero reflexivo. En efecto, con esta asunción se aclara un punto importante en la articulación entre la esfera propiamente estética y la del arte.

[...] la función estética abarca un campo de acción mucho más amplio que el solo arte. Cualquier objeto o cualquier suceso (ya sea un proceso natural o una actividad humana) pueden llegar a ser portadores de la función estética. Esta afirmación no significa panesteticismo, ya que: 1. solo se expresa la posibilidad general, mas no la necesidad, de la función estética; 2.

no se prejuzga sobre la posición de la función estética como dominante entre las demás funciones de todos los hechos que pueden entrar en su esfera; 3. no se trata de confundir la función estética con otras funciones o de entender éstas como meras variantes de aquélla. Únicamente nos declaramos partidarios de la opinión de que no hay límites fijos entre la esfera estética y la extraestética; no existen objetos o sucesos que en virtud de su esencia o de su configuración sean portadores de la función estética independientemente de la época, del lugar y del sujeto que valora, ni otros que, asimismo en virtud de su configuración específica, estén forzosamente excluidos de su alcance. (Mukařovský, 1936/2000)

Allí donde se establezca el sujeto, tanto enfrentado a un hecho de la naturaleza como a una producción humana, emerge la posibilidad general de la ocurrencia de la función estética, la que es siempre contingente, aun en la obra artística. Este carácter facultativo y emergente despoja a la función estética de un eventual carácter distintivo de ciertos hechos u obras, lo que conduce a considerar, en consecuencia, el carácter relacional que esta función tiene por parte del sujeto como receptor sensible. Además, se subraya un aspecto de singular interés en el carácter situacional de la función estética, esto es, su ocurrencia en concretas circunstancias particulares, de época y de contexto.

Otra instancia especialmente crucial la constituye el abordaje que realiza Jan Mukařovský con respecto a la arquitectura, privilegiando en su análisis estético y semiótico el comportamiento respectivo de las funciones o propósitos de la obra:

En primer lugar, el concepto de función se refiere al hecho de que corrientemente utilizamos la cosa portadora de la función para tal o cual propósito. La costumbre, o el uso repetido, es un presupuesto indispensable de la función; el término no es adecuado para una sola utilización singular de una cosa.

Tampoco el uso habitual subjetivo, es decir, el uso limitado a un individuo constituye una función en el sentido propio. Se requiere consenso social sobre el objetivo para cuya consecución se emplea la cosa como medio: cierto modo de utilización de la cosa debe ser espontáneamente comprensible para cada miembro de la colectividad. De ahí se sigue la afinidad —aunque no identidad— de la problemática de la función con la del signo: la cosa no sólo desempeña su función, sino que también la significa. (Mukařovský, 1937/2000)

Al enfatizar el problema de las funciones en la arquitectura, nuestro autor señala un importante aspecto de corte metodológico: alinea el tratamiento estético y semiótico de la propia arquitectura con la utilidad o propósito implementador, por sobre los aspectos tectónicos o de diseño. De más está decir que este enfoque preludia cualquier abordaje estético de la habitación. En efecto, al caracterizar la implementación en el uso habitual y reconocido socialmente como elemento distintivo de la función arquitectónica, traza un rumbo a las reflexiones tanto estéticas como semióticas.

Es desde estos supuestos teóricos que se llega a caracterizar la arquitectura como organización del lugar habitado:

La arquitectura organiza el espacio que rodea al hombre. Lo organiza como un todo y en relación con el ser humano como un todo, es decir, con respecto a todas las actividades físicas o psíquicas de las que es capaz el hombre y que pueden tener su escenario en el edificio. Al decir que la arquitectura organiza el espacio circundante como un todo, nos referimos al hecho de que ninguna de las partes de una construcción es funcionalmente independiente, sino que es valorada según su modo de modelar, desde el punto de vista motor y óptico, el espacio en el que se halla incluida y al cual delimita. Pongamos por caso una máquina (por ejemplo, una máquina de coser o un instrumento musical de tipo mecánico, como un piano), colocada en un ambiente habitado. Toda máquina posee una función específica; pero como parte de la arquitectura (del espacio habitado) no es valorada de acuerdo con esta función específica, sino con respecto a la manera como modela el espacio para la vista y para los movimientos de los ocupantes. (Mukařovský, 1937/2000)

La arquitectura habitada constituye una red organizada, ordenada y total de propósitos. Esta idea de la totalidad preanuncia una cualidad peculiarmente importante para la ulterior Teoría del Habitar. Así, la arquitectura puede asumirse como la misma directriz organizadora de los propósitos del habitar, como la virtud ordenadora de las cosas del vivir y como la envolvente integral de la vida situada. Esta concepción de la arquitectura trasciende muy largamente la esfera de lo que hacen los arquitectos por ella, esto es, proyectar y construir, para preferir privilegiar la implementación en el uso, la consumación en la habitación, la apropiación de la obra arquitectónica por parte de la vida situada.

Estas consideraciones contribuyen a reposicionar el componente estético en arquitectura. Ya no es sostenible distinguir entre una "arquitectura" como arte y una mera construcción utilitaria, desprovista a priori tanto de eventual valor estético así como su propio carácter arquitectónico. Tampoco es sostenible reducir la función estética de una obra arquitectónica al puro talento del artífice de su diseño o construcción, ni a la condición social del comitente, ni a ninguna restricción programática. La función estética es un emergente, en todo caso, de una experiencia habitable, cuando afecta de manera específica a los sentidos y al entendimiento del habitante.

Pasamos ahora al complejo y arduo problema de la función estética en la arquitectura. En este contexto habrá que decir unas palabras sobre la relación entre la arquitectura y el arte. Por lo que se refiere a la posición de la función estética entre las demás funciones, debemos recordar, sin entrar en detalles, que la función estética, donde quiera que aparezca y cualquiera que sea su entorno, es la negación dialéctica de la funcionalidad. Al fin y al cabo, cualquier otra función sólo puede manifestarse allí donde se trate de la utilización de un objeto con algún propósito; por el contrario, donde y cuando quiera que se manifieste la función estética, cuanto más fuerte sea, tanto más claramente convertirá el objeto en objetivo, oponiéndose así a su uso práctico. Para ilustrar esto con un ejemplo de la arquitectura, recordemos la experiencia de que un interior con función estética hipertrofiada dificulta su utilización porque atrae demasiada atención sobre sí mismo. Incluso cualquier reorganización del interior, como la renovación o simple redistribución de los muebles, es capaz de hacer revivir temporalmente y de manera indeseable para los ocupantes la función estética del mobiliario y disminuir así la utilidad práctica de las habitaciones. (Mukařovský, 1937/2000)

Esta afirmación de que la función estética en arquitectura es la negación dialéctica de la funcionalidad utilitaria constituye un extremo especialmente importante. Mientras que la funcionalidad utilitaria siempre es un medio destinado a un propósito, la función estética se advierte como un fin de la forma como tal. Esto no quiere decir, por cierto, que haya arquitecturas meramente utilitarias y arquitecturas cuya función superior sea la estética como fin, sino que la función estética sólo aparece más allá de todas las determinaciones funcionales utilitarias de la forma, emergiendo como consumación efectiva de la propia forma en tanto es efectivamente percibida y apreciada.

Estas consideraciones conducen a reconocer una forma especial de acechanza de lo estético en arquitectura:

Este ejemplo nos conduce a otra tesis general: la función estética no emerge de repente, sin transición, como algo añadido y suplementario, sino que siempre está presente en potencia, esperando la menor oportunidad para cobrar vida. Esto se desprende ya de la tesis, planteada al comienzo de este artículo, sobre la omnipresencia potencial de todas las funciones; la omnipresencia de la función estética es particularmente marcada. Como negación dialéctica de la funcionalidad en general, la función estética es el opuesto de cada función particular, como también de cada conjunto de funciones. Por ello su posición entre las diferentes funciones semeja la circulación del aire entre las cosas o, mejor, la mezcla de la oscuridad con la luz. Así como el aire enseguida llena el espacio de donde se ha retirado un objeto, o como la oscuridad penetra en los recodos del espacio de donde ha precedido la luz, así también la función estética va en fuerte adhesión tras las otras funciones; dondequiera que éstas se debilitan, retroceden o se reagrupan, entra enseguida la función estética y se robustece en forma proporcional. No existe, además, cosa alguna que no pueda llegar a ser portadora de la función estética, como tampoco hay cosa alguna que tenga que ser su portadora necesariamente. Si bien ciertos objetos son producidos y adaptados en su forma con miras al efecto estético, ello no significa que, con un cambio en el tiempo, en el espacio o en el medio social, no puedan perder esta función de manera parcial o total. (Mukařovský, 1937/2000)

La asunción de la función estética como entidad acechante en arquitectura permite reconsiderar el avejentado tópico de la relación entre "la forma" y "la función". La fórmula mal entendida que afirma que *la forma sigue a la función* es apenas una formula inconsistente, carente de sentido: a las funciones utilitarias le corresponden, de manera exacta e inmediata, configuraciones específicas de adecuación, que son aspectos instrumentales y siempre parciales de aquello que constituye una forma concreta, que es la totalidad sintética de todos los aspectos perceptibles de una cosa o fenómeno. Precisamente en la diferencia entre el conjunto siempre discreto y parcial de todas las aptitudes funcionales utilitarias de una cosa o evento y la forma concreta de tal cosa o evento, allí anida, presta a manifestarse de modo rotundo, la función estética: el valor especifico que pueda ser percibido y apreciado.

A modo de recapitulación, conviene recordar cada uno de los aportes con lo que conformamos nuestra deuda teórica con la estética de Jan Mukařovský. En primer lugar, en el señalamiento de la difusión de la función estética mucho más allá de los límites de cualquier disciplina artística, con lo que la atención sobre la producción del eventual fenómeno estético se desplaza a la recepción sensible de lo estético toda vez éste que se manifieste. En segundo término, el abordaje de nuestro autor con respecto a la arquitectura, en donde se subraya el propósito en términos de función, con lo que se abre camino a indagar tanto en la contextura de las funciones utilitarias específicas, así como en la finalidad intrínseca de la conformación total arquitectónica: precisamente, su carácter habitable. Además, se caracteriza lo estético también en términos de función, aunque se señala su especial configuración en el seno de la forma que resulta objeto de una especifica experiencia estética. Y es a partir de la concreta experiencia estética al habitar la arquitectura que construiremos nuestra respectiva reflexión teórica.

LA CONFIGURACIÓN TEÓRICA DE LA EXPERIENCIA ESTÉTICA

Para muchos, saber ver la arquitectura es apreciar y comprender de modo calificado el juego bien concertado de los elementos constructivos, o distinguir la maestría en que masas y espacios conforman un designio o una voluntad de forma vuelta efectiva y magnífica materialidad en el espacio. Saber ver la arquitectura, de este modo, es propio de expertos, de sujetos formados académicamente para ello y de gentes de cultura refinada en una especialidad. Saber ver la arquitectura es asunto de arquitectos y de personas especialmente instruidas en el arte de la arquitectura. Saber ver la arquitectura supone un disciplinamiento de la acuidad estética, una vocación y una implicación con un arte que conoce de reglas y exquisiteces, de obras maestras y lecciones aprendidas, de historia y de teoría, de formación tanto académica como artesana. Saber ver la arquitectura es una consigna específica para la edificación de una determinada estética construida desde unas muy especiales condiciones sociales. Aquí exploraremos otros caminos, desde otras condiciones sociales y otros supuestos teóricos

Nos preguntaremos por la experiencia estética propia de las personas cuando habitan un lugar. Cuando las personas habitan un lugar no se separan de éste para apreciarlo como expertos, sino que suelen abandonarse al leve roce del cuerpo con las cosas. Cuando las personas habitan un lugar, antes que contemplar disciplinadamente los pormenores del enclave, se sumergen en él hasta constituir un vínculo inextricable. Cuando las personas habitan un lugar no ponen en juego su eventual calificación académica, sino que se hunden en un mar complejo de sensaciones. Aquí intentaremos edificar una estética fundamentada en este tipo de experiencia.

Porque quizá sea una buena idea constituir una estética a partir de una concreta experiencia estética, esto es, de la naturaleza propia de un vínculo de un cierto sujeto con un correspondiente objeto estético. El centrarse en la experiencia estética concreta tiene la ventaja de reconstruir cognoscitivamente tanto al sujeto como al propio objeto estético. En efecto, si fundamos nuestra reflexión en la experiencia estética propia de los habitantes de un lugar, dirigimos nuestra atención a la naturaleza y variedad de vínculos que los implican mutuamente, con lo que tanto los habitantes como el lugar recuperan su concreta complejidad. Ya no se trata de una estética propia de especialistas, un conjunto especialmente calificado y segmentado de las personas, sino el conjunto variopinto de seres humanos que hagan presencia y población. Ya no se trata de una estética de una operación supuestamente restringida al espacio, operativamente considerado, sino de tratar con el lugar allí donde tienen concreta y efectiva situación las personas. La experiencia estética de los sujetos habitantes será, entonces, nuestro punto de partida.

Antes que nada es preciso contextualizar la propia concepción de la experiencia estética:

> Durante los últimos cien años, la mayoría de las publicaciones que trataron la idea de la belleza y del arte han tenido un carácter psicológico, y su tema de estudio ha sido la respuesta humana a la belleza y al arte: aquello que se denomina como experiencia estética o sensación, sus propiedades, elementos y desarrollo han sido investigados; también se ha investigado la naturaleza mental que requiere. Ha sido considerado como el principal problema de la estética [...] (Tatarkiewicz, 1976/2001)

Si bien aquí no podría ni siquiera intentar la temeridad de sostener que la experiencia estética constituye, por sí, el principal problema de toda la estética como disciplina, ha de considerarse que al partir la reflexión teórica desde este punto puede resultar peculiarmente oportuna a los fines, al menos, de una Teoría del Habitar. De hecho, no ha de ignorarse que el propio habitar, como ethos, como práctica social y como desempeño humano posee una dimensión estética propia y diferencial, que emerge de las diversas estructuraciones que las personas realizan con sus sensaciones al poblar los lugares.

Del prolijo examen histórico que realiza Wladistaw Tatarkiewicz de la idea de experiencia estética emerge la concepción aristotélica de la misma, así como fuera delineada en la *Ética a Eudemo*. Allí, Aristóteles asocia la concepción de experiencia estética a la de encantamiento. Como era de esperar en este autor, se aplica a describir, con método y rigor, todos aquellos extremos que destacan en esta conducta.

> La teoría de Aristóteles es compleja. Pueden encontrarse en ella seis rasgos de la sensación que experimentamos cuando asumimos la actitud de "espectador". Así, dice el Estagirita, a) se trata de la experiencia de un placer intenso que se deriva de observar o escuchar, un placer tan intenso que puede resultarle al hombre difícil apartarse de él; b) esta experiencia produce la suspensión de la voluntad hasta tal punto que se encuentra, por decirlo así, "encantado por las sirenas, como desprovisto de voluntad"; c) la experiencia tiene varios grados de intensidad, resultando a veces "excesiva"; sin embargo, en comparación con otros placeres que, cuando son excesivos, resultan repugnantes, nadie encuentra repugnante un exceso en este tipo de experiencia; d) la experiencia es característica del hombre y sólo de él; otras criaturas tienen sus placeres, pero estos se derivan más bien del gusto y del olfato que de la vista y la armonía percibida; e) la experiencia se origina en los sentidos, sin embargo no depende de su agudeza; los sentidos de los animales son más agudos que los de los hombres, sin embargo los animales no tienen este tipo de experiencia; f) este tipo de placer se origina en las mismas sensaciones (y no en las asociaciones, tal y como hoy día se las denomina) [...]. (Tatarkiewicz, 1976/2001)

De esta caracterización puede extraerse aún hoy con provecho un conjunto de asunciones. El primero, que destaca la intensidad de la experiencia —ya no es posible reducirla a una sensación necesariamente placentera, pero si conservar la contundencia— describe una experiencia hondamente vivida, que promueve un estado extático subjetivo. Lo que conduce a un encantamiento superior de las facultades anímicas del sujeto, y allí hay un segundo punto importante. El tercer elemento característico es una suerte de euforia del ánimo, que no conoce excesos, al menos en los casos de positiva respuesta subjetiva. Un cuarto carácter es que, si bien las sensaciones, lo percibido por los sentidos, juega un papel crucial como vehículos eficaces y propiciadores del fenómeno, la constitución de la experiencia se desarrolla en la profundidad vital, total y sintética del sujeto.

Este último aspecto nos lleva a plantearnos que, más allá que las experiencias estéticas ocurran de hecho, debe haber en ello un propósito profundo desde el punto de vista existencial:

> ¿Para qué se necesitan estas experiencias? Parecía evidente que servían para percibir la belleza, que es el fin y el sentido de la vida. Se compartía el pensamiento de Platón, según el cual "si la vida merece la pena vivirse, lo es sólo para percibir la belleza"; no se veía por tanto aquí ningún problema. (Tatarkiewicz, 1976/2001)

Hoy quizá no puede pensarse que haya una razón trascendente de vida en la experiencia de la belleza en sí misma, pero cabe preguntarse si la existencia humana no consigue, al menos, una importante consumación cuando alcanza con plenitud el ejercicio de la facultad de juzgar. Según parece, hay en este ejercicio la demostración de que el habitar del mundo consigue concentrarse, extático, sobre su propia condición. En la experiencia estética, más allá de la percepción de la belleza, radicaría, entonces, una efusión particularmente importante de la vida humana cuando consigue una rotunda confirmación existencial: somos capaces, entonces, de consumar nuestra vida.

En los albores de la formulación ilustrada de la estética, ésta fue asimilada a una suerte de conocimiento inmediato, pero inferior al racional. En todo caso, se le entendió en términos cognitivos.

> Un grupo de teorías cognoscitivas afirmó que la experiencia estética es un tipo de conocimiento. Tenía también sus antecedentes, especialmente en la doctrina de la *representatio cognitiva*. En el curso de los siglos XIX y XX, surgió de diferentes formas. Benedetto Croce (*Breviario di estetica*, 1913) observó en la experiencia estética una "intuición", una "síntesis espiritual", una ilustración de la mente a través de una fórmula que está relacionada con el fenómeno, Sin embargo, la teoría de K[onrad] Fiedler, fue algo especialmente original, ignorada por sus contemporáneos, pero admirada por generaciones posteriores; en ésta se afirmaba que la mente halla en la experiencia estética del arte una explicación visible del mundo [...]. (Tatarkiewicz, 1976/2001)

Ahora podemos entender que, si bien la experiencia estética desborda los marcos cognitivos, supone una relación del sujeto con el mundo que puebla y percibe. Hay en la idea de Fiedler un aspecto de revelación iluminadora superior de lo mundano por obra de la percepción estética que será bueno tomar en reserva. En realidad, quizá pudiera resultar más prudente aventurar que, mediante la experiencia estética del mundo, el sujeto puede reconocer, como en un espejo, cómo su propia condición de habitante se proyecta sobre la apariencia general de las cosas, haciendo del mundo cosa propia.

Es oportuno ahora aportar otro criterio complementario para el tratamiento sistemático del fenómeno estético. Se trata aquí de recoger una más que oportuna sugerencia del poeta Paul Valéry:

> Formaré un primer grupo que bautizaré: *Estésica*, y pondré todo lo que se relaciona con el estudio de las sensaciones; pero

más particularmente se colocarían los trabajos que tienen por objeto las excitaciones y las reacciones sensibles que no tienen un papel fisiológico uniforme y bien definido. Estas son, en efecto, las modificaciones sensoriales de las que el ser viviente puede prescindir, y de las que el conjunto (que contiene, a título de rarezas, las sensaciones indispensables o utilizables) es nuestro tesoro. En él reside nuestra riqueza. Todo el lujo de nuestras artes ha bebido de sus recursos infinitos. Otro montón reuniría todo lo que concierne a la producción de las obras; y una idea general de la *acción humana completa*, desde sus raíces psíquicas y fisiológicas, hasta sus empresas sobre la materia o sobre los individuos, permitiría subdividir ese segundo grupo, que denominaría *Poética*, o mejor *Poiética*. En una parte el estudio de la invención y de la composición, el papel del azar, el de la reflexión, el de la imitación; el de la cultura y del medio; en otra parte, el examen y el análisis de las técnicas, procedimientos, instrumentos, materiales, medios agentes de acción. (Valéry, 1937/1990)

Hay más de una razón para seguir esta opción. En primer lugar, parece más que razonable oponer de modo dialéctico la recepción sensible con respecto a la producción artística. Como se verá más adelante, la rearticulación rigurosa de ambos aspectos resultará peculiarmente fértil. En segundo lugar, puede establecerse una metodología alternativa para la reflexión teórica, en donde las reacciones sensibles ya no se conciban como consecuencias derivadas del influjo necesario, previo y decisivo de la producción artística, sino puedan pensarse como el marco social en que esta producción puede tener efectivo desempeño en la vida de las personas. Tercero, esta oposición puede iluminar la reflexión sobre las relaciones que se entablan entre el arte y la vida social cotidiana.

Aún en la actualidad, hemos naturalizado una clara escisión entre el arte y la vida cotidiana, haciendo de lo estético un lujo sobreañadido a ciertas especiales formas de producción. Al respecto, se pronuncia el filósofo estadounidense John Dewey:

> El crecimiento del capitalismo ha sido una poderosa influencia en el desarrollo del museo como el albergue propio de las obras de arte, y en el progreso de la idea de que son cosa aparte de la vida común. Los *nouveau riches*, que son un importante producto del capitalismo, se han sentido especialmente impelidos a rodearse de obras de arte, que siendo raras, son por ello costosas. Hablando en general, el coleccionista típico es el típico capitalista. Para evidenciar su buena posición en el mundo de la alta cultura, amontona pinturas, estatuas, joyas artísticas, así como su caudal y sus bonos acreditan su situación en el mundo económico. (Dewey, 1934/2008)

La consideración rigurosa y sistemática de la experiencia estética ordinaria supone una oportunidad para poner las cosas en su lugar. Bajo el imperio del valor puramente económico, ciertas características de algunos tipos de producciones, tales como las pinturas, las esculturas, y otros se sumen en el conjunto de realizaciones con alto valor económico, a la vez que devienen signos de distinción de clase, en donde el valor estético se traduce, de modo equívoco, en términos de capital atesorado. Pero el examen de la experiencia estética ordinaria acaso pudiera desmontar en parte no menor estas dudosas equiparaciones.

Quizá fuera una buena cosa tentar un paso reflexivo hacia atrás y replantear, con el auxilio de John Dewey, lo que constituye una experiencia de cualquier tipo:

> La experiencia es el resultado, el signo y la recompensa de esta interacción del organismo y el ambiente, que cuando se realiza plenamente es una transformación de la interacción en participación y comunicación. Ya que los órganos de los senti-

dos conectados con sus aparatos motores son medios de esta participación, cualquier derogación de ellos, ya sea practica o teórica, es inmediatamente efecto y causa de una experiencia vital que se estrecha y se oscurece. Todas las oposiciones de mente y cuerpo, de materia y alma, de espíritu y carne, tienen su origen fundamentalmente en el temor de lo que la vida nos puede deparar. Son signos de contracción y escape. Por consiguiente, el pleno reconocimiento de la continuidad de los órganos, necesidades e impulsos básicos de la criatura humana con sus capacidades animales, no implica una necesaria reducción del hombre al nivel de las bestias. Al contrario, hace posible trazar un plan básico de la experiencia humana, sobre el cual se erige la superestructura de la experiencia maravillosa y distintiva del hombre. Lo que es distintivo en el hombre es la posibilidad de hundirse hasta el nivel de las bestias. Con todo, tiene también la posibilidad de llevar a alturas nuevas y sin precedente esa unidad de la sensibilidad y del impulso, del cerebro, el ojo y el oído, que ejemplifica la vida animal, saturándola con los significados conscientes que se derivan de la comunicación y la expresión deliberada. (Dewey, 1934/2008)

Caracterizar la experiencia en si como resultado, signo y recompensa de la interacción entre el sujeto y su ambiente conduce a orientar la reflexión hacia la propia situación viviente. Impulsa a considerar la experiencia como una estructura tanto participativa —en tanto resulta de una mutua proyección entre el sujeto y su ambiente— así como un intercambio comunicativo que confiere formas a esta participación. De esta doble y reciproca conformación, la experiencia estética representa un perfeccionamiento diferencialmente humano, en la medida en que la participación deja de ser animalmente afectiva: cuando la comunicación consigue promover una participación productora de formas y mundos. Es de este designio antropológico que emerge, para Dewey, la articulación entre la poética y la estética:

> El hacer o elaborar es artístico cuando el resultado percibido es de tal naturaleza que sus cualidades tal y como son como percibidas han controlado la producción, El acto de producir dirigido por el intento de producir algo que se goza con la experiencia inmediata de la percepción, posee cualidades que no tiene la actividad espontánea y sin control. El artista, mientras trabaja, encarna en sí mismo la actitud del que percibe. (Dewey, 1934/2008)

El artista-poeta, productor de artificios y artefactos, obra ilustrado por su saber estético receptivo y a las reglas sospechadas por su experiencia estética es que obedece en su disciplina. En virtud de ello, en el núcleo fundamental de la experiencia estética se puede vislumbrar no ya la mera posibilidad de fundar una reflexión estética particular, sino una casi certidumbre de que se avanza por un camino teórico sensato. Pero el examen del desarrollo teórico de Dewey nos aporta un muy importante aspecto para, ahora sí, edificar sobre éste, una teoría de la experiencia estética propia y especifica del habitar.

> La epidermis solo indica de la manera más superficial dónde termina un organismo y dónde empieza el ambiente. Hay cosas dentro del cuerpo que son extrañas a él. y hay cosas fuera de él que le pertenecen *de jure*, si no *de facto*, y de las que debe tomar posesión si la vida ha de continuar. En la más baja escala, el aire y los alimentos son tales cosas; en una escala superior, las herramientas, ya sea la pluma del escritor o el yunque del herrero, los utensilios y los enseres, la propiedad, los amigos e instituciones, todos los soportes y sostenes sin los cuales no puede haber vida civilizada. (Dewey, 1934/2008)

Aquí es donde concurren las sendas reflexivas: cuando se piensa en la situación del cuerpo en el lugar que puebla. Con esta caracterización del lugar habitado es entonces posible acometer la experiencia estética de la habitación en términos de una consumación existencial. Allí donde la vivencia honda y entrañable de tener lugar, allí donde el sujeto se encuentre situado, allí se constituirá una elemental experiencia estética. Es a esta peculiar forma de experiencia que nos estamos dirigiendo.

UNA CARACTERIZACIÓN DE LA EXPERIENCIA ESTÉTICA EN EL HABITAR

La tentativa de saber ver la arquitectura es deudora del compromiso de comprenderla, de apreciarla en lo que esta es, o lo que se presume que es. Mientras tanto, la estética fundada en la experiencia habitable se sigue de un anhelo de conocer la consumación de la vida de las personas en su lugar. La experiencia estética de la vida que habita no pretende comprender la contextura constructiva o formal del lugar, sino que se aplica a cumplirse sensible y palpitante en cuanto tal. La razón de ser de tal estética, más que cognoscitiva, es existencial. Por ello, la experiencia estética de la vida que habita es una experiencia que ampara la condición humana en sus dimensiones y compromisos más profundos y quizá fundamentales.

Muchos arquitectos nos hemos formado en la consolidada convicción de que nuestro arte se desarrolla en el espacio. Así, nuestros maestros y profesores nos han instruido en la necesidad de comprenderlo, esto es, aprehender ciertas nociones operativas del espacio, con el fin de conferirle forma mediante la disposición de masas, volúmenes y vacíos. La clave estaría en adquirir la capacidad de representarlo con el objetivo de mejor manipularlo, en beneficio de la magnificencia del resultado. No obstante, se echa en falta cualquier mención sensata del tiempo y su desempeño como dimensión propia de los lugares habitados, y el papel que la duración tiene en la experiencia arquitectónica, por más que a nadie se le escapa que a la arquitectura se la aprecia recorriéndola. Ahora llegamos a sospechar que, en realidad, creyendo operar sobre el espacio y a pesar de ignorarlo casi todo sobre el tiempo, nuestro oficio radica en realizar lugares, esto es, campos o estructuras espaciotemporales en donde sea posible habitar. Esto tiene consecuencias en la teoría estética, ya que debe enfatizarse el papel del tiempo en la coreografía del habitante, por una parte, y, por otra, el papel de la duración y la memoria en la integración compleja del conjunto variado de sensaciones que supone la experiencia estética del lugar. La experiencia estética del lugar es una experiencia profunda del tiempo habitado.

La experiencia estética del habitar es una experiencia compleja. Es preciso reparar en aquello que los habitantes practican cuando tienen lugar. Los habitantes marchan, se yerguen, experimentan las amplitudes. Manipulan las cosas, se adentran en los interiores, trabajan, juegan y aman. Oyen y se arropan, contemplan y huelen. Todas estas prácticas implican miríadas de sensaciones, sutiles sinestesias, complejas asociaciones. Todos los sentidos se confabulan, todas las sensaciones concurren, todas las asociaciones se conciertan en la vivencia cabal y honda del habitar. La experiencia estética del espacio euclidiano es apenas una percepción de una abstracción operativa, mediante la cual se han conseguido proezas arquitectónicas, por cierto. Pero no es menos cierto que la experiencia concreta del habitar es mucho más rica y compleja y que es una experiencia que está a la mano de todo habitante, soberano poblador de su lugar. Y este soberano poblador de su lugar —es preciso reconocerlo— es a la vez el arquitecto responsable de su peculiar contextura, de su particular arquitectura del lugar.

Es preciso capturar el preciso sentido de la vivencia arquitectónica. Esta vivencia no se agota en aquello que se cree que revela la visión. Antes bien, es una efusión de todo el cuerpo, con toda la sensibilidad puesta en juego y con todo su accionar puesto de manifiesto. Es un contenido total de la vida cuando tiene lugar, porque este y no otro es su sino. Por ello, más que la revelación de un sentido particular, es la síntesis superior y profunda de toda sensación. La vivencia arquitectónica, protagonizada en primera persona por su habitante, es una composición concertada bajo la dirección de un sentido que anima la calma alegría de vivir propia del cuerpo cuando encuentra el lugar que le conviene.

Cabe preguntarse por un hipotético protosentido, por un sentido hondo, capaz. de unificar el caos de sensaciones implicadas por el habitar, por un sentido superior capaz de consolidar la experiencia arquitectónica como una única experiencia en su complejidad. Hay quien propone que el sentido del tacto pudiera constituir esta facultad fundamental. Aquí se sospecha en un sentido aún más entrañable, un sentido sin nombre preciso, ni, quizá, órgano puntualmente responsable. Un sentido que se mueva con eficacia en la dimensión del tiempo.

Esta dimensión del tiempo es la que aparece, en principio, en la marcha, aliando la profundidad perspectiva espacial con el desarrollo del desplazamiento inquisitivo. Esta dimensión del tiempo, asimismo, asoma hilvanando el conjunto variado de otras sensaciones en la duración de los eventos de habitación, allí donde la miríada de dimensiones encuentra una disciplina que la ordena y compone. Y, no menos importante, el sentido del tiempo propio de la memoria, que coteja toda novedad con las improntas de lo vivido. Tal parece que habría, a punto ya de ser distinguido, de todos los sentidos el sentido propio y especifico del habitar el cuerpo los lugares. Un sentido capaz de volcar en las profundidades del habitante su total pertenencia al lugar que puebla.

En cada ocasión en que tenemos lugar emerge una experiencia estética especifica de tal situación. Podríamos ignorar con contundencia universal cualquier forma de arte, pero no podemos privarnos de la experiencia estética de visitar, un día sí y otro también, el siempre abierto y hospitalario museo del arte del habitar. No hacemos, a lo largo de toda nuestra existencia, más que sumergirnos dóciles en el lugar y así inundarnos de las más variadas sensaciones. Mientras marchamos absortos por los corredores de la vida, se nos hace carne esta inmersión crónica y tópica. Es acaso tan omnipresente esta experiencia estética que nos damos el lujo de pasar distraídos por ella, olvidados de nuestra constitucional condición de seres situados.

La abrumadora mayoría de las estéticas se han construido sobre el fundamento de la contemplación. Pero la estética del habitar es diferente. Es una estética de la situación. La diferencia estriba en que una estética de la contemplación se establece sobre un prudente y metódico distanciamiento entre el sujeto y su objeto de referencia. Este distanciamiento es una garantía de pureza y especificidad para el vínculo estético. Pero tal virtud no puede predicarse de una estética del habitar. Tal estética está necesariamente fundada en la pertenencia total del sujeto al mundo que habita. Es una estética propia de los que son de este mundo y no de los que se pretenden asomados a éste. No hay en el habitar otra situación que pueda aislarse en forma pura y especifica. La experiencia estética del habitar tiene a su sujeto totalmente contaminado por su pertenencia a la situación que puebla.

Cuando se reflexiona sobre la experiencia estética del habitar, resulta casi inevitable recordar la idea wagneriana de obra de arte total (*Gesamtkunstwerk*). Esto, toda vez que hay en ambas una común integralidad, una totalidad sensible puesta en síntesis superior. No obstante, existe una crucial diferencia. Cuando se acerca el final de *La caída de los dioses*, el talante totalizador Richard Wagner envuelve de tal modo al espectador, que lo confina, le encanta y lo sojuzga de tal suerte que solo con estentóreos y apasionados aplausos las audiencias consiguen abrir la puerta para recuperarse al fin de su total inmersión. Es de admirar este superior talento artístico y —también hay que decirlo— es de temer algo el espíritu demiúrgico de la empresa. Pero en la experiencia estética del habitar, el sujeto se enseñorea, libérrimo, en su propio tener lugar. Acaso no hay confinamiento, porque, en la oportunidad de una consumada experiencia estética, el tamaño del alojamiento es en todo caso de magnitud conforme a la plena expansión del ser situado de la persona. Cuando un habitante consigue tener efectivo lugar, su ánimo pacifico vaga alígero sobre el lugar. Tan libre, que puede distraerse de sí, de tal modo que confunda la experiencia estética del habitar allí y en ese entonces, con la respiración morosa de la vida misma.

Habitar supone, entonces, una experiencia estética inmersiva en su objeto. La contextura del lugar inunda la presencia del sujeto, y éste solo a costa de una depurada actitud crítica consigue reconocer esta peculiar condición de recepción estética. Al confundirse con una efusión corriente de la vida, la experiencia estética del habitar se vuelve engañosamente diáfana y leve. En tales condiciones, el juicio estético no parece ser otra cosa que un juicio del confort. Pero, a no dudarlo, este juicio del confort no puede ser quizá nunca un depurado juicio estético como le agradaría a más de un teórico de la especialidad. Porque el juicio de confort es tanto cognoscitivo como ético. Y también, y concurrentemente, estético.

> El imperativo categórico de la ontología agraria: ¡interésate por la cosecha! sólo puede seguirse mientras exista una tensión razonable entre previsión y cumplimiento. Según eso, la casa de los primeros campesinos sería un reloj habitado. Es el lugar de nacimiento de dos tipos de temporalidad: del tiempo que va al encuentro de los acontecimientos, y del tiempo que, como si anduviera en círculo, sirve al eterno retorno de lo mismo. (Sloterdijk, 2004)

Es fácil concebir una experiencia estética inmersiva en el espacio, pero más sutil es considerarla, en lo que le es propio, en el tiempo. Es que aún es una novedad la esclarecida expresión de nuestro filósofo. Toda construcción que haga lugar al habitar humano es una suerte de reloj, de observatorio astronómico que envuelve a los mortales en su apreciación detenida del paso del tiempo. Una casa es un reloj habitado porque ampara a aquellos que tanto se detienen a verificar con morosidad el decurso siempre progresivo de los acontecimientos de la propia vida, así como observar cómo los ciclos cósmicos se repiten con tenaz regularidad. Una casa—toda casa—tiene la misión primordial, y es estética, de cotejar entre si el tiempo cósmico con la temporalidad vivida con su refinado sentido. Es que así y no de otra manera es que el tiempo se deja habitar.

La experiencia estética del habitar es una experiencia sensible particular y específica. El sujeto aparece inmerso en su situación, cobijado por su objeto tanto en el espacio, pero, sobre todo, en el tiempo, el tiempo propio vivido. Para ello, el sujeto hace ejercicio de un sentido especial, que ahora podemos denominar demora. Una demora no es, necesariamente, una espera, ni tampoco un ejercicio de la memoria de lo pasado, sino la plena vivencia del tiempo que se vive en un presente revelado pacifico. Una demora es la oportunidad que le damos al lugar para que éste despliegue morosamente todos y cada uno de sus aspectos. Una demora es un decurso calmo de la existencia cuando nos damos a nosotros mismos la oportunidad de apreciar, de modo templado, nuestro discurrir. Y así, demorados en el lugar de vida, es que habitamos las moradas que hacemos nuestras.

La estética del habitar debe desarrollarse también sobre el esclarecimiento de la dimensión estética de la vida corriente. Tanto nos hemos acostumbrado a buscar lo bello e interesante del mundo allí donde emergen eventos destacados, escasos y llamativos, que nos hemos cegado a la posibilidad de resonar con las poéticas del lenguaje ordinario, usual o, precisamente, habitual. Esto parece justificarse con la costumbre de la reserva del arte en los museos, de la literatura en las oscuras bibliotecas y en el disfrute de las élites. Mientras tanto, en la calle queda el estrépito, la fealdad irredimible de lo frecuente y el paisaje carente que es escenario de las vidas de las gentes del común. Desde ya no se trata de volver pintoresco lo banal, ni de lustrar las mezquinas superficies gastadas por la vida y el uso. No, se trata de prestar oídos a las voces del fondo del lenguaje, de respirar las armonías de la vida urbana allí donde se produzcan. Se trata de poner en su valor el día a día tal cual aparece.

Podremos llamar demora a la experiencia estética del habitar el tiempo como dimensión fundamental. El tiempo no se detiene, por supuesto. La que se pausa o ralentiza es la existencia en su duración. Mediante la demora, los sujetos pueden dejar asomar su vida ya vivida al borde de su sima interior, en donde ciertos sedimentos se irán decantando en los pliegues de la memoria. Mediante la demora, los sujetos pueden dejar volar a su aire y como fantasmagorías sus barruntos del futuro. Mediante la demora, los sujetos pueden habitar calmados y pacíficos su presente como tal, su precisa circunstancia, su propia locación. Habitando sus demoras, los sujetos tienen la oportunidad de contemplar, absortos, su propia vida en el espejo del tiempo, que sigue pasando, pero mejor advertido en su carácter de duración.

Todo el arte de la fotografía parece condensarse allí donde un instante cualquiera de vida queda sustraído para siempre del continuo fluir del tiempo. En la fotografía, como gesto, lo ordinario revela sus ocultas virtudes: súbitos arreglos de lo casual componen figuras allí donde cada elemento consigue integrarse en una reveladora constelación. El cuadro que consigue la fotografía reúne una secreta conexión entre sujetos, lugares y cosas, así como revela arquitecturas efímeras de luces y sombras, que evocan otras sensaciones más complejas y evanescentes. La fotografía, magia de la luz, permite la epifanía de las formas humildes de la existencia. Ahora, que hemos sido advertidos por una fotografía de una experiencia estética de lo ordinario, no podemos hacer otra cosa que demorarnos en la obra de arte en la que acaso nos hallamos, sumergidos de forma involuntaria, pero ineluctable.

Cuando se reflexiona sobre la existencia, por lo general se piensa en como afrontamos, erguidos sobre nuestra dignidad, aquellos eventos especialmente cruciales de nuestra vida. Pero no solemos reparar en las modalidades humildes de la existencia, en las pequeñas epifanías del ser-en-el-mundo, el estar inmersos en los momentos corrientes de nuestra vida. De todo el vasto laberinto que recorremos, parece que el interés se agota en los cambios súbitos de dirección, en las instancias de decisión, más no en la marcha esforzada por los largos pasillos de la vida. Pero así no pensamos en las prolongadas esperas que insume nuestra vida, cuando aguardamos la emergencia de los acontecimientos, las oportunidades, las opciones. Quizá debiésemos mirarnos a nosotros mismos para reconocer mejor la figura que producimos en los tiempos de demora, allí donde meditamos taciturnos sobre nuestra suerte, cuando nos preparamos morosamente para afrontar los acontecimientos. Porque bien pudiera ser que nuestra vida sea, con mucho, una demora prolongada pautada, aquí y allá, y muy de tanto en tanto, por los eventos que nos van torciendo el camino.

Conviene reparar en nuestras primeras experiencias estéticas, a efectos de repasar nuestro propio proceso de formación como sujeto estético. Cuántos de nuestros más remotos recuerdos consisten en sensaciones entrañables de una cierta felicidad en momentos totalmente corrientes, en donde sólo la sensibilidad a flor de piel del niño que fuimos nos ha revelado aquellas experiencias remotas de lo bello. Cierto que recordamos instancias señaladas, pero también lo es el hecho en que a la memoria le acechan lejanas escenas cotidianas que adquirieron, con el tiempo, una leve pátina de primera maravilla. Es de creer que tales añorados momentos no son otra cosa que la experiencia tan profunda como primigenia del habitar lo estético en una circunstancia por demás ordinaria. Quién pudiera recuperar del niño que ha sido esta virtuosa capacidad para asistir inauguralmente a la revelación de lo bello en el patio de sus juegos.

En la experiencia estética de lo ordinario, el tiempo juega un papel protagónico: hilvana la memoria y el aprendizaje. Hace falta tiempo, en efecto, para que todas y cada una de las vivencias de lo cotidiano vayan tejiendo un fondo de memoria, allí donde se abrirá lugar hospitalario para el pleno y particular sentido del suceso significativo, del evento crucial, del antes-y-después. Con el tiempo, aprendemos a vivir la vida reservando lugar al sentido del acontecimiento, a través del transcurrir pausado y pacífico de la existencia cotidiana, donde casi nada parece pasar. Pero lo que pasa es, precisamente, es el lugar de significado disponible, vacante y abierto: el lugar del significado vital de lo que sobrevendrá.

En el marco del examen de la estética del habitar es preciso prestar atención a los aspectos aún poco explorados de la estética de lo cotidiano. Es muy posible que futuros desarrollos reflexivos encuentren, entre la hojarasca del día a día, ciertas claves en las formas humildes y ordinarias de estar en el mundo y de participar sensiblemente de su experiencia. Es muy posible que se encuentren ciertos elementos críticos para la formación del sujeto estético, más allá de su formación académica. Es muy posible, también, que emerjan ciertos componentes ocultos, pero fundamentales de la experiencia estética de todo sujeto, toda vez que éste es una existencia concreta, producto de una historia de vida y de una peripecia vital situada.

EXPERIENCIA Y *AISTHESIS* DEL HABITAR

No hay situación humana, por precaria que pueda resultar, que no suponga un presente vivido como experiencia estética.

El carácter de la experiencia estética no es un lujo de la existencia que sólo se alcanza cuando los extremos acuciantes de la vida se logran encauzar. La experiencia estética del habitar es una experiencia omnipresente en la vida humana. Si se considera esto con firme determinación, lo que pasa a ser extraño a la conciencia es el hecho, hasta ahora pacíficamente aceptado, de la excepcionalidad lo estético en la existencia. Corresponde interrogarse por las sinrazones que asimilan lo estético al refinamiento excelso de unos pocos que tienen la supervivencia asegurada. Y, asimismo, preguntarse por la asociación, habitual aún, entre lo estético y lo infrecuente o lo excepcional. Porque que hace en verdad miserable nuestra existencia es precisamente la ignorancia de la omnipresencia de la experiencia sensible del habitar de todos y cada uno.

Otro aspecto especialmente señalado de la experiencia del habitar es su carácter intrínsecamente complejo. Esto tiene consecuencias en el terreno de la estética, en donde se acostumbra a distinguir entre la refinada acuidad del sentido del gusto de ciertas minorías, muy por encima del presunto basto criterio de los más. Si consideramos la omnipresencia tanto como la complejidad de la experiencia estética del habitar, resultaría temerario intentar siquiera discriminar tales experiencias según su eventual refinamiento. Todo lo más que podría considerarse es que las personas cultas o educadas podrían, en el mejor de los casos, tener mejores herramientas comunicativas para dar cuenta de sus experiencias. Esto parece situar el problema en un lugar inesperado: ¿A quién recurriríamos en pos de la sabiduría estética del habitar y mediante qué asedio psicoanalítico pudiésemos acaso registrar el fondo efectivo de sus vivencias? Porque, a no dudarlo, lo que cuenta, en todo caso, es la profundidad sensible de las vivencias de quienes demuestren ser peculiarmente avisados en el arte de habitar

Una tercera característica de experiencia del habitar consiste en condición de vivida. La experiencia del habitar se desarrolla de modo consecuente con el transcurrir del tiempo y se sedimenta de modo metódico en la memoria. En cierto sentido, somos la memoria tanto de lo que hemos sido, así como lo que conformamos habitando un presente cargado de las acechanzas de la vida ya vivida. Interrogarse por la dimensión estética de la experiencia del habitar supone, entonces, repasar el *Bildungsroman* que cada uno de nosotros ha protagonizado en primera persona, allí en donde tuvimos efectivo lugar. Importa, pues, tanto el paisaje que hemos poblado, así como el modo peculiar en que nos hemos arreglado para tener lugar allí. Y esto, no solo cuando y entonces lo hemos corrido en la brisa de la historia, sino también cuando lo portamos en las alforjas de la memoria, en las arrugas del tiempo, en el polvo de lo vivido.

Hay también una cuarta y de momento última característica importante en la experiencia del habitar: se trata de la dimensión soñada del tiempo habitado. Es preciso reconocerlo: así como somos memoria de lo vivido, también nos vivifica el hálito ligero de los sueños. Para reponer fuerzas de la dura refriega cotidiana con la realidad, nos damos la oportunidad de descansar en el regazo del deseo que nos conforta elevándonos. A la sombra del sueño habitamos quizá mejor, afrontando nuestra condición desnuda, inermes, puros gozadores de existir. Habitando el sueño encontramos las claves perdidas por la vida en la vigilia, cruzamos enteros los umbrales que de día se nos presentan penosamente cerrados y poblamos los más recónditos pasillos de nuestros propios laberintos. Una vez que nos agota el arduo esfuerzo onírico, nos despertamos acaso con ánimo despejado para afrontar un nuevo desvelo.

Una vez que se ha dado cuenta de la compleja contextura de la experiencia del habitar es preciso apreciar cómo resulta sintetizada en un modo contundente, bajo una única percepción unitaria. Eso que los antiguos griegos llamaban una *aisthesis*. Porque en verdad lo maravilloso de nuestra existencia en el mundo es que todo el torbellino de sensaciones que uno tiene al habitar se encauce calmado en el simple y conclusivo acto de apreciar cómo nos hacemos lugar. Solo cuando uno es capaz de poner en cuestión su plácido hábito del mundo es que nota el prodigio que se oculta en la transparencia tenue de estar allí. Luego de tal operación, es que uno comprueba por sí mismo que está en condiciones proclives a inaugurar una nueva estética al respecto.

Es pertrechado por una consciente sensación unitaria específica que los sujetos habitantes pueden desarrollar a sus anchas y en profundidad entrañable el sentido del gusto por la habitación. Se trata de una alegría esencial por el constituir una situación, por el acto mismo de emplazarse, por el gesto primordial de sentar sus reales en el paisaje elegido. Una alegría esencial, porque aquello que nos hace humanos es, precisamente, lo que nos permite gozar con delectación única y propia de nuestra condición. Es una alegría esencial, toda vez que el acto de habitar se replica sensiblemente en su vivencia estética inmediata. Es a este gesto sensible a la vez humilde y magnifico que la poética arquitectónica humanista debe su mejor honra y compromiso. ¿Estaremos alguna vez los arquitectos profesionales a la altura de tal homenaje?

Quizá sea una fortuna que la formación estética del sujeto habitante sea, por lo general, ayuna de toda asistencia académica. Es una oportunidad para estudiar un sujeto estético autoformado por su propia peripecia vital, sin otro adiestramiento que su propia biografía y paisaje. Será tarea de afrontar con entusiasmo la de salir al encuentro de los desconocidos y consumados artistas del buen vivir. El desafío es encontrar a los sabios en la materia, interrogarlos en profundidad y con método, así como aprender a ver uno el mundo que le ha tocado con la sensibilidad aguda que merece. El mundillo enrarecido de la teoría estética al uso bien ganaría con una excursión por el aire despejado de la vida.

Poética del habitar

¿Qué decir, de otro lado, de la frase de Schiller —desde luego, profética— de que lo que aquí sentimos como belleza nos saldrá un día al paso como verdad?, ¿qué decir de la frase de Plotino, y después de Hegel, de que la belleza es la aparición sensible de la idea?
Ernst Bloch, 1959

DE LA DANZA DE LOS CUERPOS

Los lugares son practicados por el cuerpo. Es el trabajo del éste el que le confiere forma y efectiva realidad al lugar. Las danzantes no hacen otra cosa que explotar de un modo poético aquello que los cuerpos de los comunes mortales ejecutan como prosa cotidiana, algo cansina y bastante olvidada de sí misma. Pero basta observar a un niño de corta edad para darse cuenta de que todos tuvimos la oportunidad de encontrar nuestro lugar mediante una práctica afanosa. Las danzantes no hacen otra cosa que aplicarse con método a una tarea connatural a todos nosotros: explorar todas las dimensiones del lugar con todos los gestos posibles. Las danzantes no hacen otra cosa —y vaya que lo hacen con excelencia— que alcanzar, con precisos y atinados ademanes, las zonas más sensibles del espacio y el tiempo, allí donde el cuerpo tiene magnífico lugar. Es por ello que debemos hacer algo más que deleitarnos con la danza de los cuerpos; debemos aprendernos de ella su más secreta lección.

Hay en el habitar de los lugares por los cuerpos una poética de la acción performativa, que tiene una doble y complementaria cuantía. Por una parte, el cuerpo lleva a cabo por si un cometido propio de un apasionado mecanismo complejo que se prodiga en gestos, en ademanes, en actitudes con las que solemos simpatizar de manera instintiva —porque disfrutamos vernos en el espejo que quizá nos favorezca— y que comprendemos, aún de forma oscura, que a nuestros semejantes les es dado expresar, ante todo, lo más propio de nuestra condición de humanos. Pero, por otra parte, la acción performativa va operando también arquitectónicamente, construyendo a su modo formas y figuras de la habitación del lugar, vivificadas por el esfuerzo, por el trabajo y las coreografías, tanto las de la vida corriente, así como las elevadas formas del arte de la danza. El lugar se estremece por la vida y de ella toma una forma peculiar, una arquitectura laxa, un territorio alcanzado por el gesto, una región efectivamente poblada. Así es que es el cuerpo el que inaugura todo gesto arquitectónico, toda vez que la habitación de los lugares precede de modo necesario al arte de la arquitectura.

> [...] el arte es un laboratorio y, en la misma medida, una fiesta de posibilidades desarrolladas, junto a las alternativas experimentadas, teniendo presente que tanto el desarrollo como el resultado tienen lugar en la manera de la apariencia fundada, es decir, de la pre-apariencia perfecta en el mundo. (Bloch, 1959/2004)

El cuerpo se hace lugar, y con tal simple e inexcusable gesto, origina de modo poético el lugar, su lugar. Todos aquellos que pretendemos un día ejercer el noble oficio de la arquitectura debemos observar con mucha atención este modo de actuar, porque de un modo maestro se trata. Habitar, poblar un lugar, ocupar vivazmente un sitio no son hechos simples; son obras de arte, ejercicios sutiles, astucias del talento. Porque habitar no es un suceso azaroso, sino una acción poética, que no se lleva a cabo de una manera ni necesaria, ni al acaso, sino de un modo específicamente contingente. Poblar un lugar es un ejercicio sólo posible en un contexto humano de ensayos, conatos y formas alternativas. Ocupar un sitio es una labor esforzada y marcada por la consecución de un fin; el fin más inmediato y a la vez, el más trascendente que pueda tener lugar en la tierra: señalar el centro de un mundo. Y señalar el centro de un mundo es la primera tarea poética que cada persona tiene que desempeñar de modo simple, imperativo y apremiante.

La alternancia de los movimientos y de los reposos del cuerpo introducen un ritmo particular a la arquitectura palpitante que desarrolla el cuerpo habitante. Es a través de los desplazamientos de las marchas que el cuerpo excava laberintos en el lugar, mientras que cuando se demora en reposo despliega holgadas esferas. Obrando de tal forma, a la vez que opera bajo sus dos regímenes fundamentales, el cuerpo da forma a dos arquitecturas primordiales, piezas maestras de toda arquitectura construida. En la alternancia fundamental, el cuerpo se las arregla para ejercer sus prácticas básicas, que son la marcha, la estancia y la trasposición de umbrales. Con tales prácticas básicas, la coreografía del cuerpo va componiendo a su modo el lugar habitado según una arquitectura tenue y pletórica de vida. Una arquitectura que debemos apreciar, reconocer y amparar. Una arquitectura que puede resultar, en su configuración, tan sabia, tan correcta y tan magnifica como bellos son los mejores ademanes de las danzantes. Una arquitectura que debemos apreciar primero en la belleza de la coreografía de la vida y luego como verdad en la teoría de la habitación.

Toda vez que se instaura la danza de los cuerpos, el lugar es escenario de diversas concertaciones. El movimiento de un sujeto es seguido, de un modo casi necesario, por el de otros, sea por simpatía o antagonismo. La vida social, en este aspecto, es un constante renovarse de complejas concertaciones de competencia, tratamiento coreográfico reciproco, cortejo, asedio, huida y hasta una urbana casi indiferencia apenas cortés.

Es fascinante observar cómo los cuerpos conciertan entre sí en sus marchas, en sus estancias y en el atravesamiento critico de los umbrales de sus distintas esferas pericorporales. Una etiqueta precisa rige tácitamente el concierto generalizado de intercambio de gestos. Desde antes aún que se intercambiaran entre si palabras, los sujetos se comunican a través de un complejo y riesgoso lenguaje corporal.

Hay, además, una concertación reciproca, que es cierto acuerdo entre las labores arquitectónicas de cada cuerpo y las arquitecturas resultantes de una siempre tensa concurrencia. No hay más que reparar en cómo los jóvenes y apasionados amantes consiguen, con el perecedero sostén de sus mutuos abrazos, erigir una protectora membrana que los apartan, felices, del resto del mundo. Hay en el desempeño corporal concertado tanto de arquitectónico como de amoroso, porque esta última es una dimensión necesaria de la arquitectura efectivamente vivida.

Quizá uno de los primeros resultados operativos de las practicas corporales sobre el lugar lo constituya una especial forma de medida. Todo lugar habitado se mide, de un modo concreto y vivencial, mediante los pasos. Es a costa del deambular que el cuerpo conoce extensiones, proporciones y alcances. Desde la aguda observación de Le Corbusier, hemos de lamentar que se impusiera, en los hábitos del dimensionado arquitectónico, el sistema métrico decimal, que ha perdido todo contacto con la realidad dimensional del cuerpo. Porque en las habitaciones pobladas por cuerpos humanos, lo que cuenta, son los pasos necesarios para enlazar una estancia con otra: los pasos que median desde el sillón de la sala a la silla del comedor, de la cocina hasta la mesa, del lecho al vestidor... A partir de la marcha se inauguran todas las otras operaciones corporales que permiten apreciar las proporciones de los ámbitos. Detenerse erguido, optar por tomar asiento, sentar plaza acostado, cambiar el rumbo, atravesar el umbral... todas operaciones mediante las cuales las magnitudes de los ámbitos se descubren en su concierto, en su mutua y recíproca proporción. Los pasos también descubren los confines del lugar habitado, exploran las regiones liminares, repasan los contornos de la forma del lugar. Operando así, los pasos dan cuenta de la calidad practicable del lugar, mediante operaciones rutinarias de medida y valoración.

Estas consideraciones promueven la inquietud por indagar de modo sistemático y riguroso acerca de las prácticas del cuerpo en los lugares. Es preciso animarse a dar el crítico paso de la intuición, la conjetura o el acaso hacia la investigación antropológica solvente. Pero, como en tantas otras cosas, aquí cultivamos, ante todo, la esperanza. Una esperanza que se aplique a asediar lo bello, para mejor acceder a alguna reveladora verdad. En un futuro al que no nos es dado todavía acceder, podrá erigirse, con astucia y sensibilidad, una poética arquitectónica de la acción performativa.

POÉTICA DE GESTOS LEVES

Nos preguntamos si acaso no ha llegado el momento para dirigir toda nuestra sensibilidad hacia una arquitectura de los gestos leves. Tal arquitectura no nace de las mañas de un constructor ni del sueño de un dibujante, sino de un escultor de formas en el aire que se respira. Esta arquitectura no resiste ni los embates de las tormentas ni del desengaño de las ideas fallidas. Es una arquitectura liviana, laxa, evanescente. Y, sin embargo, es una arquitectura pletórica de vida, desbordante de belleza y más obligada que ninguna. Es la arquitectura que el cuerpo conforma con su acción poética, con su presencia y con su población del lugar. Nos preguntamos si acaso no ha llegado el momento de tratar del lado interior de la arquitectura, de su costado vivo, de su superficie sensible.

Quizá sea buena la ocasión en considerar la habitación no ya de los sujetos adultos y curtidos en las mañas del vivir, sino considerar los modos especialmente intensos y ensimismados de la primera niñez. Una vez que el infante, no sin pocos esfuerzos, consigue erguirse y lanzarse temerario y vacilante a andar, comienza la aventura de afrontar las prácticas arduas de tener lugar. Así, de la mano de los ensueños y de los duros tropezones, las prácticas del muy inerme y curioso cachorro humano comienzan a palpar las zonas inmediatas de un mundo que, con el andar del tiempo, se adquirirá, de pleno derecho, como propio.

> Los niños, aun en las peores circunstancias, parecen habitar el mundo de una manera extraña: por una parte permaneciendo en una zona personal de soledad inaccesible para el adulto ("*la soledad del niño es más secreta que la soledad del hombre*", G. Bachelard), un país de ensoñación (gratificante o terrible, pero ensoñación al fin) y por otra parte, los vemos realizando una tarea compleja y múltiple de apropiación del mundo. Tienen su forma de investigarlo y conocerlo (estos aspectos los estudiaron con precisión Vigotsky, Piaget y Bruner). El niño no conoce la ruptura forma-contenido, mide el espacio por el cuerpo, o la voz de los que ama o teme, los objetos "hablan" ante sus ojos, las formas son fantasmas, los sonidos, habitantes misteriosos. Tienen un tiempo sin tiempo, angustiante, amenazado siempre por los grandes y amenazador en sí mismo, un tiempo medido en regularidades y rupturas, (el universo, para ellos, es algo que se repite, se interrumpe, deja paso a un silencio). Secuencias, separaciones de las cosas (ramas del tronco, hojas de la rama, etc.) están ante su curiosidad como vías navegables. Lo maravilloso, lo inexplicable convive todo el tiempo con lo real, con lo imaginario. El pase de un momento a otro, de un mundo a otro es imperceptible para nosotros. A veces, el mismo niño está en tres dimensiones a la vez. Por eso

la imaginación y el encantamiento del mundo, el tiempo como orquesta de regularidades, han sido tan resistidas por la escuela a favor de la atención y el conocimiento. (González, s/f).

Preso del estupor que a todas las cosas y a todos los eventos los inaugura, el pequeño aprende a desenvolverse de sí, a proliferar en gestos y aprehensiones, en incursiones temerarias y en contundentes constataciones: vuelve al sitio que perturba con su presencia un lugar, su lugar. Esta vivencia intensa y aleccionadora del lugar preludia a las nociones, aún lejanas y oscuras, del espacio del que ya hablan los adultos. En todo caso, es el cuerpo frágil y agitado de vida inquisitiva el que se proyecta, como una segunda sombra: un aquí.

[...] como sostienen Piaget e Inhelder (1969/2000), la noción del espacio es extensión proyectada desde el cuerpo y en todas direcciones hasta el infinito y es construida por el infante, lentamente, a medida que toma conciencia de su yo corpóreo en relación con los objetos. Dichas nociones espaciales constituyen una de las bases del conocimiento matemático y para Piaget e Inhelder (1969/2000), este tipo de conocimiento tiene lugar cuando el infante acciona sobre los objetos de su entorno mediado por un proceso reflexivo que le permite discriminar las dimensiones espaciales constituidas en las diversas interacciones. (García Rozo, Villegas y González, 2015)

De modo tan vacilante como empecinado, el cuerpo del niño va practicando, ademán tras ademán, cómo el lugar se puebla de vivencias concretas de aquí, adentro, afuera, lejos, cerca, unido, separado. Practica y acecha los resultados verificables de sus acciones. Aprende a aprender. Su cuerpo se proyecta construyendo las percepciones fundamentales del lugar. Estas primeras y decisivas lecciones de vida deben ampararse con una solicitud propia de todo el género humano: el más recóndito reducto de lo doméstico tiene el designio claro de cobijar ese inicial erguirse y echar a andar. Porque apenas con el sumario control postural erguido y andante, los humanos ya empezamos a esbozar, gesto a gesto, nuestra poética de tener lugar.

Es a partir del empecinado aprendizaje de tener lugar que los humanos consiguen construir, unas sobre otras, sus diversas nociones sobre el espacio, desde la médula originaria de una topología vivida en primera persona:

> Las nociones proyectivas y euclidianas, toman como material de construcción las nociones topológicas, observando en los dibujos estudiados características asociadas a diferentes niveles topológico, proyectivo, euclidiano; por lo tanto, se puede interpretar que dichas nociones se interrelacionan, pues desde las nociones topológicas básicas se construyen otras más elaboradas y complejas debido a que en cada nivel espacial aumenta en complejidad creciente, tomando como base para la construcción de las relaciones desarrolladas en niveles anteriores relacionadas con las propiedades intrínsecas de las figuras, para posteriormente considerar la interrelación entre una figura y otra, hasta construir las primeras indicaciones visuales del objeto real, considerando sus tres dimensiones. (García Rozo, Villegas y González, 2015)

Así, sobre las nociones experimentadas por el propio infante sobre los acercamientos, las separaciones, ordenamientos, vecindades y continuidades se conforma un núcleo fundamental, de naturaleza topológica, que obra como fundamento para organizar las percepciones que aleccionan sobre cómo los objetos cambian su aspecto según se aprecian de modo proyectivo. En una coronación superior, el proceso de escolarización regular ampara la construcción sistemática y socializada de las representaciones euclidianas, esto es, la apreciación de longitudes, ángulos, áreas y volúmenes (García Rozo, Villegas y González, 2015). Se trata, en todo caso, de un proceso evolutivo en que las etapas ulteriores capitalizan las adquisiciones cognitivas de las precedentes, sin negarles a éstas su desarrollo propio a lo largo de la vida.

Hay en el cuidado de la primera infancia una poética de gestos leves. Mientras que los adultos se enternecen con las graciosas evoluciones del niño, una muy grave operación se está llevando a cabo: una constitución existencial, un tener lugar, un descubrimiento maravillado del espacio vivido. Conseguir el acondicionamiento seguro, digno y estimulante de un ámbito propicio a estos propósitos es mucho más que un amparo humano básico de crianza; es una responsabilidad social con el futuro. En cada humano que se incorpora y se lanza a sus primeros pasos hay una apuesta que realiza toda la especie humana para comprender los arcanos de nuestra propia condición situada.

APROPIACIONES DEL LUGAR

Por lo general, el ámbito doméstico conforma el marco de amparo en donde eclosiona la facultad de tener lugar en el infante pequeño, a través de la proyección del sujeto en su entorno inmediato y, por lo general, refugiado. El lugar, en su carácter psicobiológico, parece constituir una efusión tan propia como concreta, esto es, una experiencia vital de constituir una situación con la nuda vida arrojada sobre un sitio determinado. Pero, a poco de andar, todo sujeto experimenta, en carne propia, que más allá de una esfera íntima salvaguardada por el amparo de la crianza individualizada, se extiende una más o menos extensa comarca algo extraña, que tiene, como característica distintiva, la de tener apenas la posibilidad de hacerse uno un lugar mediante la apropiación. En otros términos, los desplazamientos del niño ya más crecido le permiten descubrir que hay regiones caracterizadas por la disponibilidad de espacio y que de algunos de sus enclaves es factible, aunque arduo, transformarlas en un lugar apropiado para ocupación y población.

> Que un espacio se convierta en lugar depende de las relaciones que se producen en este, generando la apropiación de lugares y su significación. Esta apropiación se produce mediante dos fuentes: la imagen urbana —representación de las vivencias en el espacio— y la configuración de lugares significativos que "desencadenan emociones y sentimientos más personales" determinando la "territorialización emocional" de la ciudad, procesos mediante los cuales se configuran las identidades urbanas (Fox, 2001:3). (Serrano Birhuett, 2015)

Así, en el territorio inmediato circundante al ámbito doméstico, o al que haga sus veces, la exploración concienzuda del infante va descubriendo formas y contenidos, enclaves y prácticas, convocatorias y rechazos: va recorriendo la textura habitable del vecindario, va confiriendo significados y sentidos diferenciales a distintos rincones. Con esto, excava con las prácticas y revela con las breves y contundentes experiencias de vida cotidiana, y al obrar así, desenvuelve una segunda modalidad poética: la de hacerse lugares, esto es, apropiarse efectiva y simbólicamente, de regiones buenas para ocupar y poblar.

Estas regiones buenas para ocupar y poblar se elaboran según dos modos complementarios: como esferas, que poco a poco van extendiendo los confines tanto de las prácticas como de las representaciones, así como de laberintos, que también se elongan según las incursiones sobre el territorio circundante, correrías que tanto se afrontan acompañados como solitarios, tanto excepcionales como recurrentes. El camino a la casa del amigo, el itinerario que se practica para acceder a la plaza, el derrotero que lleva a la escuela son instancias cíclicas de partida y retorno a la morada, en donde se teje la trama vincular que constituirá el hábitat practicado.

Para los niños el barrio es el primer referente espacial de la ciudad, el más cercano, es con el transcurrir del tiempo que va adquiriendo significados individuales y colectivos. Son sus experiencias cuando van acompañados o cuando empiezan a salir solos que permiten que las calles, la tienda, el parque, la acera, la esquina o los recorridos se convierten en lugares conocidos y empiezan a adquirir significado construyendo así "... un espacio cargado de sentido, (...) a partir de ser habitado, vivido, cargado con orientaciones y memorias, con afectos y liturgias; el lugar organiza el espacio, reglamenta las interacciones, evoca las jerarquías, recuerda a los ausentes (Margulis, 2005: 21,22). (Serrano Birhuett, 2015)

Hay en esta poética de hacerse lugar un hábito moroso de umbrales. Son tránsitos dramáticos entre la esfera doméstica y el ámbito del vecindario, entre la cotidiana frecuentación de la morada y la incursión episódica, entre el cobijo familiarizado y la intemperie azarosa. Pero también son estancias prolongadas, estratégicas, oteando lo circundante al acecho de la oportunidad. En el amparo de los umbrales, los sujetos autocultivan sus estructuras precursoras de una condición urbanita que asumirán recién cuando los empujen las energías inquietantes de la adolescencia. Por lo pronto, el umbral, en sí mismo, es un primordial lugar apropiado, en régimen inaugural. La poética de hacerse uno un lugar ha conseguido trazar las líneas maestras de una arquitectura viva.

Acaso es esa condición de habitantes de umbrales la que hace que los niños ya crecidos alienten, con el irrumpir de su adolescencia, una condición de sujetos liminares, contextura que ya no abandonarán, como urbanitas hechos y derechos. El habitar de los adolescentes urbanos esta signado por los tránsitos, las errancias, las exploraciones temerarias, los ademanes torpes de apropiación por el momento efímera. El hacerse lugar, para estos urbanitas bisoños, es siempre una tentativa precaria.

> Como plantea Manuel Delgado, son algunos personajes urbanos en particular quienes encarnan la condición de urbanita, y estos son quienes esclarecen que lo urbano es una praxis posible y real. He aquí, "transeúntes a tiempo completo", "monstruos del umbral", practicantes de la anomia y lo liminal, en esta categoría encontramos a "los inmigrantes", "los enamorados", "los artistas", "los outsiders en general", por supuesto aquí están "los adolescentes". Estos tienen una cualidad particular, "resultan idóneos para resumir todo lo que la sociedad pueda percibir como ajeno, pero instalados en su propio interior." (Delgado, 1998, pp. 111, 113) (Rivero, 2021)

Según parece, los adolescentes ilustran un peculiar modo en que los sujetos llegamos a la ciudad, irrumpimos en el espacio público en continua disputa e intentamos apropiarnos de los laberintos que sólo con la edad adulta volveremos particularmente nuestros. Nuestra adolescencia no es sino un prolongado itinerario furtivo por los entresijos urbanos hasta conseguir dominar el modo de apropiarnos de una sustancia fluida y esquiva que es el lugar en lo urbano. Lugar que es tanto un hábitat apropiado, sistema jerarquizado de esferas y red de laberintos, como un emplazamiento efectivo en las tramas sociales de la producción y la reproducción adultas:

> La adolescencia posibilita una mirada potente de la experiencia de uso y apropiación en la ciudad. Como ya se dijo, la experiencia adolescente cabe en el concepto de urbanita, y desde allí, de practica del espacio. Se puede afirmar que, los adolescentes junto con otros, son el paroxismo del urbanita simmeliano, y como tales están impelidos a la "inscripción" urba-

na (Lefebvre), a una "producción secundaria" del espacio (De Certeau) que, aunque está escondida deja persistentemente su rastro. Se afirma pues, que para la adolescencia la práctica del espacio es constitutivo de su propia condición, mientras no se viva la ciudad se sigue siendo infante. Así, se define la adolescencia como experiencia vital caracterizada por la realización en la dimensión colectiva de la vida, en términos de una salida a escena en el ámbito de la vida pública. (Rivero, 2021)

La habitación adolescente de la ciudad atraviesa el umbral que media entre una experiencia originaria y doméstica de tener lugar, amparada en la morada y un hacerse lugar a costa del espacio urbano. Este atravesamiento —urbanita por excelencia— es tanto un obrar práctico como una producción poética. Hay una ética urbana adolescente, así como una estética, las que, aunadas, preanuncian o ensayan una producción poética de lo urbano, en un tono que tiene tanto de ritos de paso como de gestos disruptivos y provocadores. Los sujetos, investidos torpemente de sus primeras investiduras urbanitas, entran a una escena con la obra ya empezada y les cuesta su tiempo acompasar las marchas, negociar las estancias y franquear, de un modo u otro, ciertos secretos umbrales.

Volver propio el extraño espacio urbano es una tarea que no sólo demanda situarse en determinados emplazamientos adecuados u hospitalarios: insume tiempo vital para aprender a conquistarlo:

> En el sentido psicológico, la apropiación es una experiencia vital necesaria. Los adolescentes, en particular se encuentran en plena metamorfosis de unas prácticas espaciales caracterizadas por lo familiar y, que ahora, desanclándose de este terreno que impone una serie de condiciones, se sumergen en un océano de experiencias pautadas por el encuentro con personas nuevas, espacios nuevos, quehaceres nuevos, que le

implican una forma novedosa de actuación. Partiendo desde lo propiamente psicológico, la necesidad de que esta inmersión se experimente con cierta estabilidad, da cuenta de la necesidad de que las nuevas espacialidades no sean tan solo visitadas, en su gran mayoría lo son, sino que se dé una conquista de lugares, donde la estabilidad del contexto familiar, ahora se proyecte sobre la inmensidad de un espacio que no tiene límites. "El espacio apropiado pasa a ser considerado como factor de continuidad el *self*", el entorno apropiado deviene y desarrolla un papel fundamental en los procesos cognitivos, afectivos, de identidad y relacionales. (Vidal Moranta, Pol Urrútia, 2005, p. 284) Por ello, la apropiación no es meramente de carácter funcional, sino que surge y se realiza por y para responder a profundas necesidades psicológicas y sociales. (Rivero, 2021)

Apropiarse del lugar urbano es necesario. Solo de esta manera podrá el sujeto, algún día, dar con el emplazamiento seguro, digno decoroso en el escenario de la vida. Así, se concluye que habitar no se restringe a la tarea ardua de acceder meramente una porción de espacio a título de vivienda, sino que involucra, con mucho, una tarea prolongada a lo largo de toda la vida. Apropiarse de un lugar urbano es tejer con método y obstinación unas marcas infligidas sobre el tejido urbano a través de trayectos cotidianos y recurrentes; mediante estancias, ya episódicas, ya más recurrentes; a costa del atravesamiento de ciertos umbrales iniciáticos: las puertas del aula, las entradas al trabajo, las convocatorias al intercambio amoroso... En cada región trillada por nuestros hábitos, dejamos impronta de nuestra presencia pobladora y, al obrar así, proyectamos nuestro estar ahí que es el modo en que, según Martin Heidegger, somos los mortales sobre la tierra (Heidegger, 1954/1994)

Esta constatación del hilvanado temporal de la habitación supone un más que interesante contrapunto con la impasible espacialidad de la ciudad construida. Es que hace ya demasiado tiempo que frecuentamos los asuntos de la ciudad como si apenas de construcciones e infraestructuras materiales se tratase. Hay que reparar, sin embargo, que hay una arquitectura y un urbanismo recíprocos, una arquitectura y un urbanismo conformados por ocurrencias de vida, por eventos circunstanciados, por personas reunidas entre sí por situaciones. Hay que reparar en las formas evanescentes, fluidas, efímeras que, al mismo tiempo, se revelan vivientes, laboriosas constructoras y acaso con legados históricos para nada soslayables: las arquitecturas y los urbanismos de la vida misma.

Siempre se podrá decir, que la mayoría de las veces el espacio producido por medio de la apropiación adolescente (y de otros grupos con características de urbanitas) se diluye rápidamente. Una hidro lavadora limpia la pared del grafiti, la policía responde a una denuncia de ruidos molestos y más, los adolescentes se encaminan hacia el mercado de trabajo, en definitiva, la ciudad se reposiciona y se defiende a través de instancias de reordenamiento y reproducción social. La constatación teórica fundamental para este trabajo elaborada por De Certeau, es que a la sociedad de la disciplina encarnada en la planificación urbana de una ciudad que se organiza en base a la noción de tiempo, olvidando o escondiendo su realidad espacial le sobrevive subrepticiamente un hacer cotidiano ejecutado por protagonistas de perfil errante, quienes aparecen pertinazmente como fantasmas. Estos no aspiran a revolucionar la ciudad, su andar es una escritura que ni ellos mismos logran leer, pero no son pasivos, son creadores espontáneos de prácticas cotidianas que le dan un sentido a la ciudad. Producen con su trashumancia el espacio que los planificadores nunca pueden producir, a través de una experiencia "antropológica", poética y mítica del espacio. (De Certeau, 2000, p. 105). Es lo que con Lefebvre se reconoce como ejercicio del derecho a la ciudad, a producir desde la propia experiencia urbana el espacio público, en tanto espacio de encuentro y de realización humana fundamentada en el valor de uso, una nueva ciudad. (Rivero, 2021)

Por cierto, las formas arquitectónicas y urbanísticas de la vida situada se diluyen fácilmente, apenas si dejando, aquí y allá, una marca muy sutil en la piel curtida de la ciudad construida. Pero son las secretas vibraciones que vuelven a las cosas construidas fenómenos de habitación. Sin estas palpitaciones, las arquitecturas son meros cenotafios erigidos para mejor gloria del vacío existencial y las ciudades son escenarios fantasmales de un filme cuya cámara apenas puede deambular, insignificante, por las ruinas de lo humano. Toda vez que no hemos advertido, aún, la potencia transformadora efectiva que pueda tener la habitación y lo urbano, no nos queda sino reflexionar sobre las condiciones sociales, culturales, económicas y políticas que harán posible, algún día, la opción de disponer, construir e implementar unas arquitecturas y unas ciudades engendrados desde ese interior palpitante. Desde el lado misterioso de la propia vida.

LA ARQUITECTURA ENTENDIDA COMO POÉTICA DEL HABITAR

Somos humanos porque poblamos un mundo que transformamos y acondicionamos según precisas marcas o huellas sobre lo circundante. Somos humanos porque tenemos lugar en un enclave por nosotros apropiado y por nosotros consumado formal, física y simbólicamente. Somos humanos porque nos rodeamos de condiciones sociales para serlo, para desarrollar nuestra peculiar condición. ¿Pero acaso garantizamos, para todos por igual, estas condiciones sociales que amparan la emergencia de nuestra más señalada circunstancia, la condición situada? Hay que rendirse a la evidencia: no a todos de nuestros semejantes les alcanza su justa cuota de amparo en el habitar. Y esto ya desborda el marco de la cuestión social propia de las economías signadas por la desigualdad. Esto es, lisa y llanamente, la conculcación social sistematizada del más humano de los derechos: el de habitar un lugar con el que sea adecuado y digno identificarse y en donde sea oportuna desarrollar una singular poética de la habitación.

Porque la poética de la habitación no emana exclusivamente de un ejercicio de espíritus especialmente calificados, sino que se difunde como designio humano corriente, cotidiano, imperativo. Así como nos autoconstruimos y nos autodomesticamos, también autoconferimos forma a nuestra estancia en la tierra. Solo que, por imperio de un orden social agravante de nuestra propia condición humana, privamos a muchos de nuestros semejantes de las posibilidades de desarrollar tales facultades en un marco de libertad, igualdad y solidaridad que a todos ampare y promueva. Quién sabe cuántas patologías sociales, cuántos destinos desgraciados, cuánta miseria proviene de no asegurarnos las condiciones materiales, políticas y culturales para proteger y alentar la vida habitante de nuestros congéneres.

Hemos de construir, para todos, una trama integrada de lugares portadores de significado humano al desarrollar allí la vida habitante:

> El significado del espacio se deriva, en definitiva, de la experiencia que en éste se mantiene, lo que incluye el aspecto emocional como ha destacado José Antonio Corraliza (1987, 2000). La experiencia emocional en los lugares implica que las acciones que se desarrollan en el lugar y las concepciones que del lugar se generan están imbricadas. De esta premisa también parte Gustafson (2001a), en un estudio empírico, al plantear tres polos alrededor de los cuales emerge el significado: el *self*, los otros y el entorno; y cuatro dimensiones principales: distin-

ción, evaluación, continuidad y cambio. Los lugares con significado emergen en un contexto social y a través de relaciones sociales (escenario o dimensión local); se hallan ubicados geográficamente y a la vez relacionados con su trasfondo social, económico y cultural (situación o dimensión geográfica), proporcionando a los individuos un sentido de lugar, una "identidad territorial subjetiva". (Gustafson, 2001a). (Vidal Moranta y Pol Urrútia, 2005)

Pero, ¿cómo encontrar lugares significativos en una arquitectura que se aplica ensañadamente en la explotación mercantil del espacio construido? ¿Cómo volver significativas estas anodinas máquinas mezquinas de habitar? ¿Cómo conseguir localizaciones significativas en esas anónimas y repetitivas unidades habitacionales empobrecidas para pobres? ¿Dónde encontrar significación en estas diluidas urbanizaciones que resultan extensivas áreas residenciales, dispuestas al modo de almácigos en el territorio? ¿Qué significados pueden encontrarse en la ciudad desagregada en funciones y regiones de mutua exclusión socio residencial? Solo con una arquitectura refundada desde la inquietud comprometida con la significación habitable puede tenerse la esperanza de la consecución de un hábitat que ampare y promueva la vida humana. Sólo con un urbanismo que apueste a la potencia y la participación urbanita, aplicada decididamente a la producción social de la ciudad, puede esperarse la proliferación de lugares significativos.

Todo parece indicar que deben arbitrarse delicados y eficaces mecanismos de identidad en los lugares habitados:

> Son los procesos psicosociales de comparación, categorización e identificación los que evidencian la relación intrínseca entre la identidad social y la individual o personal. La identificación con los demás (identidad social y compartida) y la diferenciación con los otros, para considerarnos únicos (iden-

tidad personal) constituyen dos mecanismos-de asimilación y diferenciación, como los llamó el francés Jean Paul Codol (1982, 1984) que llevan al efecto de la "conformidad superior del yo" según este autor (Codol, 1975). Por otro lado, en la relación entre la identidad y los lugares es pertinente recoger la precisión de Graumann (1983) con respecto la identificación, al destacar tres procesos que de manera dialéctica provocan la continuidad y el cambio en la identidad: identificar el entorno, ser identificado por el entorno e identificarse con el entorno. (Vidal Moranta y Pol Urrútia, 2005)

Para que la identificación profunda de las personas con su ambiente habitado pueda volverse efectiva y pueda desarrollarse a lo largo del proceso vital de estas, al espacio se le debe dotar de cualidades distintivas, jerarquizadas y orientadoras. El espacio debe transformarse en lugar habitado tanto por una presencia pobladora especifica como por un obrar decidido y responsable. La construcción de lugares, construcción existencial y social, debe ganarle terreno a la mera fabricación de artefactos sumariamente utilizables en el espacio. El proyecto de los lugares deja, por tanto, de ser un designio heterónomo a las comunidades de asentamiento, para constituir un modo social de producción, donde los habitantes —más que simples "usuarios"— tomen el timón en lo que, de modo especifico les compete: no ya una "participación" benévolamente aceptada, sino un pleno protagonismo arquitectónico. Porque se trata, ahora, de la arquitectura de la propia vida, que le va indicando, paso a paso y ardorosamente, el camino a una nueva arquitectura profesional.

Porque de actuar se trata:

> En nuestro modelo de análisis [...], la dimensión de la acción se divide en tres componentes: acciones cotidianas en el lugar; acciones orientadas hacia el lugar y acciones en torno a los proyectos de futuro del lugar. Esta división en tres componentes

permite precisar la dimensión de la acción, que es destacada en la mayoría de aportaciones teóricas revisadas, en las que se señalan principalmente las interacciones sociales cotidianas, las prácticas y las actividades habituales y las menos habituales e incluso de carácter ritual. (Vidal Moranta y Pol Urrútia, 2005)

Dejemos que la vida hable y profiera su poética del habitar. Escuchemos esta voz y tomemos nota: escribamos. Porque se trata de vida de mortales, la poética de su habitar es una poética de tiempo. Y es de arquitectos responder a esta poética de tiempo con una escritura de duración. Porque la arquitectura, aquí, no es otra cosa que el arte de escribir el modo de ser los mortales en la tierra. A una manifestación de vida corresponde un discurso que articule signos perdurables en el lugar habitado. Para que del tenue hálito de la vida que habite quede precisa evidencia, es oportuno erigir cubiertas y muros, puertas y ventanas, suelos y escaleras. A efectos de mejor amparar la frágil constitución de las arquitecturas vivas es imperativo consolidar sendas, estancias y umbrales, mediante materias y energías concertadas según un plan... dictado ahora desde dentro, por la vida humana misma. Así, a la poética del habitar, le corresponde, como un guante, una poética arquitectónica en donde la voz cantante es propia no ya del artífice, sino de la vida que allí encuentra refugio.

Del mismo modo que la escritura no es la simple transcripción del habla, la poética de la arquitectura no puede ser un mero cambio de registro con respecto a la poética de la habitación. Con respecto a este punto, es dable pensar en una hermenéutica arquitectónica que tanto opera, por una parte, desentrañando el sentido de la propia poética de la habitación, a la vez que, por otra, construye su discurso recíproco. Esto implica que el arquitecto comprometido con el servicio al habitar de las personas, habrá de apreciar, como agudo   sensible esteta la conducta y el obrar de los habitantes, a la vez que resultará poéticamente dotado para construir el discurso arquitectónico recíproco, con materiales y energías bien empleados y dispuestos. Lo que cuenta es el sabio, correcto y magnífico recorrido de la sustancia poética que fluye desde la vida misma que tiene lugar. Lo que se necesita aquí es, en definitiva, contar con la asistencia de cabales arquitectos poetas de la vida, en su doble condición.

La asunción estética de la poética del habitar constituye una muy comprometida tarea. No es sólo que deba alertarse al efecto todo el aparato de sentidos y el entendimiento superior, sino que es preciso dar con la medular sustancia poética, sustancia capaz. de informar a todo habitar, principio hacedero de una arquitectura verdaderamente humanista. Hay que recordar que poética significa, en griego, capacidad de hacer. Hay que rescatar este sentido en toda apreciación que se aplique denodadamente a descubrir el orden vital de los elementos, las dimensiones conformes de la vida, las proporciones debidas, en fin, el conjunto complejo a la vez que coherente y unitario de solicitaciones propias de la vida humana. Porque de la adecuada apreciación de tal sustancia hacedera depende todo el esfuerzo hermenéutico ulterior.

Habrá que afrontar el desafío de examinar hermenéuticamente la sutil superficie de contacto entre la contextura del lugar habitado y la arquitectura construida. Será entonces la ocasión de interpretar las zonas de roce, de erosión, de mutua sevicia, así como los pliegues, los rincones vacantes y las regiones olvidadas. Deberá interpretarse el modo en que el guante ajusta a la mano, lo que supone a la arquitectura como amparo de la vida. La tradicional representación arquitectónica (plantas, cortes, alzados) será sustituida por una superficie de fricción entre un adentro vivo, frágil y trémulo y un afuera imperturbable, estable y durable. Y no será que ambos aspectos ya puedan seguir desentendidos el uno del otro.

Es preciso desarrollar un nuevo afán arquitectónico, fundado en el sentido de dejar ser a la vida. Este afán se aplica a la excavación del lugar, con el fin que las formas de la vida de los habitantes encuentren allí su oportunidad. No se preocupa tanto, en principio, por la tectónica del artefacto, antes, por inaugurar ámbitos propicios para que la vida, liberada de constricciones indebidas, tenga lugar. Por ello, la primera operación propiamente arquitectónica es la prospección del lugar para abrir, en la oportunidad, un aquí hospitalario. Al efecto, es preciso desbrozar ámbitos suficientes y holgados para los rituales de la vida, pero también deben seguirse, con especial sensibilidad, sus contornos a efectos de no perder ni la adecuación ni la magnitud conforme. El sentido de vida en la arquitectura es un sentido especial que debe cultivarse con rigor y método, porque de éste depende la consecución de una arquitectura puesta al servicio de la vida humana.

En resumidas cuentas, cada vez que nos enfrentamos a un edificio habitado podemos reconocer, mutuamente implicadas, dos arquitecturas. Una, la arquitectura viva del habitante, otra, la arquitectura construida que la alberga y complementa. Estas dos arquitecturas rozan entre si mediante una delicada superficie de contacto. Tal superficie de contacto es pasible de un asedio cognoscitivo, práctico y estético. Esta zona fronteriza no articula tanto dos espacios o especies de espacios, sino dos temporalidades de diferente contextura. Por una parte, hay un lugar poblado en donde el tiempo es el de los acontecimientos, la sucesión continua, incesante y mortal de eventos de vida. Mientras que, en consonancia con esta, se desarrolla el lugar complementario construido sobre una duración prudente, regular y prolongada. Apreciar y comprender esta limítrofe superficie lindera entre estas arquitecturas es conocimiento urgente para una nueva ciencia que echamos ahora en falta. Practicar la arquitectura desde su vivencia honda es ahora tarea inesquivable para reconciliar a la arquitectura con la vida humana. Y, por encima de todas las cosas, percibir los pormenores de esta zona liminar entre las arquitecturas constituye un desafío estético de la mayor magnitud.

Llegados a este punto podemos asomarnos apenas a una nueva forma de evidencia. Podemos alentar la esperanza de apreciar la arquitectura no ya desde la contemplación experta tradicional, sino de una naciente vivencia exploradora que ose inmiscuirse por regiones no frecuentadas aún. abra mucho que percibir y que valorar de esta región fronteriza entre la vida y la arquitectura construida. Y habrá mucho que descubrir de una poética reciproca del habitar, una poética arquitectónica tan comprometida con la vida humana, que consiga estremecerse con sus más íntimas efusiones.

Producción del habitar

La Filosofía de la liberación en América Latina no puede dejar de pensar niveles concretos, regiones fundamentales de la existencia humana. La estética, tradicionalmente, era la parte "limpia" —la expresión es irónica— de la producción humana. Kant desprecia al trabajo cotidiano asalariado y supervalora a la producción del genio, del artista. Esta pequeña obra, Hacia una filosofía de la producción, *querría desenclaustrar a la filosofía "poiética" (paralela a la "ética"), de su sola referencia a la obra de arte, para comenzar a ser la teoría filosófica de toda producción humana, donde la estética recobraría su lugar ciertamente secundario.* ENRIQUE DUSSEL, 1984

HACIA LA PRODUCCIÓN DEL HABITAR

La indagación estética y poética de las formas del habitar debe complementarse con una teoría de la producción de lugares. Podría, al efecto, repasarse como los lugares, los sitios habitados, se reconocen como efectos de prácticas humanas. Ahora se intentará mostrar cómo tales prácticas constituyen concretas operaciones productivas. Esto, porque es necesario recordarlo una vez más, los eventos de habitación no son meros hechos que nos acontecen de modo irremediable, sino que son productos elaborados por unas prácticas contingentes, que pueden adoptar distintos modos y que resultan en lugares a los que estos modos de producción les confieren una peculiar fisonomía.

Cabe conjeturar que, así como se ha podido delinear, siquiera a grandes y muy generales rasgos, tanto una estética como una poética del habitar, podría resultar inevitable toparse, en consecuencia, con una teoría del arte del habitar. Y una teoría del arte, en este contexto al menos, es una teoría de la producción social de lugares, toda vez que los practicantes de este arte no son ya un restringido grupo de personas con talento y vocación específicas, sino que cualquier habitante es, de suyo, un forjador de lugares. El talento y vocación específicas puesto en juego aquí se llama vida humana situada. Como humanos que somos, nos arrojamos al taller de la vida y aprendemos sobre la marcha, de uno u otro modo, a arreglárnoslo con el desafío de construirnos los lugares que poblamos.

¿Qué operaciones se llevan a cabo para producir un lugar? ¿Cómo es que un mero sitio se vuelve un lugar? ¿Es que cabe esperar más de un modo social de producción? ¿Cómo resulta la peculiar contextura de cada lugar y según qué circunstancias de su producción? Según parece, hay ciertos modos fundamentales de producción de lugares, los que resultan en distintas especies o formas. Aunque también parece cierto que cada lugar tiene una contextura única, fruto de unas especiales condiciones de contexto. No obstante, el fluido tránsito de las personas por los lugares, sin peculiares desconciertos, induce a pensar que exista un conjunto dado de invariantes de naturaleza genérica. Siempre hay algo, un sutil pero claro signo de constitución de un lugar, que aprendemos pronto a reconocer.

Antes de proseguir nuestras reflexiones, debemos poner en claro, qué significado le conferimos al término *producción* y cómo aspiramos a construir, al menos en el presente contexto, un concepto operativo y pertinente. En esta dirección, apelaremos al aporte del filósofo argentino Enrique Dussel, que considera la producción como una emergencia fundamental de la constitución humana:

> La filosofía occidental, moderno europea, nos ha acostumbrado a pensar el hombre, esencialmente, desde su inteligencia teórica. Por ejemplo, Teilhard de Chardin nos dice que hay hombre desde que hay reflexión: "Desde el punto de vista experimental la Reflexión es la capacidad adquirida por una conciencia por la que puede volverse sobre sí misma y tomar posesión de ella misma como *objeto*". La reflexión o la autocon-

ciencia es un acto teórico. Por el contrario, y es lo que queremos describir la apertura primera del hombre es práctica y por ello poiética. Por su real constitución de mamífero, la relación primera es la del hijo-madre, hombre-hombre entonces, pero deviene real en la medida en que su relación con la naturaleza produce el instrumento que constituye dicha relación como permanente, reproducible, histórica. (Dussel, 1984)

De este modo, se distingue, en el seno de las prácticas humanas, las prácticas específicamente éticas, las que involucran las vinculaciones intersubjetivas humanas, por una parte, y, por otra, las practicas productivas o poiéticas, que se aplican en la relación de los seres humanos con la naturaleza. De este modo, y a los efectos del marco conceptual que nos autoconformamos aquí, la producción es la emergencia del conjunto de prácticas transformadoras que realizan los seres humanos con respecto al ambiente que habitan, según los imperativos de una conformación constitucional de *homo faber*, esto es, ser humano que construye el mundo que puebla con su existencia. Por otra parte, adscribimos aquí a la hipótesis de trabajo fundamental que considera que la condición de homo faber es una condición previa, necesaria y operativa para la constitución consecuente del homo sapiens.

Esta precedencia de la acción productiva sobre la aprehensión reflexiva sustenta la concepción de un designio de suyo transformador de la habitación humana del mundo:

> El hombre no habita el mundo desde un acto comprensor, sino que antes se sitúa ante la naturaleza como transformador para su subsistencia. La primera necesidad del hombre, repetimos, no es conocer teóricamente sino comer realmente. Pero el apetito del comer del hombre es humano, no es puramente animal; y de esta primera necesidad humana se dispara el primer acto o intencionalidad humana: la constitución del cosmos

como posible satisfactor, para lo cual las cosas son vistas como materia de posibles instrumentos ante una inteligencia poiética al asalto de lo que le rodea como un felino ante su presa. (Dussel, 1984)

Los seres humanos afrontamos un mundo en que todo está por hacer. Y la seña distintiva de nuestra condición es que primero transformamos el ambiente y, en consecuencia de ello, reflexionamos. Nuestra supervivencia biológica como especie depende de un sino poiético, que al operar sobre nuestro vínculo precario con la naturaleza, fundamenta, como gesto sustentante, nuestro duro aprendizaje de la contextura del mundo. Esta experiencia pone al vivir transformador como instrumento de autoconstrucción de la propia subjetividad. Con esta irrupción fundamental en el mundo, los seres humanos construimos de modo inaugural nuestra presencia allí y entonces.

La presencia constituye una primera —y quizá primordial— forma de producción humana de su lugar habitado. Ante todo, según se ha visto, los seres humanos irrumpen en la naturaleza situándose ante ella, dispuestos y acechantes para su transformación. Esta disposición perturba de modo radical el escenario habitado: no es posible soslayar la peculiar vibración que conmueve el lugar cada vez que un ser humano tiene efectiva presencia allí. A primera vista, la mera ocurrencia de lo humano concreto seria la causa eficiente e inmediata del fenómeno, pero, sin embargo, se trata de una producción, toda vez que resulta de un obrar específico sobre el vínculo entre el sujeto y la naturaleza.

En tanto que designa un "estar ante", 'presente' (*praes-ens*) tiene por lo menos dos sentidos: el sentido corporal (*praesentia corporalis*) y el sentido temporal (*praesentia temporalis*). Estos dos sentidos se manifiestan en el uso, en español, de "presente" que puede referirse a un estar algo ante algo o a un existir algo "en este momento". El vocablo 'presencia', en cambio, suele tener un sentido más bien "corporal", a diferencia de la expresión 'el presente', que tiene un sentido temporal. (Ferrater Mora, 1994)

Es un hecho peculiarmente interesante que en el concepto de presencia se articulen estos dos sentidos, el corporal y el temporal. La presencia, como producción de lugar habitado, constituye, en efecto, un 'aquí-y-ahora'. Al ser humano le es conferida la facultad de situarse ante algo o alguien con su cuerpo, a la vez que ocurre en un tiempo vivido: el cuerpo irrumpe de modo decidido en un aquí y es la existencia concreta la que indica su ahora. Y en realidad, en la práctica productiva humana de la modalidad más elemental, nunca puede construir una presencia si no es asociando el cuerpo y el tiempo en que ocurre.

"Presencia" es la manera en que Xirau se refiere a la "sustancialidad del tiempo", la noción que nos invita a ver el tema del tiempo de otra manera y ya no desde un punto de vista lógico. La presencia es la idea que nos invita a darnos cuenta de que el tiempo no discurre, sino que, más bien, ocurre. Xirau establece, por consiguiente, una distinción entre la presencia y el presente. Cuando se percibe como mero discurrir lineal, el presente es inalcanzable, pero cuando se le percibe en función de la presencia, se vuelve una especie de morada; en palabras de Xirau, este presente, cuando "pertenece a la presencia", se convierte en "nuestra estancia". Bajo el influjo de San Agustín, la presencia de Xirau representa una búsqueda por trascender las limitaciones del tiempo lineal y lógico mediante una visión sustantiva y personal de la experiencia del tiempo. (Beck, 2019)

Estar en una circunstancia, habitar un lugar, se configura como primordial emergencia de un obrar productivo: el producir de la presencia, la perturbación humana del ambiente poblado, la peculiar inquietud que hace de todo enclave ocupado por la vida humana una tensa situación, son los constituyentes nucleares del encaramiento del mundo. Por ello, la construcción de lugares, ante todo, es la constitución de presencias allí donde el ser humano tiene efectivo lugar. Y esta presencia siempre obra como preludio de ulteriores operaciones fundamentadas en la habituación histórica de la presencia, en la apropiación y ocupación de plazas e itinerarios, en el poblamiento moroso de los lugares donde es pertinente nacer, vivir y morir.

La producción del lugar con la presencia constituye una efusión de un obrar existencial. Tal obrar se aplica, en principio, a la autoidentificación del sujeto —toda vez que éste ejerce su condición situada en una circunstancia a la que confiere peculiar y distintivo semblante—. También se opera con la diferenciación del propio lugar, recortándolo como enclave particularizado del mundo. Y, por último, se compromete de modo activo con la identidad propia del propio vinculo específico entre el sujeto y el lugar que habita. Así, gentes y circunstancias entablan vigorosos y durables contexturas que obran como rigurosos procedimientos de identificación. Así es que llegamos a conocer sobre nuestro destino: reconociendo clara y distintamente nuestro lugar en el mundo.

Una segunda modalidad de producción de lugares estriba en la ocupación humana de territorios:

> Desde su etimología Delaney (2005:13-14) y Painter (2010: 1101) señalan que la palabra proviene del latín *territorium*, que significa la tierra en torno al pueblo y *terra*, tierra. Sin embargo, también deriva de *terrere*, es decir, asustar, atemorizar; que en su acepción actual, el territorio puede contener ambos significados, uno asociado a la pertenencia y el otro a la violencia. Con base en lo anterior, podemos partir de que el territorio se refiere, en primera instancia, a una porción de la superficie

terrestre, delimitada y apropiada. (Ramírez Velázquez y López Levi, 2015)

La ocupación territorial, de este modo, se debate entre formas más o menos legítimas y pacíficas de apropiación y los modos agresivos de defensa y exclusión de extraños. En todo caso, se trata de proyectar, sobre el lugar habitado, relaciones sociales de poder. Así, del lugar asumido como tierra, esto es, una fuente material de recursos de supervivencia, se le sobrepone una delimitación que marca no sólo una medida relativa de suficiencia sustentable. sino también la extensión alcanzable por la acción defensiva, todo esto puesto al amparo de la contradictoria naturaleza de la apropiación.

En el paso de la conducta humana a la construcción social del espacio, se puede afirmar que el cuerpo es el primer territorio, pues es lo más inmediato que tiene una persona. Una de las primeras tareas al nacer, es tomar conciencia de su cuerpo y aprender a moverse a parir de las posibilidades y limitaciones que este le ofrece; hay que aprender a integrar las partes del cuerpo y a establecer los canales de comunicación con el cerebro para interactuar con su entorno y realizar los movimientos y las acciones deseadas. Al crecer el individuo, su cuerpo se convierte en un objeto depositario de las expectativas propias y ajenas sobre la imagen. Similitudes y diferencias se convierten en medidas de comparación y a partir de ellos se construye el principio de identidad (López, 2010b). (Ramírez Velázquez y López Levi, 2015)

Nuevamente encontramos aquí, en la inauguración de los modos de producción de lugares a título de territorio, con el papel decisivo de la experiencia del cuerpo. Puede sospecharse que esta inicial territorialización emerja como producto elaborado de la propia experiencia de la presencia. Con esto se adelanta una conjetura acerca del carácter evolutivo de la producción territorial, en tanto esta es una emergencia productiva de la presencia y en tanto constituya ya un mecanismo especifico de producción de lugares de naturaleza relativamente más sofisticada. En efecto, la territorialización abre paso a perfeccionadas operaciones de producción de moradas y viviendas.

> La casa es la transición entre cuerpo y comunidad, a la vez que es una unidad de propiedad, de dominio. Para el sistema capitalista se trata de un principio fundamental y que se extiende no solo al ámbito de la vivienda, sino al de los modos de producción. El reconocimiento legal de la pertenencia otorga derechos y privilegios sobre una porción de la superficie terrestre. La casa es, a la vez, la unidad básica del barrio, pueblo o ciudad. A partir de los grupos de viviendas se construye una comunidad, que vendría a ser un tercer nivel del territorio, mismo que se escala desde el ámbito regional hasta el nacional. (Ramírez Velázquez y López Levi, 2015)

La distinción específicamente productiva entre las moradas y las viviendas o casas radica en los distintos modos psicosociales de apropiación. La morada es un producto emergente de una habituación pacífica y no excluyente no sólo de la vivienda y su predio, sino de todo un sistema contiguo de lugares como el vecindario próximo y el barrio, que los sujetos frecuentan y comparten con ciertos semejantes, de modo de suyo inclusivo. La vivienda o casa, en cambio, es resultado de una apropiación territorial de tipo excluyente o privativo, cuando constituye el reducto íntimo de lo privado reservado al general escrutinio de lo social. En la territorialización de la residencia, entonces, se activan de modo reciproco y mutuamente referenciado los dos mecanismos de territorialización.

Según parece, existe un poderoso influjo en la apropiación territorial allí donde se constituye morada que oficia como paradigma de generalizados sentimientos de pertenencia referidos a escalas más extendidas:

> Los sentimientos de pertenencia se construyen a partir del habitar, de tener propiedades, haber nacido en un país, haber enterrado a los seres queridos o el tener certificado de nacionalidad. Al reconocimiento de pertenencia y al arraigo territorial se asocian derechos y obligaciones, que pueden ser reconocidos por acuerdo común, por leyes nacionales o acuerdos internacionales. El territorio es, entonces, también una perspectiva política del espacio, que más allá de los estudios sobre la conducta, se ha manejado asociado al Estado y la nación desde hace varios siglos. A partir de lo anterior, se puede considerar que el concepto de territorio alude a una parte de la superficie terrestre sujeta a procesos de posesión, soberanía, gestión, dominio, administración, control, resistencia, utilización, explotación, aprovechamiento, apropiación, apego y arraigo (López, 2008). (Ramírez Velázquez y López Levi, 2015)

Siempre atravesados por los contradictorios sentidos de la apropiación, los humanos constituyen moradas extendidas no solo sobre barriadas y ciudades, sino también con respecto a regiones y paisajes. Siempre mediante la proyección del poder sobre la tierra, sujetos, grupos y pueblos se disponen a la explotación intensiva y calificada de sus territorios tanto en el terreno económico, como en el social y el simbólico. La vida humana, en tal asunción, se desarrolla en referencia a un lugar de pertenencia legitima, a unos recursos explotados de una manera y en donde es posible reivindicar por un grupo definido de sujetos a título de entidad propia e identificadora.

La apropiación territorial opera articulando, a título de ocupación, entre la modalidad básica de la presencia, y la población integral del paisaje. En efecto, a la vez que supone una sobreelaboración del hacerse presente en un paraje, la ocupación territorial emerge como producto del hábito social de la apropiación. A su vez, este modo de producir lugares desde la ocupación territorial preludia, de modo evolutivo, un modo relativamente más complejo: el propio de una entidad subjetiva de escala más vasta proyectada sobre una región relativamente más extendida, constituyendo una trama vincular más sofisticada: la población del lugar.

Por población, entenderemos aquí, de modo especifico, la segunda acepción del término *poblar*, según el *Diccionario de la Real Academia*, esto es '*Ocupar con gente un sitio para que habite o trabaje en él*'. La idea de poblar, por su parte, asocia el establecimiento de pueblos (en el sentido de asentamientos humanos), con la idea de proliferación de vastos agregados de personas o cosas. El término poblar proviene del latín *popŭlus*, esto es, pueblo (en el sentido de gente). De ello se desprende que la población constituye, aquí, un modo de habitar propio de gentes que proliferan en referencia a un lugar. A estos efectos cabe preguntarse a partir de qué condiciones un simple agregado de personas consigue conformar sustantivamente un pueblo. Desde un punto de vista antropológico, el grupo humano que califica como pueblo se cohesiona diferencialmente con una cultura compartida y guarda un modo común de vínculo con un territorio determinado (Boff, 2015). En todo caso, se trata de una autoidentificación, que comprende una asociación compleja de sujetos, una rica trama vincular y una profunda y diferencial referencia al paisaje que habita.

Al tratar del poblamiento como operación de habitación, nos encontramos, de modo significativo, con otra necesaria mención al cuerpo, ahora desde la disciplina arqueológica:

> [...] encontramos que la idea de paisaje, tal como está siendo entendida hoy en la arqueología desde la mayoría de las distintas posiciones teóricas vigentes, se ve altamente desafiada cuando intentamos abordar el paisaje desde una perspectiva

relacional que tenga en cuenta otras ontologías no occidentales. Un aspecto importante es que las relaciones de los humanos con el paisaje no pueden ser pensadas sin considerar la idea de cuerpo, que implícita o explícitamente es puesta en juego no sólo en la relación en sí, sino en cada punto de vista o teoría. (Laguens y Alberti, 2019)

Es que, cuando se trata de su habitación, no podemos disociar u oponer, siquiera de modo analítico, a las personas pobladoras del paisaje poblado. Es tan profunda la implicación relacional entre las gentes y sus paisajes que ya no tiene sentido más que considerar, con nuestros autores citados que: "*Se podría entender este modelo como gente 'llevando su paisaje' con ellos mismos*" (Laguens y Alberti, 2019). Y este "ellos mismos" no alude a una suerte de impedimenta accesoria, sino al propio cuerpo, sus aprendizajes, destrezas y hábitos. El poblamiento, entonces, puede considerarse la más integral y radical proyección mutua entre las gentes y el lugar que habitan.

En esta asunción el poblamiento del lugar constituye la plena e integral inmersión de las gentes en el paisaje que forjan. Esta constatación tiene, al menos, dos consecuencias teóricas inmediatas. Por una parte, el paisaje llega a constituir una suerte de honda impregnación subjetiva, una forma superior de apropiación no privativa. Por otra, el advenimiento de la categoría antropológica de pueblo ya no es una mera proliferación de sujetos, sino una constitución subjetiva honda y comprensiva: una modalidad de subjetividad producto de una morosa producción de presencia y población.

Vivir en un paisaje así no es sólo mantener relaciones ecológicas y económicas con un espacio determinado, sino vivir en un mundo habitado por muchos otros sujetos habitantes del mundo. El paisaje está poblado de entes vivos —no "animados"— y seres reflexivos con los que los humanos entran en relación. Desde esta perspectiva, vivir en un paisaje es habitar un espacio de relaciones con otros, los seres humanos y otros-que-humanos, con capacidades comunicativas (Kohn 2013). No se trata sólo de un paisaje: es un espacio que está totalmente compuesto por sujetos que interactúan. (Laguens & Alberti, 2019)

Así, la habitación a título de población representa la coronación sintética de un proceso evolutivo que proviene del cuerpo concreto de los sujetos y vuelve a estos últimos un cuerpo social integrado. La población de los paisajes supone, entonces, el desarrollo perfeccionado de la trama de la vida teniendo efectivo y concreto lugar. Como modo de producción de lugares, el poblamiento supone la integración de los modos de presencia y ocupación territorial, a la vez que implica, de un modo dialéctico, una síntesis de superación.

LO QUE LA VIDA PUEDA INFORMAR A LA ARQUITECTURA CONSTRUIDA

¿Qué es lo que estas consideraciones tienen de ilustrativo con respecto a la arquitectura construida?

En la práctica profesional de la arquitectura, existe la más que firme convicción que la labor del arquitecto es, de modo esencial y necesario, un ejercicio de gestión del espacio. A esta forma de sentido común bien asentado y ejercido, se opone la experiencia vital de las personas que habitan la arquitectura, que experimentan, allí, la contextura existencial de un sistema de lugares. Mientras arquitectos y empresarios administran de modo industrial y mercantil una abstracción operativa, una moneda de cambio socioeconómico, que se materializa en metros cuadrados construidos, las personas se las arreglan para tener lugar allí de un modo concreto, desbordando amplia y existencialmente las constricciones de un puro consumo de extensiones construidas.

La estética arquitectónica de finales del siglo XIX adelantó que la existencia de espacio es la esencia de la arquitectura y, a principios del siglo XX, ciertas tendencias artísticas, reconociendo el viejo pensamiento oriental de que la masa está al servicio del vacío, condujeron a la desmaterialización inflexible de la ineludible solidez de la masa como, por ejemplo, el movimiento De Stijl. E, incluso en nuestros días, los pensamientos de Lao-Tse ejercen gran atracción sobre los arquitectos, quienes perciben el contenido intangible de la forma arquitectónica como lo que verdaderamente impulsa a la arquitectura. (van de Ven, 1981)

Ante tal situación pueden adoptarse dos actitudes. La primera bien pudiera resultar en una aceptación resignada de este estado de cosas, bajo el supuesto que esta contradicción entre los modos de producir edificios y espacios, por una parte y los modos de producir lugares, debe ser resuelta de un modo dialéctico, tal como en el uso actual. La segunda estribaría en que los arquitectos pudiéramos conferirnos el instrumento de la autocrítica y revisar a fondo las endebles convicciones del sentido común.

La primera de las actitudes podría fundamentarse en el hecho de que los arquitectos profesionales operarían sobre entidades socialmente intercambiables y según una lógica funcional a la formación socioeconómica dominante. Después de todo, el espacio construido, mensurable y valuado tiene en su gestión eficaz un beneficio reconocido para la rentabilidad de la inversión y, mediante su colocación concreta en el mercado, una efectiva aceptación social en el consumo. En cierta forma, pudiera sostenerse, no sin alguna razón, que sobre el espacio el ejercicio profesional de la arquitectura ejerce un saber-poder eficaz y socialmente reconocido. Por su parte, la implementación habitable constituiría una facultad ejercida en todo caso por el usuario, en el uso de sus capacidades cognoscitivas y prácticas.

La segunda de las opciones tiene, de modo forzoso, que partir del supuesto que la finalidad de la arquitectura se consuma humanamente en su habitación y la misión del arquitecto es amparar, de modo escrupuloso tal consumación. Supone esto convertirse a una nueva fe. Esta fe considera a la constitución lograda del lugar habitable el destino de todo desvelo arquitectónico que opera, siempre, como medio para la consecución de tal fin. Ya no se trata de ejercer un saber-poder industrial y mercantil, sino de realizar un servicio social calificado a una efusión profunda de la condición situada del ser humano. Ya no se cuenta con la presunta confianza en la operatividad del puro espacio disponible, mensurable y transable, sino con una inquietud anhelante por descubrir los pormenores más sutiles, esquivos y secretos de la situación humana en el mundo.

¿Por qué no pensar en una arquitectura dispuesta al amparo de las presencias humanas, plenas y circunstanciadas?

> La arquitectura de hoy ha descuidado los sentidos, pero no sólo eso explica su inhumanidad. No es para la gente. Tiene otros objetivos, no el uso de los ciudadanos. La arquitectura se ha convertido en un arte visual. Y, por definición, la visión te excluye de lo que estás viendo. Se ve desde fuera, mientras que el oído te envuelve en el mundo acústico. La arquitectura debería envolver en sus tres dimensiones. El tacto nos une a lo tocado. Por eso una arquitectura que enfatiza la vista nos deja fuera de juego. (Pallasmaa, 2006)

La arquitectura ha dejado de estar destinada a las personas habitantes, porque se ha contentado con devenir una mercancía consumible como cualquiera otra. En el mejor de los casos, se ofrece falazmente a una contemplación distante y alienada, se brinda como espectáculo o escenografía, nunca como el lugar propio del que la puebla. Y esto obedece a que es un puro y abstracto desarrollo de volúmenes y huecos en el espacio, al servicio de su circulación en el mercado. La arquitectura de la pura visibilidad de las masas en el espacio niega una humanidad que ahora echamos en falta. Porque solo es humana una arquitectura que aloje, con magnitud conforme, la concreta y viva presencia de su habitante.

Ante una arquitectura y un urbanismo que se prodigan en la producción de enclaves confinados, territorios discontinuos y regiones funcional y socialmente segregadas, una arquitectura y un urbanismo de lugares puede ofrecer la expectativa de promover y desarrollar apropiaciones no privativas del territorio, continuidades por donde la vida pueda proliferar de modo fluido y continuo. Es que la gestión mercantil del espacio conduce de modo ineluctable a una cosificación fragmentaria y carente, en donde se erosiona el carácter relacional que tienen los territorios humanamente apropiados. Una arquitectura y un urbanismo de lugares puede apostar a la potencia de los modos inclusivos de apropiación territorial, rescatando a la realidad urbana contemporánea de su crisis.

Pero acerca de un poblamiento integrado, consciente y racional es en donde una arquitectura y un urbanismo de los lugares puede alcanzar sus más prometedores alcances. Ante la urbanización difusa, segregada y anómica contemporánea sólo podrá recuperarse el profundo sentido humano del residir situados sobre la tierra mediante una operación de esclarecimiento, apropiación y consumación social de los lugares habitados. Ya es tiempo que el pueblo consiga ser ya no sólo reconocido como sujeto histórico, sino comprendido y alentado a adoptar las directivas de un ordenamiento territorial que implique algo más que el ejercicio del poder de las minorías económicamente eminentes, así como algo más que un vano ejercicio declarativo de minorías tecnocráticas. Es forzoso ya dejar que el pueblo poblador cumpla con su destino.

EL ARTE DE HABITAR

La arquitectura y el urbanismo, comprometidos con el destino habitable de sus desvelos, esto es, con la implementación humana integral y finalista de sus producciones bien podrían munirse de herramientas conceptuales del arte de habitar. Porque no se descubrirá aquí que el habitar es un arte, sino que se constatará, en todo caso, que arquitectos y urbanistas sabemos muy poco al respecto de este sutil ejercicio del obrar productivo humano. Y conocer sobre el arte de habitar supondrá, de modo necesario, una revisión de todas y cada una de las convicciones más firmemente hincadas en el terreno del sentido común profesional.

Es el filósofo Iván Illich quien afirma, con contundencia argumentada, que el habitar es un arte, atributo propio de la condición humana:

> Habitar es lo propio de la especie humana. Los animales salvajes tienen madrigueras, los carros se guardan en cocheras y hay garajes para los automóviles. Solo lo hombres pueden habitar. Habitar es un arte. Una araña nace con el instinto de tejer una tela particular a su especie. Las arañas, como todos los animales, están programados por sus genes. El humano es el único animal que es un artista, y el arte de habitar forma parte del arte de vivir. Una morada no es una madriguera ni un garaje. (Illich, 1984)

El habitar, atributo diferencial y especifico de la condición humana, es un arte y no una conducta. Esto quiere decir que solo con la facultad humana de producir es que habitamos y que, en consecuencia, no se trata de una conducta o comportamiento regular y fijado de una vez para siempre. Muy por el contrario, el habitar se aplica a producir la existencia del hombre como producto contingente, como factura de circunstancias mudables, perfectibles y revisables. Los modos o formas de habitar son hechos culturales, destrezas aprendidas, costumbres adquiridas y legadas como tradiciones.

La especificación del habitar como arte también lo diferencia del simple uso. La implementación habitable de las cosas del mundo y de sus arquitecturas es un obrar de suyo productivo y no apenas un uso estereotipado de ciertas características de esas cosas y esas arquitecturas. Mediante la habitación, los seres humanos habitantes crean situaciones, forjan circunstancias, acondicionan un mundo para volverlo apropiado. No se limitan a ejecutar u operar útiles cuyo significado humano se reduce a su manifiesta y terminante disposición ad hoc. Por esta razón, no puede establecerse una relación estricta, obligada y univoca entre las cosas de vivir y los modos concretos de empleo de tales útiles. Entre otras cosas, porque tales cosas de vivir constituyen constelaciones simbólicas más allá de su utilidad principal y manifiesta.

Por último, la determinación del arte de habitar como un arte lo distingue de un simple y expeditivo designio biológico-funcional. Habitar no es una función a la que le calce, como un guante, una forma, sino que implica una forja tranquila de formas variables, evanescentes, adaptables que emergen de la propia acción del cuerpo en el lugar. La arquitectura construida sólo puede aspirar a contornear, con forma y magnitud conformes, así como con sutil levedad, esa proliferación de formas, asistiendo, con un sensato plan tectónico, a la coreografía entrañable de la vida.

> El arte de habitar es una actividad que sobrepasa el alcance del arquitecto. No sólo porque es un arte popular; no sólo porque su delicada complejidad lo sitúa fuera del horizonte de los simples biólogos y analistas de sistemas; sino, más que todo, porque no existen dos comunidades que hagan su hábitat de la misma manera. Hábito y habitar dicen casi lo mismo. Cada

arquitectura vernácula (para retomar el término de los antropólogos) es tan única como el habla vernácula. [...] Es un arte que sólo se adquiere progresivamente. Cada ser se vuelve un hablante vernáculo o un constructor vernáculo al crecer, pasando de una iniciación a la otra por un camino que lo hace un habitante masculino o femenino. Por consiguiente, el espacio cartesiano, tridimensional, homogéneo, en el que construye el arquitecto, y el espacio vernáculo que hace nacer el arte de habitar, constituyen dos clases diferentes de espacio. Los arquitectos sólo pueden construir. Los habitantes vernáculos engendran los axiomas de los espacios en los que hacen su morada. (Illich, 1984)

Llegados a este punto, al arquitecto profesional puede caberle un clamor por una condición tectónica y vernácula perdida para siempre, aún para los actores sociales más humildes y apurados por la necesidad económica. Seria, en todo caso, una traición al buen sentido pretender ejercer como un *oikódomos* (constructor popular de moradas) que no se sería sino a costa de una investidura mendaz y folclórica. El camino más sensato es abocarse al estudio antropológico de la virtud de lo vernáculo, más que su ejercicio en vías de extinción. Y parte no menor, para empezar, es reconocer que el constructor vernáculo trata con las personas antes que con usuarios y trata con lugares antes que con el espacio abstracto. Y, en lo que resta, prestar oídos atentos a las asordinadas voces que aún pueden murmurar los axiomas de la habitación de los lugares.

Es preciso reparar que la incisiva atención al habitar de las personas resulta en el desvelado de un ejercicio consumado de la condición situada y liminar:

[...] el conflicto entre los valores vernáculos y los valores económicos no se limita a este espacio que llamamos un interior. Considerar que los efectos del arte de habitar se limitan a modelar este interior sería un error; lo que se extiende más allá del umbral de nuestra puerta de entrada es igualmente modelado por este arte, aunque de manera diferente. La tierra humana se extiende de los dos lados del umbral; el umbral es como el pivote del espacio que crea el arte de habitar. De este lado es el hogar; del otro los ámbitos de comunidad. (Illich, 1984)

La reflexión especifica nos ha llevado a vislumbrar no ya apenas la condición humana situada —cuestión debidamente aclarada por la filosofía de la existencia— sino la precisión acerca de dónde, de un modo primordial, acechamos al mundo: precisamente desde un umbral. Umbral tendido tenso entre lo privado y lo público, sí, y también articulando el pasado con el futuro, nuestros activos y nuestras deudas sociales, nuestros desafíos y nuestra memoria. El umbral, por ello, es el primordial elemento arquitectónico: todo obrar arquitectónico sobre el lugar tiene su preciso punto de partida allí. Es a partir de esta condición situada y liminar en que podemos, ahora, repensar la arquitectura.

Iván Illich, por otra parte, señala de modo particular una distinción conceptual entre el sujeto habitante y aquel meramente alojado. En esta asunción, el habitante es arquitecto de sí mismo y del lugar que puebla, mientras que sujeto alojado está reducido al papel menesteroso de simple consumidor de espacios construidos y concebidos desde la extrañeza técnica y empresarial. No se trata de una división de naturalezas entre sujetos, sino una distinción entre ciertas representaciones subjetivas.

En esta distinción entre habitante y alojado, parecería que el alojado o el residente (términos aparentemente sinónimos para Illich) se convierten en un sujeto pasivo que ya no invierte en su lugar de residencia. A diferencia de los habitantes que se inscriben y viven plenamente sus espacios vitales, los alojados son presentados como inactivos e incapaces de oponerse a las tendencias que se les imponen: "Los habitantes que ocupan el espacio que modelan han sido reemplazados por residentes alojados en construcciones producidas para ellos, debidamente registrados como consumidores de vivienda protegidos por legislaciones sobre arrendamientos o hipotecas" [...].Si el habitante es productor de espacio a su medida modelándolo, el alojado está reducido a un mero consumidor. (Monnet, 2018)

Quedará por ver si en el futuro los sujetos conservarán y desarrollarán su autorrepresentación de habitantes de plena constitución o, si, por el contrario, el desarrollo del modo capitalista de gestión del espacio, asistido solícitamente por el ejercicio corriente de la arquitectura profesional funcional a estos designios, termina por sumir a las mayorías sociales en la pura condición de consumidores pasivos de espacio construido. Estas líneas se dedican, en todo caso, a la esperanza de la consecución de la primera alternativa. Simplemente, porque reserva mayor hondura y sustancia a la condición humana.

La arquitectura humanista

Vana es la palabra del filósofo que no cura los sufrimientos del hombre...
Epicuro

AMPARO A LA FRAGILIDAD

Debemos ahora abordar la especial contextura frágil de la existencia humana. Es que la propia condición humana es sustancia vulnerable, de disposición precaria y de constitución endeble. Ejercer la condición humana de modo cumplido sólo se alcanza con considerable esfuerzo, pero es tan transitorio el estado alcanzado que cualquier flaqueza basta para desbaratarlo. Así, humanizarse es difícil y fácil es deshumanizarnos. Cosa de todos los días. En particular, la condición de ser situado, efusión especial de esta condición humana, es más quebradiza aún, más efímera, más inconsistente. Conseguir habitar la circunstancia propia es asunto tanto de seres situados, así como mortales sitiados, esto es, de ocupantes de ciudadelas que sólo se defienden con esforzado denuedo, rodeadas de amenazas de sacarnos de nuestras regiones acaso confortables. Por ello, la misma constitución existencial de los lugares que creemos propios también son materia delicada. Tener lugar, hacerse uno un lugar, construir un haber son empresas trabajosas a las que cualquier evento frustra de modo irremediable. Vivir la vida humana es un ejercicio tenaz de la vacilación.

Una vez que se ha tomado debida conciencia de esta constitucional fragilidad, sólo cabe acometer un primordial gesto arquitectónico: un obligado gesto de amparo. Aún antes que pueda concretarse la acción practica más modesta, es preciso urdir en el ánimo un talante compasivo. Simplemente, porque es de humanos experimentarlo. Pero, también, porque partiremos de tal gesto dirigidos a la consecución de un humanismo de nuevo cuño, un humanismo para los tiempos que corren y fruto de sus peculiares circunstancias. De momento, nos es preciso forjar los fundamentos provisorios de una poética arquitectónica humanista. Esta poética proviene de este imperioso gesto de ayuda a ciertos aspectos críticos de la existencia humana, allí donde es oportuno, prudente y acuciante hacer algo al respecto.

El amparo arquitectónico de la condición humana se propone, en principio, albergar sin constreñir, proteger sin confinar, en fin, conformar ámbitos en donde su habitante extienda su condición sin otro límite que su propia sensatez y alcance de miras. Porque si queremos amparar de modo cabal la propia condición humana, nuestra acción debe, siempre, afirmar su libertad constitutiva. Por ello, basta de sujetos sujetados en circunstancias que menoscaben su condición de humanos. Y cuidado con las consecuencias de esta renuncia explicita: respetar la condición humana del habitante es conferirle un poder que le ha sido hurtado y que nadie sino éste mismo tiene derecho a detentar. El desafío arquitectónico es encontrar, reconocer y cultivar una clara y especifica conceptualización de la adecuación. En efecto, la cuestión ahora versa sobre el amparo arquitectónico humanista adecuado tanto a su referente como a su desempeño liberado y cabal.

Ante todo, cabe precisar lo que aquí se entiende, de modo especifico, por *humanismo*:

> En líneas más generales se puede entender por humanismo cualquier dirección filosófica que tenga en cuenta las posibi-

lidades y límites del hombre y que, sobre esta base, proceda a una nueva dimensión de los problemas filosóficos. (Abbagnano, 1961)

De las posibilidades y límites del hombre nos interesará aquí su constitución situada, esto es, la habitación de unas circunstancias concretas de naturaleza espaciotemporal. A partir de esta asunción, todo prometerá, como nueva dimensión de los problemas filosóficos, una revisión radical de la teoría de la arquitectura. Tal revisión tiene comienzo, de modo preciso, en una nueva naturaleza.

Así es que a una arquitectura de cosas construidas se la contestará, de modo crítico, con una arquitectura de personas en situación. Los edificios, sus agrupamientos y las ciudades dejan de ser considerados fines en sí mismos para entenderse como medios para habitar, acondicionamientos físicos y formales implementables como lugares. El arte de la arquitectura es ahora un servicio de asistencia social profesional a la existencia habitante de las personas: constituye, más que un resultado de una ofrenda proyectual y constructiva, una interpretación sensible y respetuosa de un ocurrir que debe resultar amparado.

Es oportuno señalar nuestra deuda con el contundente alegato que realizara en su momento el gran arquitecto finlandés Alvar Aalto, en pos de una necesaria humanización de la arquitectura:

> Hacer más humana la arquitectura significa hacer mejor arquitectura y conseguir un funcionalismo mucho más amplio que el puramente técnico. (Aalto, 1970/1977)

Lo primero que hay que destacar es la relación de mutua implicación entre la humanización de la arquitectura y su excelencia. Como la excelencia de la arquitectura es un resultado en todo caso práctico y productivo, no queda otra posibilidad que examinar aquí, del modo reflexivo, qué extremos supone hacerla más humana. A estos efectos, parece oportuno tentar la consideración de qué rasgo distintivo poseerá el ser humano, con el propósito de dirigir, hacia esta característica propia y diferencial, un decidido esfuerzo teórico. Pero también la lacónica expresión de Aalto contiene una segunda proposición importante y es la exigencia del desarrollo de un funcionalismo más amplio y comprensivo. Esta última exigencia es la estela conceptual tras la cual se ha desarrollado la propia Teoría del Habitar, toda vez que tal teoría se ha involucrado, de modo programático con la finalidad del obrar arquitectónico.

Si prestamos alguna atención a lo que nos dice la ciencia con respecto a la condición humana, podemos constatar que, si la cuestión se afronta desde el punto de vista evolutivo, hay una nota distintiva, rupturista y diferencial de lo humano en lo que sigue:

> El ser humano, como consecuencia del proceso evolutivo, ha sido configurado de un modo tal que posee cualidades y un modo de comportamiento radicalmente nuevo y cualitativamente diferente al del resto de los animales. Lo esencial está en que nuestro comportamiento no está limitado por un programa genético y biológico, sino que se ha producido una ruptura, de modo que no tenemos estructuras comportamentales cerradas sino abiertas. Así, entre los estímulos que percibimos y las respuestas que tenemos que realizar, se da un hiato o vacío que tenemos que llenar de modo reflexivo. Es decir, tenemos que pensar y elegir entre diversas formas de responder. Y esa es la condición de posibilidad biológica de nuestra libertad y de nuestra capacidad ética. Es la expresión de nuestra condición inmadura, como vimos, de nacer antes de tiempo, y de haber roto la lógica del desarrollo embrionario que siguen las demás especies. (Beorlegui, 2011)

Según parece, nuestro comportamiento no sigue un conjunto discreto de pautas rígidas y biológicamente determinadas, sino que adopta una modalidad plástica, innovativa y abierta. Nacemos con una distintiva fragilidad, una diferencial inmadurez, una endeble constitución que nos sitúa, ante el desafío de la supervivencia, con el compromiso de salvarnos de tal condición a costa de arreglos sociales y culturales en el comportamiento del amparo. Este amparo no se limita, por cierto, al cuidado parental meramente precautorio y reactivo, sino que se dilata en un moroso proceso de enseñanza y aprendizaje mediante el cual el sujeto juvenil consigue desempeñarse ya no meramente en un ambiente más o menos inhóspito, sino en un mundo.

Es que los seres humanos tienen en su desarrollo embriológico una característica diferencial, denominada *neotenia*:

> El proceso embriológico de todas las especies vivas sigue una lógica básica: los individuos de cada especie nacen en el momento en el que se ha conseguido, por parte del feto, de la madurez correspondiente, la propia de la especie, para poder luego desenvolverse con éxito en la tarea fundamental de adaptarse al entorno ambiental, a su nicho ecológico. [...] En cambio, en el ser humano se ha roto esta lógica básica, en la medida en que el proceso embriológico se ha detenido, y el recién nacido se parece al "feto de un mono". Así, según Y. Coppens, en el estado adulto seríamos bastante semejantes a fetos de mono. En todo caso, más próximos al feto del mono que al mono mismo. Esta persistencia de caracteres juveniles o fetales es lo que se llama "neotenia". La especie humana es, pues, una especie que ha ralentizado su desarrollo, y nace antes de tiempo, de forma prematura. Formamos una especie de prematuros, de inmaduros biológicos. Necesitaríamos estar doce meses más en el útero materno (21 meses debería durar nuestra gestación) para poder nacer con la madurez biológica y

comportamental con la que nace el resto de las especies vivas, según Portmann. (Beorlegui, 2011)

Esta endeblez biológica de nuestra especie implica un rudo desafío. Para sobrevivir, los seres humanos debemos contar con mecanismos no ya de adaptación, sino de transformación: nuestro comportamiento debe acudir al recurso desesperado de la cultura. Condenados a ser libres, debemos cuidarnos de la intemperie del ambiente para forjarnos, a como dé lugar, un mundo por nosotros acondicionado. Para eso están los padres. Curtidos por el duro aprendizaje del vivir, los referentes parentales amparan a sus juveniles no sólo con el atávico cuidado instintivo de las crías, sino con la disposición de un arreglo, siquiera sumariamente confortante y seguro —un lugar en el mundo, en donde sea posible erguirse, andar y hablar— y así como un adiestramiento más o menos calificado hasta situar al sujeto en el umbral de la morada, en el límite agónico entre lo doméstico y lo social.

Así, nuevamente, nos encontramos con una condición liminar en el ser humano: ahora, entre la endeblez biológica y la formidable potencia de la cultura. Es precisamente en la articulación entre la fragilidad y el vigor de los recursos más que biológicos lo que conforma la nota distintiva de lo humano, en las precisas circunstancias en que aparece en escena. Y la escena en donde ocurre todo esto es en el interior reservado de la morada. Ya sabemos que la habitación de un umbral inaugura una arquitectura de modo fundamental: el ámbito doméstico es el lugar del crecimiento amparado, es allí donde tienen ocurrencia los primeros y cruciales aprendizajes.

Según los antropólogos, en la adquisición de este rasgo se ha dado un proceso de coevolución con otros elementos fundamentales de la especie humana: la postura erguida, que estrechó las caderas y el canal pélvico, hecho fundamental para las mujeres por su relación de cara al parto, lo que favoreció en el proceso evolutivo la tendencia a acortar el tiempo de gestación, para poder dar a luz hijos con una capacidad craneana adecuada para poder atravesar el canal pélvico y llegar a nacer, dejando la tarea de ampliar la capacidad cerebral a los años posteriores a su nacimiento. De ahí que el nacimiento prematuro, que supone una mayor dependencia de los padres y de su entorno cultural, se tiene que conjugar y completar con un proceso de maduración y de dependencia más largo. Este factor, que representa la cara negativa de la deficiencia y de mayor dependencia, conlleva la ventaja de dotar al recién nacido de una mayor plasticidad, que redunda en su educación y maduración. (Beorlegui, 2011)

Así, una arquitectura dirigida de modo manifiesto al amparo del frágil vigor de la condición humana ya no constituye una simple vivienda como estructura material y formal de alojamiento y residencia. Lo que se erige, desde el lado de la condición humana situada es una morada, esto es, el ámbito en que terminamos de desarrollarnos como seres humanos, en donde, de modo inaugural, irrumpimos en el mundo. Toda vez que se repara que la forma no biológica de la evolución humana tiene en lo domestico su primer e indispensable asidero, el interés por la habitación de tal ámbito adquiere las mayores honduras conceptuales. Una arquitectura en verdad humanista debe reflexionar muy a fondo en estas cuestiones y dirigir sus desvelos al consecuente acondicionamiento integral y socialmente generalizado de las moradas humanas. Porque no se trata ya de cosas construidas, formalizadas en el puro y abstracto espacio, sino de lugares poblados por el drama cotidiano y continuamente renovado de constituirse seres humanos.

Cabe preguntarse entonces qué nuevos derroteros puede tomar la reflexión arquitectónica una vez que se revela el imperativo de un funcionalismo mucho más amplio y profundo que el puramente técnico o mecánico. Al respecto, puede entreverse que con el compromiso militante con lo especifico y diferencial de la condición humana, la implementación habitable concreta consiga hacerse un lugar en la ciencia y método de obrar arquitectónico. Porque ya no se trata de satisfacer, de modo mecánico y presunto una solicitación fija y estereotipada, sino de amparar una realidad que crece, se forma a sí misma y se desarrolla según un aprendizaje que mucho necesita tener un lugar adecuado, digno y decoroso. Además, no es ya un imperativo de carácter puramente disciplinar, sino que debe ser considerado en el contexto económico y social concreto, allí donde a todos se les asegure un lugar para llegar a ser en el mundo.

EL SENTIDO DEL CULTIVO MOROSO

La poética arquitectónica humanista puede considerar atractivo el esbozo de una idea: la de una arquitectura que crezca cultivada. A diferencia del demiúrgico modo de obrar del proyectista convencional, que con su gesto dibujado comienza y termina la determinación de la forma a construir en un único y afilado instante, un proyectista humanista apelaría a la siembra paciente y esperanzada de un germen de vida situada. Como es natural, a todo germen es preciso darle su tiempo para desarrollar su forma; su determinación es en sí misma un proceso. En tal tiempo se desplegaría una suerte de juego de espejos, en donde la vida propone y la arquitectura obedece, solícita, a su ley de desarrollo y crecimiento. Como se ve y se verá, la dimensión crucial, en todo esto, ya no es el espacio abstracto, sino el tiempo vivido.

A efectos de tratar de una arquitectura cultivada es preciso dar lugar al desarrollo de un especial sentido del tiempo. Si la poética arquitectónica aspira a resultar, de modo efectivo, un ejercicio humanista, debe tomar nota de cómo a los propios sujetos habitantes les atraviesa la dimensión temporal. Las personas son tiempo soñado, vivido y recordado... a la vez. Aquello que las personas realizan en los lugares que habitan es tiempo de deseo, de realización y de hábito... a la vez. Por su parte, los lugares que habitan adoptan configuraciones que sólo con un tiempo análogamente extendido llegan a tener comienzo, desarrollo y fin. En virtud de ello, es preciso, en una arquitectura que se quiere humanista, amparar los tiempos con que los sujetos habitantes cuentan para construir sus vidas. A una arquitectura de situaciones recurrentes y típicas debemos complementarla con una arquitectura de ocurrencias, de sucesos, de ceremonias de vida. A una arquitectura de contextos espaciales debemos complementarla con una arquitectura de procesos y evoluciones. No en vano ha señalado ya Peter Sloterdijk: las moradas del hombre son relojes habitados. Por ello, a la cinta métrica deberemos sumar el auxilio operativo de relojes y calendarios. Y mucha paciente espera, observando la vida suceder.

Álvaro Galmés Cerezo ha desarrollado, de modo conciso, una concepción de una arquitectura dirigida, de modo específico, al morar, esto es, al demorarse en el lugar del que se hace morada. Se trata, en todo caso, ya no de una arquitectura implementada en términos de uso, sino de goce, esto es, objeto de una experiencia que no tiene sólo localización, sino, de modo fundamental, ocurrencia y desarrollo en el tiempo vivido (Galmés Cerezo, 2017):

> [...] después de haber reflexionado sobre qué significa el habitar en el siglo XX y en el XXI y cuáles han sido los cambios conceptuales que se han ido operando durante estos casi cien años de arquitectura, podemos llegar a establecer una nueva definición de esta acción, básica para la arquitectura, que hemos denominado "morar". Así pues, podemos decir que la morada genera una atmósfera que permanece latente hasta que es activada por la vida individual, por las intersubjetividades que

en ella se desarrollan y que en el día a día definen el carácter de la casa. Esta se ofrece al gozo antes que al uso, y resuena con sus ocupantes. El verdadero significado de la vivienda no lo da el espacio, ni su imagen o su materia, sino la vida que en el tiempo se despliega en ella. (Galmés Cerezo, 2017)

Si los arquitectos humanistas ponen atención a la dimensión temporal de la vida en situación, entonces quizá se consiga algo más que arquitecturas habitadas, se alcanzarán arquitecturas tan vivas como sus propios habitantes. Así como con tiempos, duraciones y memorias es que las personas se construyen a sí mismas, así deberá concebirse la arquitectura construida. Una arquitectura que crezca, madure y envejezca con sus moradores. Con su misma dignidad y con no menos decoro. Las arquitecturas habitadas por las personas deben reverberar con la música de todos los días, hacerse eco de los rumores de la vida, prodigarse en rincones de la memoria, sedimentar afectos. Sólo entonces la vida humana podrá replicarse a sí misma en los lugares que ocupa y puebla. Sólo entonces podremos hablar, con propiedad, de una arquitectura viva.

La arquitectura humanista puede proponerse, como tarea, la de abrir ámbitos adecuados para el cultivo de la vida. Para ello debe realizarse un desbroce que haga lugar a la existencia, libre de constricciones y proclive al sueño. Porque se trata de cultivar una vida en sueños. Dejemos reposar el ánimo del habitante, amparemos su paz, protejamos su condición; el propio sueño nos llegará a guiar a la completa determinación de la forma, que no es otra que la de una quimera realizada. Allí donde lleguen los confines de la fantasía, allí, ni antes ni después, nos detendremos. No dudaremos en intentar la temeraria pretensión de construir ensoñaciones, porque de cultivar la vida se trata. Con mucha paciencia, con mucha atención, con no poco esfuerzo. Acaso, en la vigilia, todo esto suene extraño, inquietante y poco comprensible. Pero es que se sueña mejor.

UNA ARQUITECTURA QUE CRECE

Nuestras máquinas arquitectónicas de habitar estrujan la vida en el uso. Pero una arquitectura humanista, que honra la vida humana, ha de dar lugar a ésta, más que constreñirse al servicio de su operación. Vivir situado es mucho más que servirse de una máquina de habitar. Vivir situado en una arquitectura que crece es encontrarse con las condiciones en donde la propia vida pueda tener lugar. Y porque hay que hacer lugar a la vida, la arquitectura que crece debe proliferar en holguras, allí donde la arquitectura convencional se angosta en mínimos reglamentarios. La arquitectura que crece lo hace hacia el interior recóndito de sus amplitudes, de sus generosidades prudentes, en sus reservas. Es que hay lugar en la arquitectura que crece porque el lugar se abre, hospitalario y siempre se reserva una cuota de bienvenida. Es que una arquitectura que crece es pródiga en su amparo.

Para una arquitectura que crezca, no hay otra prefiguración posible que una prefiguración humana. En efecto, ia arquitectura debe abandonar toda expectativa de prefiguración geométrica, histórica o tectónica para prestar mucha atención a las improntas que realiza el cuerpo en los lugares. Son los gestos, las acciones, las coreografías, las fuentes cabales de prefiguración a las cuales deberá contornearse de un modo puntual y recíproco. Mas aún: la prefiguración, además de humana, deberá, por fuerza, resultar humanista. Esto, en un sentido verdaderamente contribuyente. Es preciso dotar al cuerpo humano y su desempeño liberado todo el poder determinador de una forma que deberá crecer hasta bordearlos con generosidad, hospitalidad y decoro.

La idea de desarrollo humano de la arquitectura inspira una concepción del producto arquitectónico como un proceso, más que como una cosa o artefacto. A estas alturas, ya no es posible seguir con las inercias del pensamiento que equiparan el edificio construido con la arquitectura. Antes bien, ya es claro que la arquitectura tiene una naturaleza vincular, esto es, es un género de relaciones entre el ambiente y los habitantes que tienen lugar allí. En virtud de ello, conseguir entender que la arquitectura tiene una naturaleza de proceso, de desarrollo o evolución a lo largo del tiempo, no debe extrañarnos mayormente. Pero el concepto de desarrollo humano de la arquitectura aporta otros aspectos interesantes. El primero, que la propia existencia del hombre tiene su expresión tópica en el tiempo. Esto quiere decir que la vida humana supone un tener lugar que evoluciona y crece. Un segundo aspecto es que las arquitecturas son propiedades de tal evolución, toda vez que suponen arreglos dirigidos hacia el fin de su habitación, modificando su contextura como procesos. Y también otro importante rasgo, la de ser lugares de memoria de lo vivido, una peculiar fisonomía que brinda identidad y referencia a la propia vida efectivamente vivida allí.

Postular una arquitectura que crezca con la vida que allí tenga lugar no implica meramente demandar más espacio que las miserias que el existenzminimum y la codicia inmobiliaria nos suelen infligir. Se trata, en realidad de apostar a más lugar, sobre todo en la dimensión de la profundidad de las cavidades pobladas, esa dimensión que Peter Sloterdijk denomina *histerotópica* (Sloterdijk, 2004). Al respecto cabe reparar que la arquitectura moderna del siglo XX ha mezquinado, entre todas las magnitudes del lugar, esta peculiar profundidad.

> El espacio profundo resulta vago a los usos y a las miradas. Imposible de vender o de publicitar como algo que añada valor comercial, se encuentra al fondo (y a veces, al fondo a la derecha). Por mucho que contenga resonancias positivas el espacio profundo no goza entre los arquitectos de buena o mala fama. Simplemente se encuentra situado fuera del discurso arquitectónico contemporáneo y de cualquier foco, porque se trata, sin más, de un resto mal proyectado. El espacio profundo no sale bien parado

en Pinterest. Así como la arquitectura histórica estaba condenada a un rosario de crujías que acababa en cuartos mal ventilados y a los que apenas llegaba algo de claridad, la modernidad sometió al espacio a una demoledora limpieza de luz y ventilación en todos sus rincones. De ese modo y para descubrir un espacio profundo en una casa moderna hay que recurrir al inframundo donde reina la especulación inmobiliaria, la humedad de los sótanos y el polvo de las buhardillas. O a lugares donde incluso la misma modernidad ha sido esquilmada. (de Molina, 2022)

En efecto, ¿cómo crecería con la vida que alberga una arquitectura desprovista de la reserva estratégica de profundidad, esto es, la dimensión quizá más propia de la vida habitante, esa que se aplica a conquistar el territorio interior a costa de una prospección morosa? En las cavidades desangeladas de la modernidad tardía, se echa en falta un miramiento dispuesto a que la vida lo recorra lentamente, hasta descubrir, en los fondos umbrosos, un espejo que llegaría un día a devolvernos el semblante de lo vivido. La consecución de una arquitectura que crezca con la vida no demanda, de modo necesario, una expansión espacial, sino una holgura constitucional en su carácter intrínseco de lugar.

LA HABITACIÓN DEL TIEMPO

Es preciso prestar atención a la sustancia de la experiencia de lo vivido. Esta experiencia supone una construcción poética que es resultado siempre de un obrar meticuloso, esforzado y apasionado. Todo estriba en una cuidadosa selección de marcos o encuadres, de composición de elementos, de aplicar una y otra vez ciertas tentativas hasta conseguir una forma significativa. La vida concreta es un caos en el seno de la naturaleza, pero destinamos no pocas fatigas a abstraer formas, figuras y paisajes a los que atribuimos significados una vez que los elementos se han reunido y recombinado de modo satisfactorio. Hacemos uso de una pasión por transformar el caos en un cosmos, esto es, de un agregado informe extraemos un orden que creemos comprender. Es para ello que domesticamos el espacio y el tiempo, pero sólo con este último es que podemos construirnos el mundo, así como evocarlo toda vez que nos asalta la nostalgia de lo vivido.

Mientras que aquello que efectivamente vivimos nos fatiga el cuerpo, lo vivido habita, ya sin peso, en la evocación memoriosa. A la poética del obrar en el tiempo le alterna una estética de evocar las obras de arte del tiempo: las formas, figuras, estructuras y paisajes a título de vivencias iluminadas por la huella del recuerdo. Así, la vida misma constituye su novela de formación, su biografía sentimental, su mirada autoconstruida sobre todas las cosas. Por esto es que, de los lugares, la dimensión que efectivamente poblamos es la del tiempo, porque es esta la que nos permite hilvanar la alternancia sucesiva de poéticas y estéticas vividas.

> Visto por los animales o por unos seres fundamentalmente distintos a nosotros, el hombre aparecería como obsesionado por el tiempo y el espacio, los cuales dominan sus preocupaciones bajo todas las formas de su pensamiento, desde la aparición de la civilización. La conquista material del espacio geográfico, y luego cósmico, el ganar algo al tiempo por la velocidad y los esfuerzos de la investigación médica, tejen su vida practica; las especulaciones sobre la astronomía y la luz, sobre la astrología y la física del átomo mecen su ensueño filosófico; la conquista de la eternidad y de las esferas celestes alimenta su sueño espiritual. Su gran juego desde milenios es el de ser organizador del tiempo y del espacio en el ritmo, el calendario y la arquitectura. (Leroi-Gourhan, 1965/1971)

Una arquitectura comprometida con la habitación humana en el tiempo constituye un rescate de una prolongada vocación por concebir, erigir e implementar artefactos que se miden con los ritmos de la vida. En efecto, solo con el discurrir propio, con la vivencia honda de las duraciones y las alternancias de ritmos, se pueden llegar a comprender los arcanos del constituirse situados en el lugar, dispuestos a cotejar, por un lado, el devenir continuo, lineal e inexorable con las cadencias recurrentes de las formas cíclicas del tiempo. Una exquisitez reservada apenas a los mortales, en la tierra.

Sueños de buena vida

El espacio del placer no puede consistir en un edificio, en un conjunto de "salas", locales fijados por sus funciones... No puede consistir en un pueblo, en una aldea como las que existen, más o menos desviadas. Sería más bien el campo o un paisaje, un espacio genuino, un espacio de los momentos: los encuentros, la amistad, la fiesta, el descanso, la calma, la alegría, la exaltación, el amor, la voluptuosidad, y también el conocimiento, el enigma, lo desconocido, el saber, la lucha y el juego. Lugares e instantes de los momentos. Dioses como los de la antigüedad. ¡Nada de signos!

Henri Lefebvre

HORIZONTES Y DISCIPLINAS DEL CONFORT

Una vez que se ha recorrido cansinamente por los territorios de la Teoría del Habitar, al contemplar el paisaje ya constituido, en el horizonte asoma como cuestión que demanda ser tratada ahora y ante todo: el confort. Con respecto a éste, se producen ciertas peculiaridades significativas, Por una parte, la práctica confortable se suele asumir en forma falazmente naturalizada, cuando no se la entiende simplemente como la manera debida de vivir. Se olvida, por ejemplo, que disponer de agua limpia, abundante y templada para una ducha resultó toda una gozosa novedad para nuestros no muy lejanos antepasados. Mientras tanto, la idea de confort planea, ingrávida, por las alturas a las que no llega más que el deseo y alguna envidia menor respecto a mejores condiciones de vida, siempre por encima de nuestro relativo nivel de ingresos. Pero, en el contexto del desarrollo pleno de una Teoría del Habitar con sus consecuencias más evidentes, este concepto debe ser profundamente reelaborado.

Todo indica que existiría una suerte de mala conciencia o cierto silencio culpable al respecto. Tan acostumbrados estamos a desdeñar las condiciones materiales de nuestra existencia para privilegiar el estatuto de las ideas, que nos resulta difícil tratar cara a cara con nuestro nivel de confort efectivamente ejercido, para tratar la idea que se asocia, generalmente, a la aspiración culposa a un presunto nivel más sofisticado de vida, en donde participaríamos del régimen cotidiano de los pocos felices que detentan el capital material y cultural para un cierto general refinamiento en su existencia. Operando de este modo, la conciencia se priva de conocer la necesidad humana y social generalizada de confort, para suponerla una suerte de privilegio de las minorías sociales que consiguen habitar en los estratos sociales más encumbrados.

Existe, en todo caso, una falaz correspondencia entre la idea de confort y las condiciones desahogadas de la existencia. Tal falacia estriba en que es nada "natural" la infrecuencia de tales condiciones desahogadas de existencia, sino que es una precisa segmentación construida por el acceso social desigual a las condiciones materiales medias que un estadio socioeconómico determinado puede brindar a las más amplias mayorías sociales. El sentido común yerra en reservar la idea de confort a las condiciones que sólo alcanzan las minorías sociales privilegiadas. Mientras tanto, el buen sentido aconseja conocer y reconocer cómo el avance social puede ser apreciado y medido según qué situaciones de vida confortable se aseguran a las cada vez más amplias mayorías de la población. Después de todo, el disfrute sano, digno y decoroso de la vida nunca puede ser pensado como un privilegio, sino como un estadio civilizatorio ampliamente difundido en el cuerpo social, tanto como práctica y también como concepto y percepción.

Es preciso estudiar con rigor y esmero las practicas sociales del confort. Que no son otras que las prácticas materiales y concretas del goce de la vida. Aquí es necesario volver a la mención, que debemos a Peter Sloterdijk, de la dimensión erotópica, esto es, la dimensión amorosa en la conformación de lugares. Es que las prácticas sociales del confort no son otras que toda aquella que resulte, en la experiencia vivida por el cuerpo habitante, un especifico y señalado disfrute de su práctica. Porque somos conciencias encarnadas movidas y aquietadas por emociones, las experiencias del confort nos son necesarias y acuciantes toda vez que buscamos consumar con intensidad esta vida que nos inquieta con su propio deseo. En la dimensión apasionada del vivir, se alternan estremecimientos y pasiones por obra de cada una de sus prácticas: deleitarse en las alternativas de la existencia es posible e imperativo

Hay un precedente de la moderna idea del confort en el sentido del término griego *ataraxia*. Por tal se entiende un estado de ánimo apacible, resultado de un ajuste entre una ejercitación general del cuerpo (ascesis, esto es, ejercicio) y unas circunstancias vividas de modo conforme:

> Es cierto que la ataraxia epicúrea es muy semejante a la felicidad de los ascetas, el soberano bien de los renunciantes, pero hay una característica de la doctrina que marca la diferencia, y es una diferencia de calado; el rechazo del dolor, la lucha contra el sufrimiento. Pues el odio al cuerpo que enseña Platón, y luego el culto del dolor de los estoicos, llenos de orgullo ante el mal que pretenden soportar cuando lo cierto es que en secreto lo aman, no puede satisfacer a un discípulo de Epicuro. Pasen la semejanza en lo que concierne al ascetismo, el rigor y la austeridad compartidas con los adversarios, pero en lo tocante al sufrimiento se oponen dos universos: unos le otorgan un efecto positivo, porque hace posible el triunfo de la voluntad de sabio; los otros lo instalan con toda claridad del lado de la negatividad absoluta...Y el hedonismo presenta aquí sus más bellas cartas de nobleza: intransigencia ante lo perjudicial para el cuerpo y el alma, intransigencia implacable... (Onfray, 2006)

Bien pudiera pensarse que la ataraxia constituye un plano básico de referencia para el bienestar, un conjunto de circunstancias peculiarmente armónicas con una disposición física y moral del cuerpo. Por esto, se vuelve particularmente interesante rescatar esta vieja idea. La ataraxia no se conforma meramente con una disposición favorable de las circunstancias, proyectadas mecánica y unilateralmente desde el entorno al sujeto, sino que implican un equilibrio entre una autoconstitución rigurosa de éste y las circunstancias físicas y morales que lo amparan. El hedonismo, aquí, no es el disfrute gratuito de unas condiciones afortunadas, sino la construcción de un vínculo sosegado entre el sujeto y sus circunstancias.

El confort puede definirse como el valor construido por el concierto de las condiciones objetivas y subjetivas que determinan una situación habitable de bienestar. Es la expresión que da cuenta de la instancia vincular entre los sujetos habitantes y las condiciones físicas del lugar. Es la condición imprescindible para las situaciones apacibles de la existencia. Es el valor exigible para que el goce de la vida tenga, por fin, efectivo lugar. Por estas consideraciones, el concepto de confort es merecedor de un detenido examen cognoscitivo, un condigno estudio ético y aun un análisis y síntesis de naturaleza estética.

Es preciso informar al examen del concepto de confort con una sensata forma epicúrea de prudencia:

> A partir de este doble interés —la utilidad catártica y la eficacia hedonista—, Epicuro inventa una suerte de prudencia respecto del mundo, de lo real, de los demás y de uno mismo. No es cuestión de no reflexionar, de obedecer a los impulsos, de ser juguete de las pasiones. El filósofo, el sabio, meditan, reflexiona, piensan: dietética de los deseos y aritmética de los placeres suponen un ajuste permanente de la teoría y la práctica, de los hechos y la doctrina, la epifanía de todo acontecimiento y la reacción más apropiada para vivirla con júbilo y no como factor de turbación. (Onfray, 2006)

Al confort no se llegará, por cierto, con el puro y expeditivo ajuste afortunado de las condiciones materiales y formales de vida. Se necesita, de modo recíproco, de una forma de autoconciencia, que Michel Onfray caracteriza como dietética de los deseos, esto es, un autoconocimiento de los impulsos, una meditada calibración de éstos y la elaboración detenida de una justa y razonable valoración. Al equilibrio confortable llegaremos, en todo caso, mediante un esfuerzo introspectivo, una deliberación prudente y con la forja sabia y correcta de las precisas condiciones físicas, morales y estéticas que se ajusten de modo genuino con nuestras auténticas y profundas formas del deseo.

En lo que toca a las formas de la acción que vinculan entre si al sujeto con las circunstancias en que habita, es oportuno seguir una clara distinción realizada por Henri Lefebvre:

> La historia del espacio supone la introducción y la elaboración mediante el uso de un cierto número de conceptos. En primer lugar, los de dominación (espacio dominante-dominado) y apropiación. (Lefebvre, 2018)

Hay, en la habitación humana, una concreción particular en una actividad que instrumentaliza el vínculo como si el de la implementación de una máquina se tratase. En esta asunción, el sujeto usa las prestaciones del lugar especialmente acondicionado y se aplica a especificar su vínculo como uso y dominio de un bien útil, o, en otros términos, al consumo o explotación de prestaciones. El confort obtenido bajo tales condiciones se traduce en términos de eficacia funcional y se lo reconoce en el valor de cambio del bien útil referente. Esta modalidad de uso y dominación es apenas una de las formas posibles de entender la habitación.

La otra forma posible, de suyo antagónica con la anterior, sustituye el uso por el goce o disfrute, por una parte y a la dominación por la apropiación:

La apropiación se puede definir por contraste con la dominación y simultáneamente por oposición a la propiedad y sus consecuencias. El espacio apropiado no pertenece a un poder político, a una institución como tal. Ningún poder lo ha modelado según las necesidades de su prolongación. No es pues un espacio dedicado a la muerte, ya sea directamente (como las tumbas), ya sea indirectamente (como los palacios, sin excluir los del conocimiento y la sabiduría). Un grupo activo ha "obrado" semejante espacio: los "talasócratas",[7] una orden religiosa, inmigrantes, etc. El valor de uso ha tenido prioridad sobre el valor de cambio. (Lefebvre, 2018)

El goce de la habitación implica una apropiación no privativa de los lugares, una proyección de la presencia, la ocupación y el poblamiento social consumados. Esta forma de acción habitable supera, de modo existencial, la pura e instrumental dominación por el uso, en beneficio de una plena consustanciación de los sujetos con los lugares que habitan. Ya no se trata de una mecánica eficacia sino de algo más profundo y rico: una entrevisión de una buena vida posible y al alcance de la mano. Si bajo la figura de un usuario se delinea, en pocos rasgos, el competente operador de un bien útil, bajo la forma completa y concreta del habitante es que las personas consiguen tener efectivo lugar, ocurrir localizados, investir la totalidad de su condición humana.

La condición estética del esfuerzo de la habitación en pos del confort estriba, a la vez, en obedecer al espoleo del deseo y a la consecución de la buena vida, a través de sus emergencias perceptibles:

---

[7] En el texto original, el autor define así a los habitantes de Venecia, que consiguen dar a esta célebre ciudad su estatuto pleno y logrado de lugar apropiado. En efecto, en su momento de esplendor económico, Venecia fue el referente urbano de una vasta red comercial marítima, lo que resultó determinante para su magnificencia.

> ¿Qué es un espacio de alegría (porque hay una alegría contemplativa, bien distinta del placer sensorial-sensual)? El espacio suscita o despierta; deja partir el pensamiento o la imaginación sin proporcionar forzosamente temas (contenidos, significados). Este espacio de alegría no es pues necesariamente feliz; por el contrario, una alegría que permite o evoca viene a llenarlo. Igualmente, una música que hace feliz puede no ser alegre. Un cierto fragmento de Beethoven puede dar alegría a través de la angustia que metamorfosea. (Lefebvre, 2018)

La consecución de lugares aptos para la ocurrencia de la alegría o el goce bien pudiera constituir un fin manifiesto y operativo para una arquitectura humanista que consiguiera munirse de una adecuada, correcta y lograda concepción del confort. Por cierto, tal empresa es fácil de manifestar, aunque es realmente arduo conseguir una materialización concreta y acorde. En lo que respecta a lo poco que en realidad sabemos al respecto, debe realizarse una meticulosa prospección del lenguaje del deseo y también clarificar, al menos como figura en un horizonte divisable, qué cosa sea, en definitiva, habitar una buena vida.

Con una teoría fundada del confort podemos aspirar a construir en el futuro una filosofía de la felicidad posible. Tal filosofía se aplicaría con denuedo a la tarea de examinar no ya los ideales inalcanzables de los consumidores insatisfechos, sino de las actitudes prudentes y realistas de los mortales que consiguen tener lugar, mediante esfuerzo tanto social como autoformativo, en situaciones de efectivo bienestar. Actitudes esperables en sujetos de carne y hueso, que consiguen de modo arduo el relativo equilibrio emocional que el mundo por ellos construido les haga efectivamente posible. Una filosofía, en definitiva, de titulares protagonistas de la eventualidad de poblar la tierra.

Ahora que se ha disipado cierto oscurecimiento filosófico, el punto en el horizonte que constituye el concepto de confort empieza a brillar de un modo particular. Bien puede que constituya una suerte de punto cardinal que oriente a la Teoría del Habitar hacia nuevos derroteros, siempre y cuando se advierta que el habitar confortable es, a la vez, materia de investigación, así como objeto de reflexión ética y estética. Porque el habitar confortable es mucho más que una condición física material, mucho más que un goce trivial y mucho más que una pasajera percepción. El habitar confortable es, acaso, una aspiración superior que tiene la propia vida en su consumarse, una vida que merezca la calificación de buena vida y una vida que resulte una hermosura superior en su manifestación sensible.

¿Hacia dónde nos llevará un encaminamiento ético hacia el confort? Es de esperar que, en principio, nos conduzca a aproximarnos a una finalidad superior de la Teoría del Habitar, toda vez que ésta se valida en la consecución de condiciones teóricas y prácticas aptas para el ejercicio de una buena vida. Supone esto también que se contribuirá así a la edificación de una ciencia específica para una arquitectura comprometida con la vida humana. En esta misma dirección, se verificaría el cumplimiento efectivo de una misión, se legitimaria probadamente la génesis y desarrollo del intento teórico y se divisarían los confines del territorio práctico especifico. Pero no es de descartar que los encaminamientos futuros no sigan, necesariamente, unas líneas rectas y simplemente acumulativas, sino que resulten sinuosas, múltiples y pródigas en adquisiciones que aún es pronto para vislumbrar.

LA PROSPECCIÓN DEL LENGUAJE DEL DESEO

Se hace necesario un prolijo y riguroso examen de nuestras vivencias, improntas e influjos. Deberemos ser capaces de interrogar con profundidad y de interpretar con simpatía todo aquello que el cuerpo guarda en su experiencia, en sus sueños y en la región recóndita del deseo. Tener lugar es una operación compleja, que conlleva tanto el acopio del sentido evolutivo como de la experiencia morosamente aprendida. El lugar que llegamos a tener es un acto completo e íntegro de presencia al que sólo llegamos luego de una prolongada actuación corporal en el tiempo y en el espacio. La síntesis superior de todos estos influjos compone el escenario de nuestra esperanza de hacernos lugar. Es preciso asediarnos cognoscitivamente con el fin de saber a ciencia cierta en qué mundo queremos vivir. Para construirlo según este designio.

De todo lo que el cuerpo sabe y recuerda, es posible extraer unos por ahora ocultos saberes y memorias. Interrogar al primitivo que llevamos dentro implica ir a las regiones más recónditas de nuestra conciencia e historia. Desde allí nos hablan los apetitos básicos, los miedos, los mitos. Pero la razón por la que están ocultos es precisamente porque la economía de la conciencia sólo se las arregla con las razones instrumentales que le parezcan relativamente más congruentes a las prácticas cotidianas. Bastante tiene uno en su dura lucha diaria por la subsistencia. Sin embargo, algo nos dice que deberemos desandar el camino, acceder a otras formas menos restrictivas de pensamiento. Deberemos tener la valentía intelectual de acceder a nuestros fondos sombríos de sabiduría y memoria. Tenemos que dar con nuestra efectiva condición de humanos y no conformarnos con su corteza civilizada.

> El animal se relaciona con el objetivo en la forma de sus impulsos del momento, mientras que el hombre, además, se lo imagina. A ello se debe que el hombre no sólo pueda apetecer, sino, además, desear. Desear es más amplio no que apetecer. Porque el "desear" tiende hacia una imagen, cuyo contenido pinta el afán. La apetencia es, sin duda, mucho más vieja que la representación de algo que es apetecido. Sin embargo, en tanto

que la apetencia se transforma en deseo, hace suya la representación, más o menos precisa, de su algo, y lo hace bajo la forma de un algo mejor. La exigencia del deseo aumenta con la representación de lo mejor, o incluso de lo perfecto, en el algo que ha de satisfacerlo. De tal suerte que, si no de la apetencia, si puede decirse del deseo que si es verdad que no nace en las representaciones, si se constituye con ellas. (Bloch, 1959/2004)

¿Como trazar de modo tajante una frontera irremediable entre la animalidad y la humanidad? Puede que lo único sensato y posible de realizar es el postulado que habitamos precisamente un umbral, con los pies en el estadio animal, todavía y quizá por fortuna, pero atentos al advenimiento de una nueva condición a la que no tenemos aun prolija exposición. Pudiera ser que estemos por entrar en esta nueva condición humana, pero no hemos realizado la transposición irremediable del umbral. Esto equivale a sostener que somos unos animales de constitución liminar, asomados a una posible puerta evolutiva. Y a este asomarse, en sí mismo, podemos ya motejarlo como humano. Por lo tanto, lo nuestro atávico es apetecer, mientras que lo novedoso evolutivo es desear, esto es, revestir o investir nuestros apetitos en figuras más o menos artificiosas del deseo. Tales artificiosas figuras del deseo no son vanas ilusiones, sino energías existenciales. Es de humanos desear, es de humanos habitar el umbral. Entonces, quizá lo único razonable para proponerse es habitar según nuestra condición de deseantes; que el deseo fije el designio del umbral que poblamos. Por ello es preciso indagar en nuestras avideces, de modo tan cruel como comprensivo.

> En el origen de la cultura está el deseo. Todas las invenciones de la humanidad tienen como meta satisfacer nuestras necesidades y anhelos, sean reales o ficticios. Vivimos, como los demás animales, en un universo físico, pero habitamos en un

mundo simbólico, expansivo, explosivo, deflagrante. Llamaré cultura a esa morada construida, es decir, a la realidad humanizada. "Poéticamente habita el hombre la tierra", decía Hölderlin. O lo que es igual; creadora, inventiva, lingüística, fantasiosamente, satisface el humano sus necesidades y deseos. (Marina, 2007)

Mírese por donde, la cita de Hölderlin se nos vuelve a cruzar en el camino. Habitantes poéticos del umbral entre la animalidad que nunca podemos abandonar y lanzados hacia el vasto mundo donde todo está por hacerse de la cultura —y nunca terminamos por consumar, todo hay que decirlo— los humanos deseamos para constituirnos allí, para investirnos de la insaciable condición de anhelantes. Hablar del deseo es tratar de la materia oscura en que estamos hechos. Interrogar el lenguaje del deseo es dirigir una inquisitiva estocada a ciegas a nuestras honduras más inquietantes.

Estaba a punto de empezar a escribirlo, cuando algunos textos llamativos me hicieron detenerme. El primero de ellos, penetrante como un toque de diana, fue una conocida frase de Spinoza: "La esencia del hombre es el deseo". Éstas son palabras mayores, que se mueven en un nuevo registro. Pensándolo bien, algo parecido había dicho Aristóteles: "El hombre es una inteligencia deseante o un deseo inteligente". San Agustín acertó con una frase reveladora: "Cada uno es lo que ama", y los filósofos escolásticos mantuvieron que los deseos nos revelan nuestra naturaleza, algo por cierto muy cercano a lo que Sartre pretendió hacer con su "psicoanálisis existencial". (Marina, 2007)

Este sino humano deseante parece desarrollarse en un diferimiento, en la dimensión del tiempo, entre la pulsión atávica y animal, y la constitución humana y cultural de deseos, sintetizada superiormente por las formas maduras del proyecto.

Se elabora entonces un rodeo minucioso, una arquitectura de demoras, de postergaciones astutas, de sobre elaboraciones de anhelos, de vagas prefiguraciones de objetos vicarios. Nos tomamos tiempo para no sólo movernos a actuar, sino a padecer la evidencia del acicate de la motivación, aún antes de constituir un derrotero. Nos hacemos tiempo para ocupar el lugar de deseantes. Conferimos forma a este tiempo de expectativas para constituir un designio.

> El deseo forma parte del circuito de la acción. Introduce en él un momento de claridad consciente, detenida y tensa que rompe la fluida secuencia que lleva al animal de la pulsión al acto. El deseo, en sentido estricto, es una exclusiva humana. O, tal vez, sería más exacto decir que es una etapa de transición, entre la pulsión —presente en todo el reino animal— y el proyecto, que es cosa del todo nuestra. Ésta es la arquitectura básica del deseo, de la que derivan las arborescentes arquitecturas posteriores en las que vivimos y nos desvivimos. (Marina, 2007)

Nuestras proyecciones sobre la dimensión del tiempo son movidas por un designio básico: tener lugar. Desear es anhelar tener lugar en una situación a la que todavía no hemos llegado. Desear es el ansia por poner el cuerpo en la circunstancia sólo vagamente entrevista. Desear es pujar la existencia para hacerse un lugar en la conjetura. Por ello, como intuye el científico, los sueños son mapas que nos muestran la situación inalcanzada. Por eso, a cada lugar al que alcancemos algún día a poblar, le precede, de modo obligado, un antecedente soñado. Porque, ante todo, soñamos. Y es acaso avisado indagar en tales sueños, para dar con la contextura de aquellos lugares que habitaremos en el futuro.

Ahora es posible indagar en la arquitectura como entidad soñada. No es un secreto para nadie que la arquitectura construida que habitamos es resultado de una anticipación ideal llamada proyecto, mediante su prefiguración gráfica, que a su vez es producto de una prefiguración ideal. Pero menos se tiene en cuenta que la arquitectura que efectivamente habitamos, más adentro de esta arquitectura construida —y más próxima a nuestro cuerpo—, esto es, la arquitectura del lugar, es también hechura de un sueño, de un deseo que ha conseguido llevarse a cabo como proyecto de vida. Nuestras vivencias en los lugares son formas en que se han hecho efectivas las efusiones del deseo, del anhelo hondo de tener lugar, de la porfía de hacernos un lugar en el mundo, del empecinamiento en la convicción que en éste nuestro mundo hay un lugar abierto a nuestra habitación. Por estas razones es importante y critico conocer a fondo la materia de nuestros deseos: para conseguir tener cabal lugar en un mundo de magnitud conforme.

> [...] voy a apostar fuerte y a defender [...] que la naturaleza humana se define por tres grandes deseos, que interaccionan entre sí, y que nuestro futuro individual y colectivo depende de cómo sepamos organizarlos y modificarlos. Son el deseo de bienestar personal, el deseo de relacionarse socialmente, formar parte de un grupo y ser aceptado, el deseo de ampliar las posibilidades de acción. (Marina, 2007)

Si José Antonio Marina estuviera en lo cierto, se habría dado con una estructura fundamental del deseo que pudiera acaso definirse de modo sintético, pero exhaustivo como el deseo de habitar la buena vida. Así, puede tomarse, a título de hipótesis, que este deseo se conforma con una instancia de adecuación conforme y confortable, accesible a todos por igual, con la consecución de una vida digna social, solidaria y pacífica, así como rematarse, por todo lo alto, con una instancia de liberación del propio deseo a alturas aún no conquistadas. Con esta sucinta descripción, deberá entonces afrontarse la caracterización consecuente de la habitación de la buena vida.

HABITAR LA BUENA VIDA

Ten siempre a Ítaca en tu mente.
Llegar allí es tu destino.
Mas no apresures nunca el viaje.
Mejor que dure muchos años
y atracar, viejo ya, en la isla,
enriquecido de cuanto ganaste en el camino
Constantino Cavafis

La Teoría del Habitar se ocupa, de modo concreto y puntual, sobre un aspecto de la buena vida: su condición situada. De este modo, el quid principal es hacer lugar a la buena vida. La Teoría busca los modos de conseguir lugares adecuados, dignos y decorosos allí donde pueda tener lugar una buena vida. Lo crítico es esta sutil superficie que media entre la vida y el lugar que puebla. Sin definir en todos sus aspectos qué es la buena vida, materia ética ardua y compleja, el teórico del habitar debe escudriñar en su condición situada, en la precisa locación de espacio y tiempo en que la vida consigue tener lugar. A su vez, sólo puede comprobar si ha alcanzado su objetivo si en el lugar especialmente acondicionado es posible alguna forma de vida que pueda resultar buena, desde el punto de vista ético superior. Para ello deberá realizar ciertas operaciones de deslinde a efectos de precisar los alcances de su labor.

La primera precisión importante es que, de constituirse una buena vida que merezca tal denominación, deberá ser, necesariamente omnipresente en el cuerpo social. Esto quiere decir que no puede pensarse en la buena vida como un privilegio de afortunados, sabios, rectos o refinados, sino que es preciso concebir un generalizado consenso público en donde a cada actor social se le sea conferido un marco general de realización ética, más allá de su diversa condición social, su aprendido saber vivir, su constitución moral particular o su sentido peculiar del gusto por la vida. Si la buena vida es tal, debe ser difundida entre las personas como un marco general de paz pública. Esta es una primera condición peculiarmente critica para volver viable un esfuerzo social productivo de lugares allí donde tal paz pública pueda tener lugar, sin exclusiones, sin discontinuidades, sin asimetrías.

Otra característica fundamental es la que considera necesaria la promoción militante y política de la buena vida. Es preciso adoptar la premisa que la buena vida no es algo que nos sucederá más allá de la voluntad manifiesta, más allá de una positiva practica social o más allá de una amplia deliberación social. Por el contrario, la buena vida resultará, en todo caso y por su carácter específico humano, políticamente deseada, denodadamente luchada y explícitamente discutida en sus términos más detallados. Y esto porque no se trata de un ajuste involuntario de condiciones, una donación sobrenatural o un acaso afortunado. La buena vida es la que protagonizan las personas, la que deciden afrontar, la que viven todos los agentes sociales como cosa propia y siempre contingente. Solo entonces se podrá encontrar, sin ningún género de vacilaciones, cómo hacer que tal vida política pueda tener efectivo lugar.

La tercera característica importante de la buena vida es la concurrencia de dos condiciones generalmente tenidas por antitéticas. En efecto, la buena vida habitada debe ser, a la vez y de modo necesario, tan soñada como vivida. Vamos en camino a vislumbrar una intrigante simplicidad esencial. Es buena la vida la que se sueña, que se ansía, que se proyecta más allá de cualquier estado de vigilia. Pero no por ello está más allá, sino aquí, porque una buena vida no puede constituir una prefiguración trasmundana, por magnifica que pudiera resultar, sino un estado efectivamente vivido en su esencial simplicidad. La buena vida no es una espera de algún acaso de otro mundo, sino una acción vital sostenida por el pulso corriente del nuestro, de este mundo que tenemos entre las manos. Por ello, habitar la buena vida resulta de un doble imperativo. Por una parte, el proyecto de las condiciones materiales y subjetivas que le permitan tener lugar y por otra, la facultad universal de poblarla, cada uno a su manera, según su talante, su condición humana y su decoro particular. Se dirá que es fácil formularlo de esta forma. Por supuesto, lo arduo será conseguirlo y debemos poner manos a la obra, sin prisa y sin pausa.

Ahora es oportuno preguntarnos por los escenarios arquitectónicos y urbanísticos de una buena vida que pretendemos amparar no sólo desde un punto de vista técnico-profesional, sino también desde una amplia perspectiva ético-política:

> Largamente preparada, la pregunta llega a su madurez. Hela aquí: "Dado que ha habido obras arquitectónicas dedicadas a la muerte, a la violencia, al más allá celestial o al poder terrenal, ¿podemos encontrar entre esas obras su contrapartida, es decir, una arquitectura consagrada a la vida, a la felicidad, a la voluptuosidad, a la alegría... en una palabra, al placer, al disfrute, en el sentido amplio como cuando decimos 'disfrutar de la vida'?" (Lefebvre, 2018)

Si se busca en la historia de la arquitectura ejemplos de una vocación por el disfrute de la vida es inevitable toparse con la concepción de las villas italianas, de las que resultan paradigmas especialmente destacados las producidas en el Véneto por Andrea Palladio. En efecto, se trata de unos concienzudos ejercicios de labor arquitectónica dirigidos a una placentera residencia en una situación signada por el dominio equilibrado del territorio, de una concreción de comunidades jerarquizadas por la propiedad privada del suelo rural, y que resultan de una cosmovisión bucólica desde donde habitar el mundo. Puede entonces que, al menos para el servicio puntual de la nobleza comitente, las villas responden a claras y genuinas demandas del deseo de buena vida. Estas villas supusieron una investigación proyectual consecuente a la vez que unos epítomes de la arquitectura de una existencia idealizada, adecuadamente apartada de la cruda y dura realidad urbana, allí donde el territorio se desplegara como un lienzo en blanco para pintar una apacible conciliación con la vida misma, al menos para algunos privilegiados por la fortuna.

Estas villas italianas llegaron a inspirar a Le Corbusier, quien se aplicó de manera deliberada no sólo a proyectar residencias modernas singulares por su servicio al confort, sino, además, a orientar su indagación específicamente arquitectónica a la conceptualización teórica. Del ejercicio proyectual sobre las villas lecorbusieranas se infieren los famosos cinco puntos programáticos para una arquitectura moderna. Pero esta indagación no puede diseminarse, como es fácil comprender, como solución universal, igualitaria y consecuente: pocos son los afortunados que puedan llegar a residir en suntuosas villas exentas. De ello se desprende que la Teoría del Habitar debe reconsiderar conceptualmente los contenidos posibles y socialmente pertinentes de lo que pueda resultar una buena vida para las más amplias mayorías sociales

De allí que debamos considerar, siguiendo en esto los pasos de Henri Lefebvre, abordado en principio el contenido de la alegría en la buena vida:

> ¿La alegría? Spinoza buscó su secreto y su sentido; viene del conocimiento, del más alto, el que toma la sustancia (divina) en su unidad-totalidad, que por consiguiente se eterniza en el instante en que se eleva a ese grado sublime del conocer: "gaudium intelectualle" que no trasciende el cuerpo y el espacio sino que los comprende como tales y los acepta. La naturaleza (naturante) que se aprehende en el ser humano consiste en un saber. La teoría spinoziana de la alegría nunca transige a ocuparse de una particularidad del cuerpo y del espacio, como la humilde necesidad de cobijo o la de una "expresión" sensible de la totalidad del arte. (Lefebvre, 2008)

Según esta postura, la alegría constituye un logro de un saber vivir, que se consigue, en todo caso, mediante un moroso aprendizaje subjetivo. Según parece, la alegría sólo puede provenir de una formación subjetiva, de una sabiduría hondamente cultivada, de una honra de la vida una vez que se han vencido las circunstancias. En definitiva, la alegría sólo podría advenir con una asunción personalísima de una convicción: a causa de ello, sólo se la puede entender como meta en un horizonte particular, al que se accederá, en todo caso, por un proceso propio e intransferible de aprendizaje.

Bien vale la pena considerar ahora la idea de felicidad:

> ¿La felicidad? Sin duda, es Aristóteles con quien el pensamiento filosófico ha intentado con más fuerza determinarla. Para él, es en la felicidad donde se realiza la esencia del ser humano, que consiste en vivir según la razón (el Logos) en el marco perfecto de la polis. La naturaleza del hombre, animal político, se desarrolla, alcanza su plenitud en este marco. La ciudad griega asegura a sus ciudadanos-urbanitas el ejercicio de todas sus actividades y facultades: el cuerpo en el estadio, el espíritu en el ágora, el corazón en la casa familiar, el pensamiento en el templo de la divinidad de la ciudad. Sin olvidar la agresividad y la combatividad, y el gusto por el *"agón"*, o la guerra en los juegos violentos. De este conjunto de actividades, donde cada una tiene su tiempo y su lugar, resulta una plenitud. Tal es la enseñanza de la Ética a Nicómaco. En este prestigioso análisis, y aunque Aristóteles no insiste en este punto, ya que para él es una evidencia, la armonía entre tiempos, lugares, acciones y objetos forma parte de la unidad racional de la polis. (Lefebvre, 2018)

Esta concepción de la felicidad resulta importante en un punto. Por una parte, por vincular su disfrute particular en el seno de la forma social más elaborada, que es la polis como entramado situacional, con lo que, por otra parte, constituye un estado público, una condición extendida por sobre las vivencias particulares de los individuos y que tiñe sus vínculos sociales. La felicidad, debería especificarse, es una pública condición de convivencia, tanto deseada como efectivamente amparada en sus condiciones verificables. Esta publica felicidad no depende, para su concreción, de una peculiar agudeza individual en el arte de vivir, sino en un arreglo básico y razonable de condiciones de pacífica convivencia, al menos en relación con el estadio de la conciencia social a este respecto.

Todo parecería indicar que felicidad y alegría se distinguirían como condiciones propias de lo colectivo, por una parte, y de lo individual, por otra. Asimismo, parecería que la felicidad es asunto público arbitrable de un modo racional aplicado a la conformación de un contexto social, mientras que lo alegre de la vida debe descubrirse con un aprendizaje individual y, en cierto modo, intransferible. Bien pudiera resultar que una buena vida se obtuviera de la concurrencia de ambos aspectos, si es que no hubiese un tercero que los sintetizara superiormente.

Una tercera condición de la buena vida pudiera constituirse en el placer:

¿El placer? Aquí la pregunta se complica, requiere un examen atento y detallado. Hasta nueva orden, una característica parece obvia. La alegría, la felicidad, el disfrute, no se producen a la manera de las cosas y los objetos. No son resultados que puedan obtenerse como consecuencia de un intercambio (salvo en el "comercio" amoroso). La satisfacción de acumular dinero o mercancías desplaza hacia la abstracción lo que los objetos proporcionan. Ninguna actividad contempla la felicidad como tal, ni la alegría, ni el placer, que se obtienen como un plus. Provienen de un uso, del encuentro de un objeto, como recompensa de la actividad que ha encontrado tal objeto. ¡La relación con un objeto no es un objeto! Apuntar a estos "estados", proponerse producirlos como "realidades", es anticipar la decepción. Alegría, placer, felicidad vienen de una naturaleza y de un uso. Tienen condiciones, pero la relación entre las condiciones y lo que ellas dan al permutarse no puede captarse fácilmente. No hay una determinación lógica, ni un encadenamiento causal, esto implicaría más bien una finalidad. Pero, como todos sabemos, nada más oscuro que la "finalidad". Más exactamente, el concepto de "causa final" que parecería claro en un marco limitado, con referencias bien definidas (la polis para los filósofos griegos) ha sufrido un deterioro y una ocultación en la modernidad. (Lefebvre, 2018)

La relación con un objeto no es un objeto, por cierto. En lo que toca al habitar, reconoceremos que las cosas de vivir— los ámbitos, los atrezos, los utensilios y los amuletos de toda laya— valen para nosotros no tanto como cosas en sí, sino en cuanto entablamos ciertas adhesiones y complicidades que pueden resultar satisfactorias, confortantes o, incluso, placenteras. Pero no son las cosas las que dispensan tales favores, sino la precisa e indeterminable relación que entablamos, en los hechos, con estas. La finalidad de esta relación con las cosas es lo que hemos decidido, en la modernidad, ocultárnosla a nuestro escrutinio. Y con ello, nos circunscribimos a consumir meras mercancías, que se agotan como cosas en el acto atroz de destruirlas simbólicamente en beneficio del mercado que prolifera en otras mercancías, cada vez más ilusorias e inanes. Habitamos pobremente, porque con poco de las cosas que nos rodean nos arreglamos, aunque poseamos cada vez más chismes y fruslerías con fecha de caducidad próxima y programada. Apenas con su consumo efímero nos basta, en un vivir desasosegado y continuamente ajeno al placer de la implementación que consuma la vida con sus cosas.

Así las cosas, todo parece indicar que un buscado tercer término en la secuencia dialéctica que parte de la alegría o contento subjetivo y que prosigue con la forma pública de la felicidad, radicaría en una consumación sintética de la estancia de las personas en su mundo, produciendo, por todo lo alto y de modo sintético, una habitación consumada de ese mundo:

> Según Heidegger, "el poeta habla del habitar". La representación del habitar como ocupación del espacio se hunde ante la palabra del poeta; no describe las condiciones del habitar, pues la poesía habla al hombre que está en disposición de escuchar y que responde al lenguaje escuchando lo que este dice: reconociendo al lenguaje como su soberano. "El lenguaje nos hace una señal y es él, primero y último, quien conduce hacia nosotros el ser de una cosa". Esta poesía constituye el ser del habitar, y esto es así porque la poesía y el habitar despliegan su ser en tanto que forma de medición, lo que da al hombre la medida que conviene a su ser. "Medir es alcanzar el ser del hombre", al desplegar este su ser en tanto que habitante, en tanto que mortal. (Lefebvre, 2018)

La sentencia poética de Hölderlin —*poéticamente habita el hombre*— vuelve a cruzársenos por el camino. Es que siempre ha estado allí, a la espera de desenvolver de modo pleno su significado: la cabal habitación del mundo de los mortales es una producción, una poética, un hacer que revela las maravillas de poblar el lugar. El hacer consumada presencia y población en los lugares no es ya un abandono inquebrantable y desmayado del ser del hombre, sino un obrar del habla: una celebración apacible de la condición humana que desdobla todo acto en obra, todo gesto en signo, toda acción en expresión. Debemos cultivar con esmero una poética del habitar como practica más que placentera, más que sabia, más que feliz: una práctica social de la buena vida.

"La economía del placer" supone una transformación profunda: el uso restituido, el espacio constituido sobre fundamentos nuevos. Supone un "espacio de placer" diferente de todo el espacio abstracto, el del crecimiento, arrasando con el bulldozer lo que resiste, pasiva o activamente. En este espacio, el estatuto de los objetos solo puede determinarse por su relación con el cuerpo y el estatuto del cuerpo: con los ritmos, con las situaciones carnales. (Lefebvre, 2018)

Por influjo de la larga sombra de la economía política marxista, Henri Lefebvre emplea el término uso: su discurso teórico, por buenas razones, opone el valor de uso de los bienes al mercantil valor de cambio. Pero aquí debemos operar una sustitución de términos y reemplazar el insuficiente sentido del vocablo uso por el más profundo significado de la palabra goce. Porque una economía sutil de la buena vida, como economía del disfrute, implica de modo necesario el despliegue, en la vida social, del valor del goce emergente de una relación con las cosas de vivir en su forma efectivamente consumada. Y este valor del goce sólo puede provenir de una habitación poética del mundo que efectiva y concretamente poblamos.

Puede creerse que la virtud de una expresión poética reside en condensar, con lo apenas dicho, la inmensidad de sentido que puede contener una sentencia. Parece que las palabras proferidas son las implacables solicitaciones a la sensibilidad que consiguen conjurar un abismo de significados atribuidos, que yacen en la hondura fértil de lo no dicho. Considerado de este modo, lo poético resulta de una operación de integra depuración de toda abundancia hasta conseguir la desnuda locución capaz de convertirse en una inagotable fuente de sentido. Esto, en lo que toca a la voz del poeta, a las palabras que consigue con fortuna proferir, así como con las que calla en ejercicio de un arte prudente.

Tenemos mucho que aprender y realizar al respecto.

BIBLIOGRAFÍA

AALTO, A. (1970/1977). *La humanización de la arquitectura*. Barcelona: Tusquets.

ABAD DOMÉNECH, E., & BUENO CAMEJO, F. (2001). Vitruvio y la idea estética del decorum. *EGE Revista de Expresión Gráfica en la Edificiación* (2), 30-33.

ABBAGNANO, N. (1961/1993). *Diccionario de Filosofía*. México: Fondo de Cultura Económica.

AGAMBEN, G. (1998/2006). *Homo Sacer. El poder soberano y la nuda vida*. Valencia: Pre-Textos.

AGUDELO, C., VACA, M., & GARCÍA UBAQUE, C. (2012). Modelo de producción social del hábitat frente al modelo de mercado en la construcción de viviendas de interés social. *Tecnura*, 17 (38), 37-52.

AYÚS REYES, R., & EROSA SOLANA, E. (2007). El cuerpo y las ciencia sociales. *Revista Pueblos y Fronteras Digital* (4).

BACHELARD, G. (1957). *Poética del espacio*. México: Fondo de Cultura Económica.

BECK, H. (2019). *Ramón Xirau o sobre la presencia*. Obtenido de Otros Diálogos de El Colegio de México: https://otrosdialogos.colmex.mx/ramon-xirau-o-sobre-la-presencia

BEORLEGUI, C. (2011). La singularidad del ser humano como animal bio-cultural. *Revista Realidad* (129), 443-480.

BLOCH, E. (1959/2004). *El principio esperanza* I. Madrid: Editorial Trotta.

BOFF, L. (2015). *Pueblo: en busca de un concepto*. Obtenido de *Servicios Koinonia*: https://www.servicioskoinonia.org/boff/articulo.php?num=688

BOLLNOW, O. (1969). *Hombre y espacio*. Barcelona: Labor.

BOUSBACI, R. (2009). L'habiter, ou le bien de l'architecture. *Les ateliers de l'éthique/The Ethics Forum*, 4 (1), 20-33. doi:https://doi.org/10.7202/1044577ar

CARMAN, M., VIEIRA, N., & SEGURA, R. (2013). Introducción. Antropología, diferencia y segregación. En N. CARMAN, N. VIEIRA, & R. SEGURA (Edits.), *Segregación y diferencia en la ciudad* (págs. 11-36). Quito: FLACSO, Sede Ecuador, Consejo Latinoamericano de Ciencias Sociales, CLACSO.

CASTELLANOS MENESES, R. (2010). Ética y libertad: la inminencia de los límites. *Escritos*, 18 (41), 389-412.

CAVALCANTI, M. (2009). Do barraco à casa: tempo, espaço e valor(es) em uma favela consolidada. *Revista Brasileira de Ciências Sociais*, 24 (69).

COROMINAS, J. (1987). *Breve Diccionario Etimológico de la lengua Castellana*. Madrid: Editorial Gredos.

CORTINA, A. (1997). *El mundo de los valores. Ética y educación*. Bogotá: Editorial El Búho Ltda.

CSORDAS, T. (2015). Embodiment/Corporalidad: Agencia, Diferencia Sexual y Padecimiento. En S. CITRO, J. BIZERRIL, & Y. MENNELLI (Edits.), *Cuerpos y corporalidades en las culturas de las Américas* (págs. 17-42). Buenos Aires: Biblos.

DE MOLINA, S. (2019). *Una casa muy seria de juguete*. Obtenido de *múltiples estrategias de la arquitectura*: https://www.santiagodemolina.com/2019/12/una-casa-muy-seria-de-juguete.html

DE MOLINA, S. (2021). *La utilidad de poner puertas al campo*. Obtenido de *múltiples estrategias de arquitectura*: https://www.santiagodemolina.com/2021/04/la-utilidad-de-poner-puertas-al-campo.html

DE MOLINA, S. (2022). *El espacio profundo*. Obtenido de *múltiples estrategias de la arquitectura*: https://www.santiagodemolina.com/2022/02/el-espacio-profundo.html

DE SOLÀ-MORALES, I. (2000). Arquitectura. En I. de SOLÀ-MORALES, M. LLORENTE, J. MONTANER, A. RAMON, & J. OLIVERAS, *Introducción a la arquitectura. Conceptos fundamentales* (págs. 15-28). Barcelona: Edicions UPC.

DE STEFANI. (2009). Reflexiones sobre los conceptos de espacio y lugar en la arquitectura del siglo XX. *Revista Electrónica DU&P. Diseño Urbano y Paisaje*, V (16). Obtenido de https://dup.ucentral.cl/pdf/16_espacio_lugar.pdf

DELGADO, M. (2018). El urbanismo contra lo urbano. La ciudad y la vida urbana en Henri Lefebvre. *REVISTA ARQUIS. Revista de arquitectura de la Universidad de Costa Rica*, 7 (1), 65-71.

DELGADO, M. (2020). *El viandante como transeúnte ritual*. Obtenido de *El cor de les aparences*: https://manueldelgadoruiz.blogspot.com/2013/12/el-viandante-como-transeunte-ritual.html

DELGADO, M. (2021). *Diferencia entre apropiación y privatización del espacio*. Obtenido de *El cor de les aparences*: https://manueldelgadoruiz.blogspot.com/2015/06/diferencia-entre-apropiacion-y.html

DELGADO, M. (2022). *El hogar como institución total en tiempos de pandemia*. Obtenido de *El cor de les aparences*: https://manueldelgadoruiz.blogspot.com/2022/04/el-hogar-como-institucion-total-en.html

DEWEY, J. (1934/2008). *El arte como experiencia*. Barcelona: Paidós Ibérica.

DI VIRGILIO, M., & RODRÍGUEZ, M. (2013). Prólogo. La producción social del hábitat en América Latina: desafíos para una región en transformación. En M. DI VIRGILIO, & M. RODRÍGUEZ (Edits.), *Producción Social del Hábitat. Abordajes conceptuales, prácticas de investigación y experiencias en las principales ciudades del Cono Sur* (págs. 9-20). Buenos Aires: Café de las ciudades.

DUSSEL, E. (1984). *Filosofía de la producción*. Bogotá: Nueva América.

ECHEVERRÍA, R. (2021). *La mirada ontológica de Martin Heidegger*. Obtenido de *Columnas ontológicas de Rafael Echeverría*: https://newfieldeureka.com/la-mirada-ontologica-de-martin-heidegger/

ECO, U. (1997/2010). Cuando entra en escena el Otro. En U. ECO, *Cinco escritos morales*. Barcelona: Penguin Random House Editorial.

EINSTEIN, A. (1953). Prólogo. En M. JAMMER, *Conceptos de espacio* (págs. 11-17). México: Editorial Grijalbo.

ENGELS, F. (1873/2022). *Contribución al problema de la vivienda*. Obtenido de www.marxists.org: https://www.marxists.org/espanol/m-e/1870s/vivienda/

FERRANDO NICOLAU, E. (1992). El derecho a una vivienda digna y adecuada. *Anuario de Filosofía del Derecho*, IX, 305-322.

FERRATER MORA, J. (1994). *Diccionario de filosofía*. Barcelona: Ariel.

GALMÉS CEREZO, Á. (2017). De habitar a morar: el tiempo en la arquitectura. *Palimpsesto* (16), 15-17. doi:https://doi.org/10.5821/palimpsesto.16.5196

GARCÍA ROZO, M., VILLEGAS, M., & GONZÁLEZ, F. (2015). La noción de espacio en la primera infancia: un análisis desde los dibujos infantiles. *Revista Paradigma*, XXXVI (2), 225-245.

GIEDION, S. (1948/1978). *La mecanización toma el mando*. Barcelona: Gustavo Gili.

GIGLIA, A. (2012). *El habitar y la cultura. Perspectivas teóricas y de investigación*. México: Anthropos Editorial.

GIGLIA, A. (2021). *Conceptos de habitar y habitabilidad en la Antropología*. Obtenido de *Antropología de la Arquitectura. La vida social del entorno construido*: https://vimeo.com/683211294

GIMBERNAT, J. (1989). *La ética de la igualdad*. El País (Madrid). Obtenido de https://elpais.com/diario/1989/01/03/opinion/599785210_850215.html

GLEDHILL, J. (2010). El derecho a una vivienda. *Revista de Antropología Social*, 19, 103-129.

GONZÁLEZ, M. (s.f.). *Habitar la infancia*. Obtenido de *Chiqui González*: https://chiquigonzalez.com.ar/project/habitar-la-infancia

HARVEY, D. (2012). *Ciudades rebeldes. Del derecho a la ciudad a la revolución urbana*. Madrid: Akal.

HEIDEGGER, M. (1951/1994)... Poéticamente habita el hombre... En M. HEIDEGGER, *Conferencias y artículos*. Barcelona: Del Serbal.
HEIDEGGER, M. (1954/1994). Construir, habitar, pensar. En M. HEIDEGGER, *Conferencias y artículos*. Barcelona: Del Serbal.
HEIDEGGER, M. (1984/2010). *Caminos de bosque*. Madrid: Alianza Editorial.
HELLER, A. (1970). *Sociología de la vida cotidiana*. Barcelona: Península.
HERNÁNDEZ CASTRO, D. (2019). Hermenéutica de la "semnótes": el concepto de decoro en la ética de Aristóteles. *Daimon. Revista Internacional de Filosofía* (77), 197-212. doi:https://doi.org/10.6018/daimon/301601
IAMAMOTO, M. (1992). *Servicio social y división del trabajo. Un análisis crítico de sus fundamentos*. Sao Paulo: Cortez Editora.
ILICH, I. (1984). *El arte de habitar*. Discurso ante The Royal Institute of British Architects.
LAGUENS, A., & ALBERTI, B. (2019). Habitando espacios vacíos. Cuerpos paisajes y ontologías en el poblamiento inicial del centro de Argentina. *Revista del Museo de Antropología*, 12 (2), 55-66. doi:https://doi.org/10.31048/1852.4826.v12.n2.18254
LE BRETON, D. (1990). *Antropología del cuerpo y modernidad*. Buenos Aires: Nueva Visión.
LE BRETON, D. (1992). *Sociología del cuerpo*. Buenos Aires: Nueva Visión.
LE BRETON, D. (2000). *Elogio del caminar*. Barcelona: Siruela.
LE CORBUSIER. (1923). *Vers une architecture*. Paris: Les éditions G.Crès.
LEFEBVRE, H. (1968/2020). *El derecho a la ciudad*. Madrid: Capitán Swing.
LEFEBVRE, H. (1974/2020). *La producción del espacio*. Madrid: Capitán Swing.
LEFEBVRE, H. (2018). *Hacia una arquitectura del placer*. Madrid: Centro de Investigaciones Sociológicas.
LENTINI, M. (2008). Transformaciones de la cuestión social habitacional; principales enfoques y perspectivas. El caso de Argentina en el contexto latinoamericano. *Economía, Sociedad y Territorio*, VIII (27), 661-692.

LEROI-GOURAN, A. (1965/1971). *El gesto y la palabra*. Caracas: Ediciones de la Biblioteca. Universidad Central de Venezuela.

LINDÓN, A. (2006). La casa búnker y la deconstrucción de la ciudad. *LiminaR. Estudios sociales y humanísticos*, IV (2).

LINDÓN, A. (2012). ¿Geografías de lo imaginario o la dimensión imaginaria de las geografías del Lebenswelt? En A. LINDÓN, & D. HERNIAUX (Edits.), *Geografías de lo imaginario* (págs. 65-86). Barcelona: Anthropos.

LINDÓN, A. (2014). El habitar la ciudad, las redes topológicas del urbanita y la figura del transeúnte. En D. SÁNCHEZ GONZÁLEZ, & L. DOMÍNGUEZ MORENO (Edits.), *Identidad y espacio público. Ampliando ámbitos y prácticas* (págs. 55-76). Madrid: Gedisa.

LONGHI, A. (2002). Las dimensiones de la desigualdad. *Revista de Ciencias Sociales*. Departamento de Sociología (20), 111-122.

MAGRI, A. (2015). *De José Batlle y Ordóñez a José Mujica. Ideas, debates y políticas de vivienda en Uruguay entre 1900 y 2012*. Montevideo: Ediciones Universitarias. Unidad de Comunicación de la Universidad de la República.

MARINA, J. (2007). *Las arquitecturas del deseo*. Barcelona: Anagrama.

MARTÍNEZ GUTIÉRREZ, E. (2020). Introducción. Ciudad, espacio y cotidianidad en el pensamiento de Henri Lefebvre. En H. LEFEBVRE, *La producción del espacio*. Madrid: Capitán Swing.

MÉNDEZ SAINZ, E. (2012). De anti-lugares o la difusión de la narcoarquitectura en Culiacán. *URBS. Revista de Estudios Urbanos y Ciencias Sociales*, 2 (2), 43-62.

MINUCHIN, L. (2019). De la demanda a la prefiguración. Historia del derecho a la ciudad en América Latina. *Territorios* (41), 271-294. doi:https://doi.org/10.12804/revistas.urosario.edu.co/territorios/a.6363

MIRANDA GASSULL, V. (2017). El hábitat popular. Algunos aportes teóricos de la realidad habitacional de sectores desposeídos. *Territorios* (36), 217-238.

MOLINA VELÁSQUEZ, C. (2008). Ética del bien común y de la responsabilidad solidaria. *Realidad. Revista de Ciencias Sociales y Humanidades* (117), 365-393.

MONNET, N. (2018). ¿Del derecho a la vivienda al derecho al habitar? *Crítica Urbana*, 1 (2). Obtenido de https://criticaurbana.com/wp-content/uploads/2018/09/CU2-Nadja-Monnet-es.pdf-2.pdf

MORRIS, W. (1880/2005). El porvenir de la arquitectura en la civilización. En W. MORRIS, *Escritos sobre arte, diseño y política* (págs. 29-62). Sevilla: Editorial Doble J.

MUKAŘOVSKY, J. (1936/2000). Función, norma y valores estéticos como hechos sociales. En J. JANDOVÁ, & E. VOLEK (Edits.), *Signo, función y valor: estética y semiótica del arte de Jan Mukařovský*. Bogotá: Plaza y Janés. Universidad Nacional de Colombia.

MUKAŘOVSKY, J. (1937/2000). El problema de las funciones en la arquitectura. En J. JANDOVÁ, & E. VOLEK (Edits.), *Signo, función y valor: estética y semiótica del arte de Jan Mukařovský*. Bogotá: Plaza y Janés. Universidad Nacional de Colombia.

ONFRAY, M. (2006). *Las sabidurías de la antigüedad. Contrahistoria de la filosofía* I. Barcelona: Editorial Anagrama.

ORTIZ FLORES, E. (2004). La producción social del hábitat: ¿opción marginal o estrategia transformadora? *Mundo Urbano* (21). Obtenido de http://www.mundourbano.unq.edu.ar/index.php/ano-2003/51-numero-21/66-3-la

ORTIZ FLORES, E. (2011). Producción social de vivienda y hábitat: bases conceptuales para una política pública. En M. ARÉBALO, & et al. (Edits.), *El camino posible. Producción social del hábitat en América Latina* (págs. 13-44). Montevideo: Trilce.

PALLASMAA, J. (2006). La arquitectura de hoy no es para la gente. (A. Zabalbeascoa, Entrevistador) Madrid: *Babelia. El País* de Madrid. Obtenido de https://elpais.com/diario/2006/08/12/babelia/1155337575_850215.html

PASSERON, J.-C. (s.f.). La teoría de la reproducción como teoría del cambio: una evaluación crítica del concepto de contradicción interna. *Estudios Sociológicos*, 1(3), 417-442. doi:https://doi.org/10.24201/es.1983v1n3.1321

PORTILLO, Á. (2010). *Vivienda y sociedad. La situación actual de la vivienda en Uruguay*. Obtenido de *Facultad de Arquitectura UDELAR*:

https://www.fadu.edu.uy/sociologia/files/2012/02/Vivienda-y-Sociedad.pdf

RAMÍREZ VELÁZQUEZ, B., & LÓPEZ LEVI, L. (2015). *Espacio, paisaje, región, territorio y lugar: la diversidad en el pensamiento contemporáneo*. México: UNAM, Instituto de Geografía: UAM Xochimilco.

RISSO, M., & BORONAT, Y. (1992). *La vivienda de interés social en el Uruguay: 1970- 1983*. Montevideo: Fundación de Cultura Universitaria.

RIVERO, D. (2021). *Apropiaciones urbanitas en la ciudad de Montevideo*. Obtenido de *Colibrí. Facultad de Ciencias Sociales*. Tesis de grado: https://www.colibri.udelar.edu.uy/jspui/handle/20.500.12008/27868

RIZZO, N. (2012). Un análisis sobre la reproducción social como proceso significativo y como proceso desigual. *Sociológica* (77), 281-297. Obtenido de https://www.scielo.org.mx/pdf/soc/v27n77/v27n77a9.pdf

ROSENTHAL, C., & et. al. (2005). Calidad de vida urbana: demandas sociales de los secores populares y respuestas del gobierno municipal. *Anais do X Encontro de Geógrafos da América Latina*. Sao Paulo. Obtenido de http://observatoriogeograficoamericalatina.org.mx/egal10/Geografiasocioeconomica/Geografiadelapoblacion/53.pdf

SCRIBANO, A. (2009). A modo de epílogo: ¿Por qué una mirada sociológica de los cuerpos y las emociones? En C. FIGARI, & A. SCRIBANO (Edits.), *Cuerpos, Subjetividades y Conflictos. Hacia una sociología de los cuerpos y las emociones desde Latinoamérica* (págs. 141-151). Buenos Aires: Fundación Centro de Integración, Comunicación, Cultura y Sociedad.

SERRANO BIRHUETT, M. (2015). *Habitar y transitar ciudad: percepciones y ex*. Buenos Aires: CLACSO. Serie Documentos de Trabajo, Red de Posgrados, n° 51. Obtenido de https://biblioteca.clacso.edu.ar/clacso/posgrados/20150925043732/Serrano_Final_Paz.pdf

SLOTERDIJK, P. (2004). *Esferas III. Espumas. Esferología plural*. Madrid: Siruela.

SUÁREZ, F. (2022). *Contra la meritocracia. La Diaria*. Obtenido de https://ladiaria.com.uy/opinion/articulo/2022/1/contra-la-meritocracia/

SZUPIANI, E. (2018). La ciudad fragmentada. Una lectura de sus diversas expresiones para la caracterización del modelo latinoamericano. *Revista de Estudios Sociales Contemporáneos* (19), 99-116.

TATARKIEWICZ, W. (1976/2001). *Historia de seis ideas. Arte, belleza, forma, creatividad, mímesis, experiencia estética.* Madrid: Tecnos.

TURNER, B. (1984). *El cuerpo y la sociedad.* México: Fondo de Cultura Económica.

VALÉRY, P. (1937/1990). Discurso sobre estética. En P. VALÉRY, *Teoría poética y estética.* Madrid: Visor.

VAN DE VEN, C. (1981). *El espacio en arquitectura. La evolución de una idea nueva en la teoría e historia de los movimientos modernos.* Madrd: Cátedra.

VERGARA, G. (2009). Conflicto y emociones. Un retrato de la vergüenza en Simmel, Elias y Guiddens como excusa para interpretar prácticas en contextos de expulsión. En C. FIGARI, & A. SCRIBANO (Edits.), *Cuerpos, Subjetividades y Conflictos. Hacia una sociología de los cuerpos y las emociones desde Latinoamérica* (págs. 35-52). Buenos Aires: Fundación Centro de Integración, Comunicación, Cultura y Sociedad.

VIDAL MORANTA, T., & POL URRÚTIA, E. (2005). La apropiación del espacio: una propuesta teórica para comprender la vinculación entre las personas y los lugares. *Anuario de Psicología,* 36 (3), 281-297.

VIDIELLA, J. (2014). De fronteras, cuerpos y espacios liminales. *Revista Digital do LAV,* 7 (3), 78-99.

VÍO, M., & et. al. (2007). *Producción social del hábitat y políticas en el Área Metropolitana de Buenos Aires: historia con desencuentros.* Instituto de Investigaciones Gino Germani. Facultad de Ciencias Sociales. UBA. Obtenido de https://biblioteca.clacso.edu.ar/Argentina/iigg-uba/20100720101204/dt49.pdf

VITRUVIO. (s.f.). *Los diez libros de Arquitectura.* Madrid: Alianza Editorial.

WILKINSON, R., & PICKET, K. (2009). *Desigualdad. Un análisis de la (in)felicidad colectiva.* Madrid: Turner Publicaciones.

www.ingramcontent.com/pod-product-compliance
Lightning Source LLC
Chambersburg PA
CBHW051037160426
43193CB00010B/978